# Interkulturelle Studien

**Herausgegeben von**
G. Auernheimer,
W.-D. Bukow,
Ch. Butterwegge,
J. Reuter,
H.-J. Roth,
Köln, Deutschland

E. Yildiz, Klagenfurt, Österreich

Interkulturelle Kontakte und Konflikte gehören längst zum Alltag einer durch Mobilität und Migration geprägten Gesellschaft. Dabei bedeutet Interkulturalität in der Regel die Begegnung von Mehrheiten und Minderheiten, was zu einer Verschränkung von kulturellen, sprachlichen und religiösen Unterschieden sowie sozialen Ungleichheiten beiträgt. So ist die zunehmende kulturelle Ausdifferenzierung der Gesellschaft weitaus mehr als die Pluralisierung von Lebensformen und -äußerungen. Sie ist an Anerkennungs- und Verteilungsfragen geknüpft und stellt somit den Zusammenhalt der Gesellschaft als Ganzes, die politische Steuerung und mediale Repräsentation kultureller Vielfalt sowie die unterschiedlichen Felder und Institutionen der pädagogischen Praxis vor besondere Herausforderungen: Wie bedingen sich globale Mobilität und nationale Zuwanderungs- und Minderheitenpolitiken, wie geht der Staat mit Rassismus und Rechtsextremismus um, wie werden Minderheiten in der Öffentlichkeit repräsentiert, was sind Formen politischer Partizipationen von MigrantInnen, wie gelingt oder woran scheitert urbanes Zusammenleben in der globalen Stadt, welche Bedeutung besitzen Transnationalität und Mehrsprachigkeit im familialen, schulischen wie beruflichen Kontext?

Diese und andere Fragen werden in der Reihe „Interkulturelle Studien" aus gesellschafts- und erziehungswissenschaftlicher Perspektive aufgegriffen. Im Mittelpunkt der Reihe stehen wegweisende Beiträge, die neben den theoretischen Grundlagen insbesondere empirische Studien zu ausgewählten Problembereichen interkultureller als sozialer und damit auch politischer Praxis versammelt. Damit grenzt sich die Reihe ganz bewusst von einem naiven, weil kulturalistisch verengten oder für die marktförmige Anwendung zurechtgestutzten Interkulturalitätsbegriff ab und bezieht eine dezidiert kritische Perspektive in der Interkulturalitätsforschung.

**Herausgegeben von**
Prof. Dr. Georg Auernheimer,
Prof. Dr. Wolf-Dietrich Bukow,
Prof. Dr. Christoph Butterwege,
Prof. Dr. Julia Reuter,
Prof. Dr. Hans-Joachim Roth,
Universität zu Köln,
Deutschland

Prof. Dr. Erol Yildiz
Alpen-Adria-Universität Klagenfurt,
Österreich

Wolf-Dietrich Bukow • Markus Ottersbach
Sonja Preissing • Bettina Lösch

# Partizipation in der Einwanderungsgesellschaft

Springer VS

Prof. Dr. Wolf-D. Bukow
Universität Siegen, Deutschland

Prof. Dr. Markus Ottersbach
Fachhochschule Köln, Deutschland

Sonja Preissing
Universität Köln, Deutschland

Dr. Bettina Lösch
Universität Köln, Deutschland

ISBN 978-3-531-19842-2          ISBN 978-3-531-19843-9 (eBook)
DOI 10.1007/978-3-531-19843-9

Die Deutsche Nationalbibliothek verzeichnet diese Publikation in der Deutschen Natio-
nalbibliografie; detaillierte bibliografische Daten sind im Internet über http://dnb.d-nb.de
abrufbar.

Springer VS
© Springer Fachmedien Wiesbaden 2013

Springer VS ist eine Marke von Springer DE. Springer DE ist Teil der Fachverlagsgruppe
Springer Science+Business Media.
www.springer-vs.de

# Inhaltsverzeichnis

# Einleitung

*Wolf-D. Bukow, Bettina Lösch, Markus Ottersbach und Sonja Preissing*

Köln-Kalk ist ein Stadtteil, dessen Entstehungs- und Entwicklungsprozesse durch Migration und Industriegeschichte gekennzeichnet sind. Das spiegelt sich auch in der Bevölkerungsstruktur des Stadtteils wieder, die heterogen und durch Diversität geprägt ist.

Dazu passen die ‚Kalker Ereignisse' von 2008: Anfang des Jahres 2008 gehen nach dem Tod eines Jugendlichen vor allem junge Kalkerinnen und Kalker mit Migrationshintergrund über mehrere Tage gegen ihre Benachteiligung in der Einwanderungsgesellschaft auf die Straße. Dazu finden Demonstrationen, spontane Treffen, Sitzblockaden, Mahnwachen, Diskussionsrunden und weitere Aktionen statt, um in der Öffentlichkeit Aufmerksamkeit zu erregen.

Die Ereignisse werden alsbald in den Medien auf städtischer, regionaler und nationaler Ebene diskutiert. Neben Jugendlichen und jungen Erwachsenen schalten sich noch viele andere Personen und Gruppen in die Ereignisse ein: Vertreterinnen und Vertreter der Medien, Amts- und Mandatsträgerinnen und -träger aus der lokalen Politik, einzelne soziale und kulturelle Vereine, religiöse Einrichtungen, Jugendeinrichtungen und die Polizei.

Heute, nur wenige Jahre später, scheint sich Manches geändert zu haben: Der Wohn- und Lebensraum des rechtsrheinisch zentrumsnah gelegenen Stadtteils Köln-Kalk wird zunehmend für Studierende, Akademikerinnen und Akademiker, Künstlerinnen und Künstler u.v.m. attraktiv. So haben sich im Stadtteil beispielsweise ein Autonomes Zentrum, das „AZ Kalk" und zahlreiche Kunstateliers und -projekte angesiedelt. Initiativen wie die „Bürgerinitiative Kalkberg", die sich gegen Lärmbelästigung durch einen drohenden Hubschrauberlandeplatz auf dem sogenannten Kalkberg im Stadtteil einsetzt, werden im Stadtraum sichtbar. Darüber hinaus setzen sich weitere, durch Stiftungsgelder finanzierte Stadtteilprojekte wie das von den Montag-Stiftungen finanzierte Projekt „KALKschmiede", die sich mit der Wohnraumgestaltung im Kalker Norden beschäftigen, mit Köln-Kalk auseinander. Und man liest:

> „Seit ein paar Jahren gilt Kalk als the next big thing. Der einstige Industriestandort wird von vielen als neues Ehrenfeld gehandelt. Die Vorteile liegen auf der Hand: vergleichsweise günstige Mieten, viel Leerstand, gute Verkehrsanbindung. Gleich-

zeitig gilt Kalk als Problemviertel: Die Arbeitslosenquote ist hoch, die Zahl der armen Kinder alarmierend. Wie ist das Leben zwischen Shopping Mall, Designerbüros, Autonomem Zentrum und Jugendlichen, die nicht wissen, was sie tun sollen?" (Stadtrevue (o. V.) 2011, S. 29)

Wie bereits mit dem Ausschnitt aus dem Zeitungsartikel deutlich wird, sind die Chancen im Stadtteil nicht gleich verteilt. Die Perspektiven der Bewohnerinnen und Bewohner mit Migrationshintergrund sind bspw. in Bezug auf die Bereiche Bildung und Erwerbsarbeit in dem Stadtteil weiter stark eingeschränkt. Aber hat sich nicht doch einiges verändert? Ist der Stadtteil nicht auf einem guten Weg? Wir wollten es genauer wissen. Unser Interesse lag darin, zu untersuchen, welche Auswirkungen die ‚Kalker Ereignisse‘ hatten und ob die Anliegen der Demonstrantinnen und Demonstranten in der weiteren Stadtentwicklung aufgegangen sind. Deshalb haben wir nach den ‚Kalker Ereignissen‘ überlegt, uns mit den Vorgängen im Rahmen eines Feldforschungsprojektes zu beschäftigen: Welche Nachwirkungen haben die ‚Kalker Ereignisse‘ tatsächlich gehabt und was sind die Gründe dafür?

Uns hat besonders interessiert, auf welche Art und Weise die verschiedenen Akteurinnen und Akteure an dem Geschehen beteiligt gewesen und welche Prozesse im Stadtteil in Gang gebracht worden sind. Unser Ziel war es, unterschiedliche Perspektiven zu berücksichtigen. Wir haben zunächst die Geschehnisse in dem Stadtteil Köln-Kalk Anfang des Jahres 2008 rekonstruiert und daran anknüpfend die unmittelbaren Nachwirkungen der Proteste analysiert. Im Anschluss daran sind wir der Frage nach den Erfolgen zivilgesellschaftlicher Partizipation nachgegangen, wobei uns die Ereignisse in Köln-Kalk als Exempel dienten.

Was die Forschungsmethoden betrifft, sind wir während der Projektphase immer wieder vor Ort gewesen und haben viele informelle Gespräche geführt. Weiter haben wir die einschlägigen Medienberichte analysiert und im Zusammenhang mit den Ereignissen entstandene Internetdokumente ausgewertet. Daneben wurden nach den Regeln der qualitativen Sozialforschung leitfadengestützte Interviews durchgeführt und später ausgewertet. Ergänzt wurden diese Maßnahmen durch Gruppendiskussionen mit Akteurinnen und Akteuren aus dem lokalen Raum, die aus unterschiedlichen Kontexten stammen. Auf diese Weise konnten wir ein breites Bild über die Zeit nach den Ereignissen gewinnen.

Um einen Eindruck davon zu bekommen, wie man in der lokalen Öffentlichkeit die ‚Kalker Ereignisse‘ in der Rückschau einordnet und wie man sie deutet, haben wir einen Workshop im Stadtteil durchgeführt, zu dem wir vor allem Schlüsselpersonen aus dem kommunalen Umfeld eingeladen haben. Dort wurden die ersten Ergebnisse vorgestellt und eine intensive Diskussion begonnen. Die Beteiligten des Workshops haben dann in Arbeitsgruppen zu verschiedenen Themenschwerpunkten diskutiert. Die Resultate der Debatte haben wir dokumentiert. Sie sind in diesem Band mit enthalten.

Nach dem vorläufigen Abschluss unserer Arbeit haben wir noch einmal alle interessierten Kalker Bürgerinnen und Bürger ins „Kalker Bürgerzentrum" eingeladen, über unsere Befunde berichtet und diskutiert. Die dort referierten Befunde haben als Grundlage für die Beiträge im Sammelband gedient. Die Projektergebnisse wurden schwerpunktmäßig von Sonja Preissing (Projektmitarbeiterin, Universität zu Köln und Fachhochschule Köln) präsentiert. Aus soziologischer Perspektive hat Wolf-Dietrich Bukow (Projektleitung, Universität zu Köln) Stellung bezogen, aus der Perspektive der Sozialen Arbeit argumentierte Markus Ottersbach (Projektleitung, Fachhochschule Köln) und die politikwissenschaftliche Analyse hat Bettina Lösch (Politikwissenschaftlerin, Universität zu Köln) beigesteuert.

Das Projekt selbst wurde von März 2010 bis Juni 2011 von der „RheinEnergie Stiftung Jugend/Beruf/ Wissenschaft" gefördert und in Kooperation zwischen der Universität zu Köln, dem Institut für vergleichende Bildungsforschung und Sozialwissenschaften, hier der Forschungsstelle für interkulturelle Studien, *FiSt* und der Fachhochschule Köln, hier dem Institut für interkulturelle Bildung und Entwicklung, realisiert. Der Workshop wurde durch „*Alumni* – Freunde und Förderer der Universität zu Köln e.V." sowie das Institut für interkulturelle Bildung und Entwicklung der Fachhochschule Köln unterstützt. Die Abschlusstagung haben wir in Kooperation mit der „RosaLuxemburgStiftung NRW" durchgeführt und sind daneben vom „Verein für Angewandte Sozialwissenschaften an der Fachhochschule Köln" (*VAS*) unterstützt worden. Ohne diese breite Unterstützung wäre die Arbeit nicht möglich gewesen.

Ein weiterer Dank gilt der Universität Siegen, hier dem Forschungszentrum Siegen *FoKoS* für die finanzielle Unterstützung bei der Erstellung der Publikation. Das gibt auch Anlass, Hanna Obert für die Mitarbeit und die kritische Lektüre des Buchprojekts zu danken.

An dieser Stelle möchten wir aber auch den Interviewpartnerinnen und Interviewpartnern danken, die bereit waren, mit uns ein Interview durchzuführen. Außerdem danken wir allen Akteurinnen und Akteuren aus dem Stadtteil, die uns Informationen gaben und Materialien zur Verfügung stellten. Ein besonderer Dank geht an die Teilnehmenden des Workshops und der Abschlusstagung des Projekts. Selbstverständlich haben wir uns darum bemüht, unsere Gesprächspartner zu schützen. Sie sind deshalb anonymisiert worden. Bei Vertreterinnen und Vertretern des öffentlichen Lebens sind wir dieser Regel nicht gefolgt, haben hier aber nur Aussagen verwendet, die öffentlich kundgetan wurden und in den Medien oder anderen Verlautbarungen dokumentiert sind. Wir haben dabei auch manche kritische Einschätzung vorgenommen. Wir würden uns freuen, wenn es nicht bei einer wissenschaftlichen Abschlussdokumentation bliebe, sondern wir im Sinn angewandter Forschung auch etwas zur Stadtentwicklung beitragen könnten.

Welche Wirkungen und vor allem welche Nachwirkungen haben die ‚Kalker Ereignisse' tatsächlich gehabt? Und welche Gründe waren und sind dafür ausschlaggebend? Darum geht es in den folgenden Texten:

In dem ersten Beitrag von *Wolf-D. Bukow, Markus Ottersbach und Sonja Preissing* wird die Idee zu dem Forschungsprojekt, nämlich zu der Frage nach zivilgesellschaftlicher Partizipation in der Einwanderungsgesellschaft am Beispiel des Stadtteils Köln-Kalk vorgestellt. Die Autoren und die Autorinnen stellen hier die Stadtteilstudien sowie deren Hintergrund und Kontext vor.

Daran anknüpfend stellt *Sonja Preissing* in ihrem Artikel die zentralen Ergebnisse zu der Stadtteilstudie vor. Darin werden nicht nur widersprüchliche Perspektiven auf das Geschehen, sondern auch unterschiedliche Interessenlagen und die asymmetrische Machtverteilung im Stadtteil deutlich. Die Autorin zeigt auf, wie auf der einen Seite eine Minderheit im Stadtteil ihre Rechte sowie gesellschaftspolitische Partizipation einfordert und wie auf der anderen Seite seitens der kommunalen Verwaltung und der Polizei auf die Protestaktionen reagiert wurde. Hierbei werden sehr unterschiedliche Deutungen und Umgangsweisen sichtbar.

In der Analyse von *Wolf-D. Bukow* geht es um die Einschätzung der zwischen den Beteiligten geführten Auseinandersetzungen. Es zeigt sich schnell, dass die Jugendlichen und Heranwachsenden und die Vertreter und Vertreterinnen der Kommune nicht nur eine unterschiedliche ‚Sprache' sprechen, sondern sogar systematisch aneinander vorbei reden. Die dabei bestimmende Systematik hat weniger mit dem Stadtteil als vielmehr mit der aktuellen Einwanderungspolitik zu tun. Die Pointe besteht darin, dass die einen sagen, „Wir sind Kalker Jungs" und die anderen sagen, „Ihr seid unintegrierte Fremde".

*Bettina Lösch* befasst sich mit der Frage, ob es sich bei den Ereignissen auch um eine Form politischer Artikulation der Jugendlichen gehandelt hat. Aktuelle Jugendstudien beklagen immer wieder die Politikdistanz oder gar -verdrossenheit von Jugendlichen, wobei die Defizite hier gerne bei den Jugendlichen selbst vermutet werden. Wie sieht es jedoch aus, wenn man genauer betrachtet, was Jugendliche sozial bewegt und was sie politisch äußern? Und was sind die strukturellen Gründe, die gegenwärtig zur Skepsis und Kritik gegenüber etablierten politischen Formen führen?

Danach analysiert *Markus Ottersbach* die Kalker Ereignisse als eine Form der zivilgesellschaftlichen Partizipation Jugendlicher, die eine neue Herausforderung für die Soziale Arbeit darstellt. Er rekonstruiert zunächst noch einmal den Umgang der Vertreterinnen und Vertreter der Behörden und der Sozialen Arbeit mit den Protesten der Jugendlichen. Anschließend wird das Verhältnis von Sozialer Arbeit und zivilgesellschaftlichem Engagement im Allgemeinen und eine Analyse des spezifischen Verhältnisses der Sozialen Arbeit und der politischen Partizipation marginalisierter Jugendlicher präsentiert. Eigene Empfehlungen zur Förderung der politischen Partizipation marginalisierter Jugendlicher durch die Soziale Arbeit und ein Fazit, in dem vor den Gefahren einer entpolitisierten Sozialen Arbeit gewarnt und für die Förderung weiterer Studien zur politischen Partizipation marginalisierter Jugendlicher geworben wird, runden den Beitrag ab.

Der letzte Beitrag *Verpasste Chancen? Diskussion zu den ‚Kalker Ereignissen'* dient dazu, noch einmal gemeinsam die wichtigsten Folgerungen zu diskutieren. Dabei zeigt sich, dass trotz der fachlich wie methodisch sehr unterschiedlichen Zugangsweisen eine sehr hohe Übereinstimmung hinsichtlich der Ergebnisse besteht. Man kann dieses Ergebnis als einen Kommentar dazu betrachten, wie schwer es einer Kommune fällt, ihre Vorstellungen zur ‚Integration' wirklich umzusetzen. Man kann dieses Ergebnis aber auch als eine Aufforderung an die Kommune verstehen, sich ihrer seit Jahrhunderten entwickelten und immer wieder verschütteten Fertigkeit im Umgang mit Mobilität und Vielfalt zu erinnern und ihr Selbstverständnis als globalisierte Stadtgesellschaft dementsprechend souverän und zukunftsorientiert zu reformulieren.

# Die Frage nach zivilgesellschaftlicher Partizipation in der Einwanderungsgesellschaft am Beispiel des Stadtteils Köln-Kalk

*Wolf-D. Bukow, Markus Ottersbach und Sonja Preissing*

Wenn man sich moderne, fortgeschrittene Industriegesellschaften anschaut, so erkennt man sehr schnell, dass sie von einem beschleunigten Wandel geprägt sind, der vor allem auch Fragen einer angemessenen politischen Partizipation der Bevölkerung bzw. der Einbeziehung sozialen Kapitals, wie das Robert Putnam in seiner wegweisenden Studie über „Gesellschaft und Gemeinsinn" (2001) forderte, aufwerfen. Angesichts zunehmender Migration und Mobilität wird somit die für ein funktionierendes Zusammenleben der Bevölkerung notwendige politische Beteiligung der Menschen in der Stadtgesellschaft zu einer besonderen Herausforderung (vgl. Bukow 2010a). Die Frage nach Partizipation(smöglichkeiten) und nach Partizipationsformen stellt sich dabei insbesondere für Menschen mit Migrationshintergrund, die über kein Wahlrecht verfügen. Allerdings geht es nicht nur um die Beteiligung an der Zusammensetzung des repräsentativen politischen Systems, sondern auch um zivilgesellschaftliche Partizipation im Sinne eines Engagements jenseits der Parteien und der „großen" Politik. Plastisch wird das bei solchen Stadtgesellschaften, wie sie beispielsweise Köln darstellt. Die allochthone Bevölkerung steht hier zum einen für einen schnellen Wandel und zum anderen zugleich für eine Bevölkerungsgruppe, die sich oft über mehrere Generationen hinweg nur unzureichend in die Gesellschaft eingebunden sieht.

Folgerichtig wurden in den letzten Jahren vermehrt Anstrengungen unternommen, neue Partizipationsformen zu schaffen, um die allochthone Bevölkerung besser einzubinden. Speziell in NRW hat man zu diesem Zweck schrittweise Integrationsbeiräte eingerichtet (vgl. hierzu auch Ottersbach 2004b).

Auch in Köln wurde ein derartiger Integrationsbeirat gewählt. Es hat sich allerdings gezeigt, dass solche, traditioneller Partizipation angenäherter Beteiligungsformen, nur sehr begrenzt erfolgreich sind, weil sie keine ausreichende Partizipation schaffen und schnell in paternalistische Fahrwasser geraten. Neben diesen institutionsnahen Versuchen hat man schon bald begonnen, eher informelle Partizipationsmöglichkeiten zu schaffen. In „Stadtteilen mit besonderem Entwicklungsbedarf"[1] wie Köln-Kalk wurden beispielsweise lokale Initiativen angestoßen, Vereine, Geschäftsleute, Interessensgruppen usw. wurden zu einem runden Tisch eingeladen und Kinder- und Jugendforen gegründet (Bukow/Spindler 2000). Freilich hat sich gezeigt, wie ein genauerer Blick auf solche Stadtteile wie Köln-Kalk belegt, dass auch auf diese Weise nur sehr begrenzt Verbesserungen erreicht werden konnten[2]. Damit wird die Perspektive auf ein Stadtquartier gelenkt, in dem sich traditionelle Formen der Partizipation angesichts der zunehmenden Einwanderung von Menschen ohne deutsche Staatsangehörigkeit schon früh als ungenügend erwiesen haben. Als es um die Bewältigung der Entindustrialisierung des Quartiers[3] ging, hat man dieses Stadtquartier[4] etwa zehn Jahre (von 1994-2004) lang gefördert und dabei auch neue Formen der Bürgerbeteiligung („Kalk-Programm") berücksichtigt, diese aber vor allem auf die autochthone Bevölkerung ausgerichtet. Die Mobilisierung der Zivilgesellschaft *top down* trifft immer wieder auf Barrieren und erreicht die breite Bevölkerung, jedoch die allochthonen Menschen nur sehr selten. Tatsächlich verfügt der Stadtteil aber

---

1 Von 1999 bis 2011 existierte das von der Bundesregierung und den Bundesländern gemeinsam aufgelegte Programm mit dem Titel „Stadtteile mit besonderem Entwicklungsbedarf – Die Soziale Stadt". Es ging auf ein vom Land NRW 1993 gestartetes Programm mit dem Titel „Integriertes Handlungsprogramm der Landesregierung Nordrhein-Westfalen für Stadtteile mit besonderem Erneuerungsbedarf" zurück, dessen Vorbild wiederum neue Ansätze der Stadterneuerung in europäischen Nachbarländern und die Aktivitäten einiger Kommunen in NRW zur Unterstützung von Stadtteilen im Strukturwandel waren (vgl. http://www.ruhrgebietregionalkunde.de/glossar/stadtteile_erneuerung.php). Bis 2011 wurden in Deutschland im Rahmen des Programms „Soziale Stadt" insgesamt 603 Gebiete in 374 Städten und Gemeinden gefördert (vgl. http://www.staedtebaufoerderung.info/nn_512334/StBauF/DE/SozialeStadt/ Foerderung_2011/Foerderung2011.html). Ziel des Programms war, „endogene Kräfte in den Stadtteilen und insbesondere in den Stadtquartieren zur Gestaltung des Strukturwandels zu nutzen und so eine stabilisierende Entwicklung zu initiieren" (vgl. ebd.). Seit 2012 heißt das Programm „Soziale Stadt – Investitionen im Quartier". Im Vordergrund stehen nun „städtebauliche Maßnahmen in das Wohnumfeld, in die Infrastruktur und in die Qualität des Wohnens" (vgl. http://www.staedtebaufoerderung.info/sid_925CE375DA8F0B27778C5C9F99D4D0FE/ nsc_true/StBauF/DE/SozialeStadt/soziale_stadt_node.html?_nnn=true). Zudem gab es von 1999 bis 2006 ein speziell für Jugendliche entwickeltes Programm mit dem Titel „Entwicklung und Chancen junger Menschen in sozialen Brennpunkten", kurz „E&C". Auch hier ging es um die Förderung der sozialen, beruflichen und gesellschaftlichen Integration junger Menschen in marginalisierten Quartieren.

2 Studien (vgl. z.B. Lang 2009, S. 278) belegen zudem, dass gerade der Möglichkeiten der Partizipation allochthoner Kinder und Jugendlicher durch das Programm nur unzureichend realisiert werden konnten.

3 In Deutschland erzeugte eine auf Arbeiter und Arbeiterinnen ausgerichtete Anwerbepolitik angesichts der sich fast gleichzeitig ausbreitenden Entindustrialisierung eine ungleichzeitige Entwicklung, deren Folgen bis heute in Quartieren wie Köln-Kalk zu spüren sind.

4 Der Stadtbezirk Köln-Kalk (Bezirk 8) umfasst die Quartiere Brück, Höhenberg, Humboldt/Gremberg, Kalk, Merheim, Neubrück, Ostheim, Rath/Heumar und Vingst. Hier geht es nur um den ursprünglichen Stadtteil Kalk selbst.

über eine engagierte allochthone Bevölkerung, wie wir aus eigenen früheren Untersuchungen wissen (Bukow/Spindler 2000). Da diese Bevölkerungsgruppe kaum beteiligt wurde, konnten auch ihre Interessen weder wahrgenommen noch berücksichtigt werden. In der Folge zeigte sich, dass die grundlegenden Probleme der Quartiersentwicklung so nicht zu lösen waren. Und wenn man bedenkt, dass damit mehr als ein Drittel der Bevölkerung von jeder Form der Partizipation ausgeschlossen ist, sich also weder im institutionalisierten politischen Kontext noch im zivilgesellschaftlichen Rahmen beteiligen kann, dann lässt sich sofort erkennen, wie wichtig es ist, über die Zivilgesellschaften neu nachzudenken.

## 1 Die Studie: Was uns als Forscherinnen und Forscher interessierte und welche Fragen wir dabei verfolgten

In der Stadtteilanalyse wurde die Frage nach der zivilgesellschaftlichen Partizipation und nach den Formen gesellschaftspolitischer Beteiligung in der Stadtgesellschaft exemplarisch an dem Stadtteil Köln-Kalk und hier insbesondere an den ‚Kalker Ereignissen' im Januar 2008 untersucht.

Der Stadtteil Köln-Kalk stellt einen durch Migration geprägten Stadtteil dar, der sowohl aus der historischen Entwicklung als alter Industriestandort als auch aus der aktuellen Entwicklung heraus als globalisiertes Quartier hoch divers ausgerichtet ist. Allerdings sind die Perspektiven für die Bewohnerinnen und Bewohner mit Migrationshintergrund in dem Stadtteil, bspw. in Bezug auf die Bereiche Bildung und Erwerbsarbeit, stark eingeschränkt. Mit den ‚Kalker Ereignissen' wird nicht nur ein Schlussstrich unter die bisherigen Versuche gezogen, Zivilgesellschaft von oben zu installieren, sondern in Köln – ähnlich wie in anderen Städten auch – ein neues Kapitel in Sachen Zivilgesellschaft aufgeschlagen. Ein Blick auf die ‚Kalker Ereignisse' vom Januar 2008 legt jedenfalls diese These nahe.

In der Studie ging es unter anderem darum, die Perspektiven und Reaktionen der Beteiligten der Demonstrationen und der verschiedenen Akteurinnen und Akteuren im Stadtteil (u.a. der Bewohnerinnen und Bewohner, der Vereine, der sozialkulturellen und politischen Institutionen, der Jugendeinrichtungen, der Medien, der Polizei, der kommunalen Verwaltung usw.) zu untersuchen.

Ziel war, an dem konkreten Beispiel der ‚Kalker Ereignisse' das Potenzial zivilgesellschaftlicher Aktionen von Menschen mit Migrationshintergrund aufzuzeigen. Vor dem Hintergrund der Quartierssituation wurden die zivilgesellschaftlichen Beteiligungsformen erkundet und deren nachhaltige Wirkung analysiert. Dazu wurden die Auswirkungen, Nachwirkungen und Veränderungen im Stadtteil untersucht. Es ging darum, die Bedeutung des zivilgesellschaftlichen Engagements ‚von unten', der Bevölkerung mit Migrationshintergrund für den Zusammenhalt der Gesellschaft aufzuzeigen.

Zwei Elemente fallen an den ‚Kalker Ereignissen' besonders auf: Zum einen führten sie unterschiedlichste Gruppen der allochthonen Bevölkerung, also Menschen mit unterschiedlicher Migrationsgeschichte, zusammen, auch wenn dem Stadtquartier entsprechend die Nachkommen der ‚Generation Gastarbeiter' dominieren. Zum anderen beteiligten sich (entgegen vielen Presseberichten) nicht nur die Jugendlichen, sondern auch viele Ältere, vor allem die Eltern der dritten Generation. Die Aktion war spontan, sie war *bottom up* ausgerichtet, setzte sich aus „den Vielen als Viele" (Virno/Atzert 2005) zusammen, thematisierte zentrale gesellschaftliche Anliegen und akzentuierte Fragen des zukünftigen Zusammenlebens.

Einerseits galt es festzustellen, inwiefern es in Köln-Kalk als einem Stadtquartier, das einem starken Wandel ausgesetzt ist, trotz der Beteiligung an verschiedenen Projekten der Stadterneuerung nicht gelungen ist, die Gesamtbevölkerung mit ihren speziellen Kompetenzen zu nutzen und für die Mitarbeit bei der Bewältigung der urbanen Probleme zu mobilisieren. Andererseits galt es heraus zu arbeiten, welcher Stellenwert den ‚Kalker Ereignissen' in einem Quartier zukommt, das sowohl aus der historischen Entwicklung heraus als alter Industriestandort als auch aus der aktuellen Entwicklung heraus als globalisiertes Quartier hoch divers ausgerichtet ist und inwiefern sich Einblicke in informelle Partizipationsprozesse im Sinn eines *bottom up*-Vorgangs ergeben, die belegen, welches Potential das Quartier besitzt. Konkret ging es nicht nur darum, angesichts der Tatsache, dass sich große Teile der Bevölkerung sowohl vernachlässigt als auch ausgeschlossen fühlen, die Ereignisse unter dem Vorzeichen einer von unten neu aufgebrochenen zivilgesellschaftlichen Partizipation zu analysieren, sondern auch darum, zu prüfen, inwiefern eine solche Aktion eine etablierte Stadtgesellschaft insgesamt zu „beeindrucken" vermag. Ist es gelungen, die Stadt zu mobilisieren und zu einer Neuorientierung gegenüber den Interessen der „Vielen als Viele" zu motivieren? Lässt sich hier etwas von dem erkennen, was Ulrich Beck mit „Zwang zur Einsicht" (Beck 2008, S. 211ff.) bezeichnet hat?

Mit den ‚Kalker Ereignissen' wurde unter die bisherigen Versuche einer Partizipation *top down* ein Schlussstrich gezogen und es wurde eine neue Form zivilgesellschaftlicher Partizipation *bottom up* erprobt. So konsequent diese Entwicklung auch erscheint, die Frage war, ob diese Aktion „der Vielen als Viele" (Virno/Atzert 2005) tatsächlich anders als bisher nachhaltigere Effekte auszulösen vermochte. Wie weit können solche Aktivitäten das einlösen, was man sich überall in Europa von zivilgesellschaftlichen Aktivitäten in Einwanderungsgesellschaften verspricht? Kann man hier angesichts der großen Resonanz der ‚Kalker Ereignisse' in den Neuen Medien vielleicht von einer *e-Partizipation* im Sinn der neuen Initiative der *European Commission* für *eParticipation* sprechen (Ferro/Scholl/Wimmer 2008; Ulrich 2007)?

## 2 Woran wir aus der sozialwissenschaftlichen Forschung anknüpfen konnten

In der sozialwissenschaftlichen Forschung wurde die durch Mobilität und Einwanderung bedingte zunehmende Diversität von Stadtquartieren und damit die beschleunigte Globalisierung der Stadtgesellschaft lange Zeit getrennt von der Frage der Partizipation diskutiert. Heute wissen wir, dass beides substantiell zusammen gehört (Bertelsmann-Stiftung 2009; Boban 2008, Geisen/Riegel 2009; Schulze 2008; Behrens, Motte 2006: 9ff). Im Blick auf das urbane Zusammenleben hat man verschiedentlich versucht, dieser Erkenntnis gerecht zu werden, zuletzt unter dem Label „New Urban Governance" (Häußermann 2006, S. 124). Oft wurde dabei Partizipation aber immer noch allenfalls im Sinn einer Ergänzung traditioneller politischer Strukturen gemeint, was Michael Krummacher (2002, 2003) schon früh kritisiert hat. Unter dem Eindruck globaler Erfahrungen mit Zivilgesellschaft wird heute zunehmend breiter angesetzt. So wird in dem von der Kölner Forschergruppe entwickelten Analysemodell der „Sozialen Grammatik urbanen Zusammenlebens" die Partizipation unabhängig von den verschiedenen gesellschaftlichen Systemen einschließlich der Politik als eine eigenständige Größe, nämlich als Bestandteil globalgesellschaftlich ausdifferenzierter Öffentlichkeit betrachtet (Bukow u.a. 2001, S. 427ff., Bukow 2009). Unter Bezugnahme auf dieses Modell werden etwa im Verbundprojekt „Bauen und Wohnen im 21. Jahrhundert" der Bundesregierung Stadtentwicklungskonzepte gefordert (Steffen u.a. 2004), die der zunehmenden Diversität in den Quartieren besser Rechnung tragen. Entscheidend ist hier, dass die Stadtbevölkerung sich ihrer Kompetenzen bewusst wird und sich an der Stadtentwicklung im Sinn einer Zivilgesellschaft aktiv beteiligt, damit sich die urbanen Systeme besser auf eine sich schnell wandelnde globalgesellschaftliche Wirklichkeit einstellen können.

Auch in der eher ethnologisch orientierten Forschung ist man letztlich zu der gleichen Sichtweise gekommen. Hier war der Ausgangspunkt nicht die Erfahrung mangelhafter Partizipation neuer Bevölkerungsgruppen, sondern die Beobachtung, dass *schon immer* ganze Bevölkerungsgruppen *unterhalb* der etablierten Strukturen – wenn auch meist informell – partizipativ engagiert sind, um ihren urbanen Alltag angemessen meistern zu können. Als besonders typisch gelten in diesem Kontext die alten urbanen, inzwischen gentrifizierten Mischquartiere, insbesondere die gewachsenen Handels-, Hafen- und Bahnhofsquartiere. Wir zählen dazu auch die im Rahmen der Industrialisierung geschaffenen Quartiere des 19. und frühen 20. Jahrhunderts (Ottersbach/Yildiz 2004, S. 11ff.; Bukow 2010a). Angeführt werden aber auch Berlin-Prenzlauer Berg (Lanz 2007), der Frankfurter Gallus (Römhild/Bergmann 2003), in Tübingen das sanierte Franzosenviertel (Feldkeller 2001), das Berner Nordquartier (Stienen 2006), das Nordbahnviertel in Wien (Glaser/Klein 2007) oder das 13. Arrondisement in Paris, St. Pierre in Bordeaux oder La Croix Rousse in Lyon (vgl. Ottersbach 2004a). Auch global gibt es viele entsprechende Beispiele wie etwa in Toronto (Ipsen u.a. 2005) oder in Istanbul. Erol Yildiz und Birgit Mattausch (2009) haben noch eine ganze Reihe von weiteren Beispielen gesammelt und vorgestellt.

Schon aus den beiden hier zitierten Forschungsrichtungen wird erkennbar, dass spätestens dann, wenn historisch gewachsene Diversität und globalisierungsbedingte Diversität zusammen treffen, sich *bottom up* informelle Partizipationspraxen entwickeln, die nicht nur zum Garanten für formale Gleichstellung und individuelle Anerkennung aller Bevölkerungsgruppen avancieren, sondern zugleich auch zum Motor einer zukunftsorientierten Stadtentwicklung werden können. Möglicherweise hat das mit einem Zwang zu praktischer Vernunft (Beck 2008, S. 94, 332f.) zu tun – einem Zwang zu soliden Formen eines Diversitäts-Arrangements, die gut vor dem Hintergrund einer „sozialen Grammatik urbanen Zusammenlebens" re-interpretiert werden können. Dies gilt auch für marginalisierte Quartiere (Ottersbach 2004a, Ottersbach/ Zitzmann 2009).

## 3    Hintergrund und Kontext der Studie

*Der Ort des Geschehens: Der Stadtteil Köln-Kalk*[5]

Der Ort des Geschehens, Köln-Kalk – heute Teil des gleichnamigen Bezirks 8 Köln-Kalk – ist im Rahmen der Industrialisierung ab 1850 in 50 Jahren von einem Dorf mit 57 Einwohnerinnen und Einwohnern zu einer Stadt mit 20.600 Einwohnerinnen und Einwohnern angewachsen.[6] Kalk wurde im Jahr 1881 Stadt. Zur Zeit der Eingemeindung nach Köln im Jahre 1910 siedelten sich hier 33 Industrieunternehmen an. Mit 27.100 Einwohnerinnen und Einwohnern war sie zu dieser Zeit eine der größten und wohlhabendsten Industriestädte im gesamten Lande Preußens. Was die Bevölkerungszusammensetzung betraf, so ist klar, dass faktisch die gesamte Bevölkerung einen Migrationshintergrund hatte. Sie stammte vorzugsweise aus dem preußischen Territorium (aus der Eifel genauso wie aus dem preußischen Polen), teils auch aus Belgien und Ruthenien. Es

---

5    Der folgende Abschnitt wurde bereits veröffentlicht (vgl. hierzu Bukow, Wolf-D./Pressing, Sonja (2010): „Wir sind kölsche Jungs". Die „Kalker Revolte" – Der Kampf um Partizipation in der urbanen Gesellschaft. In: Pilch Ortega, Angela/Felbinger, Andrea/Mikula, Regina/Egger, Rudolf (Hg.): Macht – Eigensinn – Engagement. Lernprozesse gesellschaftlicher Teilhabe. Wiesbaden, 151-172).

6    An der Kalker Hauptstraße siedelten sich unter anderem im Jahr 1856 die Maschinenfabrik für den Bergbau von Sievers & Co (später Deutz AG) und 1858 die Chemische Fabrik Vorster & Grüneberg (spätere Chemische Fabrik Kalk) an, 1862 wurde das Gaswerk errichtet.

ist davon auszugehen, dass hier wie im Ruhrgebiet ein starker Nationalisierungs-
druck bestand und die Migrationsgeschichte schon früh verdrängt wurde.

Die bis zu diesem Zeitpunkt sehr erfolgreiche Stadtgeschichte erlebte danach drei massive Einbrüche, von denen sie sich jedes Mal nur schwer erholt hat.
Die Entwicklungen in und nach den beiden Weltkriegen bildeten die ersten beiden Einschnitte: Sie führten zunächst zu einem Aufschwung durch die Rüstungs-
industrie, brachten jedoch dann eine hohe Arbeitslosigkeit und massive Konver-
sionsprobleme nach dem jeweiligen Kriegsende hervor. Nach dem Ersten Weltkrieg kam es im November 1922 sogar zu Demonstrationen, Hungerunruhen,
Plünderungen und Gefechten mit der Polizei.

Die Konsolidierungsphase nach dem Ersten Weltkrieg dauerte fast zehn
Jahre. Diese wurde durch die Weltwirtschaftskrise 1929 noch einmal unterbro-
chen. Gleichzeitig bedeutete sie aber auch die Einführung neuer Produktions-
techniken, die Vernichtung von Konkurrenz und die Verlängerung der Arbeits-
zeiten. Rund die Hälfte der arbeitsfähigen Bevölkerung verdiente ihr Geld in
dieser Zeit als Tagelöhnerinnen und Tagelöhner oder war ganz ohne Arbeit.
Nachdem der Stadtteil im Zweiten Weltkrieg zu 90 Prozent zerstört worden war,
verlief die Konsolidierung diesmal sehr viel schneller als nach dem Ersten Weltkrieg. Am Ende stand die Vollbeschäftigung und als Folge erstmals seit langem
wieder Arbeitskräftemangel. Anfang der 1960er Jahre kamen die ersten Gastarbeiterinnen und Gastarbeiter nach Kalk. Durch die Anzahl der verfügbaren Arbeitsplätze und durch die günstigen Mietpreise entwickelte sich Kalk zu dieser
Zeit erneut zu einem Einwanderungsstadtteil. Allerdings kamen die Einwande-
rinnen und Einwanderer nicht mehr aus dem preußischen Einzugsbereich, sondern aus dem Mittelmeerraum.

Der dritte Einschnitt stand in Zusammenhang mit der Ölkrise der 1970er-
Jahre, in deren Gefolge in Europa eine massive Entindustrialisierung an den
alten Industriestandorten zu beobachten war. In dieser Situation wirkte sich im
Stadtteil die Konzentration auf nur zwei (noch dazu) klassische Industriezweige
katastrophal aus. Nach letzten Rationalisierungsversuchen kam es zur Schlie-
ßung fast aller Fabriken.[7] Über 8.500 Menschen haben ihren Arbeitsplatz verloren. Weil die betrieblichen Strukturen extrem homogen ausgerichtet und extrem
einseitig auf industrielle Produktionsweisen abgestimmt gewesen waren, traf die
Entindustrialisierung den Stadtteil mit voller Wucht. Die Arbeitslosenquote des
Stadtteils pendelt seitdem um 25 Prozent: Von den betroffenen Personen ist
aufgrund des deutschen Migrationsregimes eine große Zahl ohne deutsche
Staatsangehörigkeit.

---

7    1978 die Metallgießerei Peter Stühlen, 1979 die Stahlbaufirma Albert Liesegang, 1983 die
     Akkumulatoren-Fabrik Gottfried Hagen, 1983 die schrittweise Schließung der Klöckner Hum-
     boldt Deutz AG und schließlich die Chemischen Fabriken Kalk – zuletzt BASF.

Mit dem Beginn der Entindustrialisierung verwandelten sich die bisherigen Strukturstärken in ganz entscheidende Strukturschwächen. Das, was bisher so erfolgreich schien, sich nämlich auf eine monostrukturelle Industriepolitik zu konzentrieren und dadurch noch zusätzliche synergetische Effekte zu erzeugen, wirkte sich jetzt umgekehrt negativ aus, wobei sich die verschiedenen negativen Effekte wiederum synergetisch verstärkten. Was dabei noch zusätzlich beunruhigte, war, dass die Öffentlichkeit und die Politik diese Problematik erst extrem verspätet und oft noch nicht einmal in ihrer ganzen Brisanz erkannt haben.

a.  Eine Begleiterscheinung der Industrialisierung war, dass sich Verkehrsstränge ausgebildet haben, die den Stadtteil zunehmend vom urbanen Umfeld getrennt haben. Im Westen wie im Osten wird dieser heute von einem breiten Eisenbahngürtel begrenzt[8]. Im Norden wie im Süden sind zuletzt zwei dreispurige Stadtautobahnen hinzugekommen, so dass die letzten natürlichen Verbindungen zum Rest der Stadt gekappt wurden. Nur wenige Straßenachsen durchbrechen diese Abschirmung. Seit der Entindustrialisierung wirkt sich das, was früher als Standortvorteil erschien, extrem negativ aus, weil die Einwohnerinnen und Einwohner, da sie nur unzulänglich mit dem weiteren Umfeld verknüpft sind, jetzt in der schwierigen Situation kaum ausweichen und sich 'draußen' kaum neu orientieren können.

b.  Eine weitere Begleiterscheinung der Industrialisierung war die Belegung riesiger Flächen, die heute alle zur Disposition stehen. Längst ist das fast 40 Hektar große Gelände der ehemaligen Chemischen Fabrik Kalk (CFK) frei und, nachdem es zunächst wegen der eingetragenen chemischen Substanzen (u.a. Schwefel und Schwermetalle) saniert werden musste, steht es nun für eine wohldurchdachte Stadtentwicklung zur Verfügung. Allerdings hat man bisher die Gelegenheit nur dahingehend genutzt, eine neue Straßenstruktur sowie zwei direkte Autobahnanschlüsse zu schaffen, so als ob es nach wie vor darum ginge, neue Industrien anzulocken. Auch das Areal der Klöckner-Humboldt-Deutz-Werke ist unterdessen abgeräumt. Dabei wurde die Werksstraße zu einer Umgehungsstraße ausgebaut, mit dem Ziel, riesige Verkehrsströme zu lenken, die jedoch längst nicht mehr vorhanden sind.

Statt sich nun um eine nachhaltige und situationsscharfe Stadtentwicklung zu bemühen, orientiert man sich vielmehr an vagen überkommenen Stadtentwicklungskonzepten: Optimierung der Verkehrsanbindung, Bereitstellung möglichst großer Flächen für Investoren und Platzierung von quartierfremden Megabauten vom neuen Rathaus über die Rheinarena, das Polizeipräsidium, die Köln-

---

8    Im Osten grenzte der zeitweilig größte Güterbahnhof Westdeutschlands an, der bis heute noch nicht zurückgebaut ist.

Arcaden bis zum Bauhaus und dem Odysseum. Auf Teilen des ehemaligen Geländes der Klöckner-Humboldt-Deutz-Werke wird das Kalk-Karree gebaut (Sozial- und Jugendverwaltung). Wie wenig hier an eine nachhaltige und situationsadäquate Stadtentwicklung gedacht wurde, erkennt man sofort, wenn man die Maßnahmen genauer prüft.

a. Alle aufgeführten Maßnahmen schaffen kaum neue Arbeitsplätze, insbesondere nicht für eine arbeitslose Industriearbeitergeneration. Teilweise werden durch diese Maßnahmen (z.B. durch den Bau der riesigen Shopping-Mall „Köln-Arcaden" mit den üblichen global agierenden Ketten) sogar noch weitere Arbeitsplätze vernichtet und die Unwirtlichkeit des Quartiers wird weiter verstärkt.

b. Die Flächen werden für Großprojekte verschwendet, statt sie für eine kleingliedrige und nachhaltige urbane Entwicklung zu nutzen. Der von der Stadt vielbeschworene Strukturwandel zum „Wohn- und Verwaltungsstandort" erscheint von dort her in einem ganz anderen Licht, weil der Wohnstandort ja tatsächlich alt ist, der Verwaltungsstandort zwar neu, aber nur aus einer Verlagerung verschiedener kommunaler Verwaltungseinrichtungen resultiert, also keine neuen, geschweige denn bevölkerungsangepasste Arbeitsplätze bietet. Ein solches Vorgehen mag für die Kommune profitabel sein, weil sie zentrumsnahe Räume preiswert rekrutieren bzw. gewinnbringend an Investoren weiter geben kann, das Quartier hat davon jedoch nichts. Im Gegenteil, es verliert sogar noch an Ressourcen. Noch nicht einmal die oft kritisierte Gentrifizierung, die ja wenigstens eine Aufwertung der Quartiere bedeutet hätte, wird dadurch gefördert. Wer von den ‚Besserverdienenden' möchte schon mit seinem gehobenen Lebensstil neben einer riesigen Shopping-Mall und dem Polizeipräsidium Eigentum erwerben und sanieren? Selbst die Revitalisierung mancher aus der Gründerzeit überlebten Bauten wird so verhindert. Das Kernproblem des Quartiers besteht demnach heute darin, dass der durch die Entindustrialisierung erzwungene Strukturwandel nicht lokaladäquat angegangen, sondern über die lokalen Potentiale hinweg nach überholten städtebaulichen Konzepten versucht wurde zu lösen. Man hat die Bewohnerinnen und Bewohner mit ihren Problemen alleine gelassen.

Es stellt sich nun die Frage, warum man dies stadtpolitisch nicht zumindest auf unterer, bezirklicher Ebene angegangen ist und man somit wenigstens hier eine gewisse Sensibilität für die lokalen Herausforderungen erreicht hätte. Hier kommt etwas ins Spiel, was mit der politischen Struktur der Lokalgesellschaft zu tun hat. Die Kosten für die Entindustrialisierung hat nämlich nicht die gesamte Bevölkerung zu tragen, sondern nur eine ganz bestimmte Bevölkerungsgruppe, der wiederum keine politische Rolle zugestanden wurde und wird:

a.  Eine genauere Analyse zeigt erstens, dass die hohe Arbeitslosigkeit vor allem von der ‚Generation Gastarbeiter' geschultert werden musste. Da die Gastarbeiterinnen und Gastarbeiter diejenigen waren, die zuletzt in Arbeit gekommen sind und zugleich aufgrund des Migrationsregimes exklusiv für Industriearbeit angeworben worden waren, hat sie die Entwicklung voll und unentrinnbar getroffen.

b.  Und die Analyse zeigt zweitens, dass man diese ungleiche Lastenverteilung schnell verdrängte, ja eventuell damit verknüpfte Verwerfungen noch zusätzlich individualisierte. Auch dies hat mit dem Migrationsregime zu tun, weil es sich danach um ‚Ausländer' handelte, denen man keine Bürgerrechte zubilligen musste. Auch deren Kindern und Enkelkindern wird noch der Migrationshintergrund angerechnet.

Bevölkerung: Einwohnerinnen und Einwohner mit Migrationshintergrund (2007)[9]

|  | Stadtteil Kalk | Bezirk Kalk | Stadt Köln |
|---|---|---|---|
| Einwohnerinnen und Einwohner mit Migrationshintergrund | **12.095** | 47.218 | 328.811 |
| darunter Deutsche | 3.833 | 20.167 | 151.058 |
| darunter Aussiedler | 1.046 | 7.724 | 57.250 |
| darunter Eingebürgerte | 2.121 | 9.621 | 74.908 |
| Ausländer | 8.2622 | 7.051 | 177.753 |
| Afrika | 629 | 1.709 | 9.141 |
| Amerika | 95 | 329 | 4.855 |
| Asien | 769 | 2.679 | 17.087 |
| Europäische Union | 2.319 | 6.809 | 56.781 |
| Türkei | 3.305 | 11.182 | 63.839 |
| Übriges Europa | 1.119 | 4.238 | 25.125 |
| Sonstige | 26 | 105 | 925 |

Bevölkerung: Einwohnerinnen und Einwohner in Köln insgesamt (2007)[10]

|  | Stadtteil Kalk | Bezirk Kalk | Stadt Köln |
|---|---|---|---|
| Einwohnerinnen und Einwohner | **21.796** | 108.620 | 1.025.094 |

Das bis heute tief in den Köpfen der Menschen verankerte Migrationsregime (‚Ausländer') hindert die Politik und die Öffentlichkeit daran, die betroffenen Menschen ernsthaft an dem Strukturwandel zu beteiligen oder gar die Ressour-

---

9   Quelle: http://www.stadt-koeln.de/1/zahlen-statistik/ [01.09.2011].
10  Quelle: http://www.stadt-koeln.de/1/zahlen-statistik/ [01.09.2011].

cen dieser größten Bevölkerungsgruppe als lokale Akteure kleinräumiger Netzwerke (‚Graswurzelaktivisten') und als Expertinnen und Experten in der Bewältigung komplexer urbaner Herausforderungen (‚Modernisierungspioniere') zu mobilisieren und für die urbane Entwicklung (*New Urbane Governance*) zu nutzen, wie man das in anderen Städten freilich längst gelernt hat (vgl. Le Galès 2004, S. 13; Häußermann/Wurtzbacher 2005, S. 428f.; Lanz 2009; Bukow 2010a). Stattdessen vertraut man auf Programme wie ‚Soziale Stadt' – Programme, die an dem Kern der Sache vorbeigehen, weil sie sich nur den Nebenfolgen dieser Entwicklung widmen und auch das nur vorübergehend, da sie wie alle solche Programme ‚kommen und gehen', ohne nachhaltige Spuren zu hinterlassen. Dabei werden nicht nur die Menschen, sondern auch ihre Lebensqualität ausgeblendet, womit auch gleichzeitig die urbane Struktur mit ihren Potentialen vernachlässigt wird. Vorschläge, einen Teil der freigewordenen Flächen für einen rechtsrheinischen Grüngürtel oder zumindest eine ökologisch effektive Grünzäsur zu nutzen, werden genauso wie viele andere überzeugende Vorschläge verworfen.

Es ist kaum verwunderlich, wenn die Menschen immer wieder beklagen, dass sich die Entwicklung der letzten Jahrzehnte und die Modernisierungsmaßnahmen weitgehend ohne die Beteiligung der direkt betroffenen Bürgerinnen und Bürger und auch ohne Berücksichtigung der lokalen Gegebenheiten vollzogen hat. Sie wollen politisch, kulturell, ökonomisch und bildungspolitisch nicht nur zur Kenntnis genommen, sondern auch berücksichtigt werden.

Man könnte vermuten, dass sich die Situation bei den Kindern, Enkelinnen und Enkeln der ‚Generation Gastarbeiter' verändert hat. Dies gilt jedoch nur sehr eingeschränkt, wie bereits ein Blick auf die Bildungssituation zeigt. Die ‚Generation Gastarbeiter' hat sich nachhaltig und dauerhaft in die Unterschicht integriert und wird dort jetzt schon in der dritten Generation – wie überall in Deutschland zu beobachten – z.B. durch das Bildungssystem festgehalten.

Bildung und Ausbildung: hier die Schulform *Gymnasium* (2007)[11]
*(Hier wird noch nicht der Migrationshintergrund berücksichtigt)*

| | Stadtteil Kalk | Stadtbezirk Kalk | Stadt Köln |
|---|---|---|---|
| Schülerinnen und Schüler an Gymnasien | 831 | 1.543 | 29.082 |
| Darunter weiblich | 443 | 796 | 15.492 |
| Darunter Ausländerinnen und Ausländer insgesamt | 198 | 318 | 3.251 |
| Darunter Ausländerinnen | 100 | 161 | 1.742 |
| Zahl der Schulen | 1 | 2 | 34 |

11  Quelle: http://www.stadt-koeln.de/1/zahlen-statistik/ [01.09.2011].

Bildung und Ausbildung: hier die Schulform Hauptschule (2007)[12]

| | Stadtteil Kalk | Stadtbezirk Kalk | Stadt Köln |
|---|---|---|---|
| Schülerinnen und Schüler an Hauptschulen | 697 | 1.926 | 9.830 |
| Darunter weiblich | 338 | 943 | 4.465 |
| Darunter Ausländerinnen und Ausländer insgesamt | 419 | 1.014 | 4.175 |
| Darunter Ausländerinnen | 200 | 502 | 1.933 |
| Zahl der Schulen | 2 | 5 | 30 |

Die Situation ändert sich im Augenblick jedoch deshalb, weil neue Bevölkerungsgruppen, die ,Aussiedler' aus den ehemaligen GUS-Staaten eingewandert sind. Sie kommen unter gänzlich anderen Bedingungen, stammen meist aus der Mittelklasse oder dem Bildungsbürgertum, erhalten sofort die Staatsangehörigkeit, ,müssen' sich nicht in die Arbeiterschicht integrieren und deshalb sind ihre Kinder beispielsweise im Bildungssystem durchaus erfolgreich. Das hat für die Geschehnisse in Köln-Kalk im Jahr 2008 und die folgende Diskussion eine erhebliche Bedeutung.

*Hintergründe zu den Ereignissen im Januar 2008[13]*

Die Unzufriedenheit der jungen Bewohnerinnen und Bewohner in dem Kölner Stadtteil Kalk, die Frustration über unzureichende Zukunftsperspektiven was Bildung, Ausbildung und Beruf betrifft sowie der Protest gegen die generelle Aberkennung gesellschaftspolitischer Einflussnahme sind in den wochenlangen Demonstrationen zu Beginn des Jahres 2008 in Köln-Kalk zum Ausdruck gekommen. Ein Ausschnitt aus der Presse:

> „Seit einer Woche demonstrieren jeden Abend mehrere hundert junge MigrantInnen im Kölner Stadtteil Kalk. Sie fordern „Gerechtigkeit". Anlass der Proteste überwiegend arabischer, kurdischer und türkischer Jugendlicher ist der Tod des 17jährigen Said14. Er wurde von einem 20jährigen Russlanddeutschen auf der Hauptstraße des Viertels erstochen, laut Aussagen von Polizei und Staatsanwaltschaft in Notwehr,

---

12  Quelle: http://www.stadt-koeln.de/1/zahlen-statistik/ [01.09.2011].
13  Vgl. hierzu auch Bukow, Wolf-D./Preissing, Sonja (2010): „Wir sind kölsche Jungs". Die „Kalker Revolte" – Der Kampf um Partizipation in der urbanen Gesellschaft. In: Pilch Ortega, Angela/Felbinger, Andrea/Mikula, Regina/Egger, Rudolf (Hg.): Macht – Eigensinn – Engagement. Lernprozesse gesellschaftlicher Teilhabe. Wiesbaden, 151-172.
14  Der Name des verstorbenen Jugendlichen wurde anonymisiert.

weil der junge Marokkaner versuchte ihn auszurauben. Die Jugendlichen wollen das nicht akzeptieren. Sie sagen, ihr Freund sei kein Räuber. Sie werfen Polizei und Staatsanwaltschaft vor, nicht sorgfältig ermittelt zu haben und vorschnell die These „Raubüberfall – Notwehr" aufgestellt zu haben (...) Ein türkischer Jugendlicher drückt aus, was viele denken: „Said war nur der Tropfen, der das Fass zum Überlaufen brachte.'" (Ludwig 2008)

Auslöser für die im Januar 2008 über eine Woche andauernden Proteste der Menschen in dem Stadtteil Köln-Kalk war der Tod des 17-jährigen Jugendlichen aus dem Viertel, der bei einer Auseinandersetzung mit zwei weiteren Jugendlichen aus Köln-Kalk tödlich verletzt wurde. Der Vorfall löste in dem Stadtteil die Anteilnahme der Bevölkerung und eine wochenlange Protestwelle aus, an der neben älteren Menschen aus dem Viertel zum großen Teil Jugendliche beteiligt waren.

Anhand der Presseberichte lassen sich die Geschehnisse, die sich am Abend des 18. Januar 2008 abspielten, folgendermaßen rekonstruieren: Der 17-jährige Schüler mit marokkanischem Migrationshintergrund habe zusammen mit seinem 20-jährigen Freund laut Ermittlungen der Polizei einen 20-jährigen Jugendlichen und seinen Begleiter (17 Jahre) auf der Kalker Hauptstraße ausgeraubt. Der 20-Jährige, der laut eigener Aussage und den Aussagen der Zeugen von dem 17-Jährigen körperlich angegriffen worden sei[15], habe sich mit einem Messer gewehrt. Der Messerstich verletzte den 17-jährigen Schüler und er verstarb in der gleichen Nacht. Die Polizei ließ den 20-jährigen Jugendlichen, der den Messerstich verübt hatte, nach einer Vernehmung bereits am gleichen Abend frei (vgl. Fritzsche 2008).

Die Geschehnisse in der Nacht von Freitag auf Samstag lassen sich ‚wahrheitsgemäß' nicht rekonstruieren. Die Staatsanwaltschaft und die Polizei stuften laut Kölner Stadtanzeiger bereits am darauffolgenden Tag die Handlung des 20-jährigen Jugendlichen als Notwehr ein (vgl. ddp 2008).

Der Tod von Said führte zu tagelangen Protesten, an denen junge Menschen mit Migrationshintergrund sowie auch die Eltern der Jugendlichen im Viertel teilnahmen. Sie sind für „Gerechtigkeit", gegen „Rassismus" und gegen die „gesellschaftspolitische Benachteiligung" auf die Straße gegangen. Die in den Augen der Bevölkerung voreilige Beurteilung des Geschehens durch die Staatsanwaltschaft als „Raubüberfall" und „Notwehr" sowie die Freilassung des 20-jährigen ‚deutschen'[16] Jugendlichen am gleichen Abend, löste bei den Kalker Jugendlichen und deren Eltern Unmut und Unverständnis aus. Vor allem die Familie, Freunde, Bekannte, Mitschülerinnen und Mitschüler des 17-Jährigen

---

15  Die Rechtsmedizin bestätigte durch ihre Untersuchungsergebnisse die Zeugenaussagen (vgl. Stinauer 2008b).

16  Bei dem 20-jährigen Jugendlichen handelt es sich um einen Jugendlichen mit russischem Migrationshintergrund, der über die deutsche Staatsbürgerschaft verfügt.

sahen laut Presseberichten in dem Jugendlichen keinen ‚Räuber'. Sie äußerten ihre Zweifel und ihr Unverständnis über das frühzeitige Urteil der Staatsanwaltschaft und der Polizei (vgl. Stinauer 2008b).

# Ein Ereignis im Stadtteil und viele kontroverse Perspektiven: Analysen zu dem Geschehen im Januar 2008 in Köln-Kalk

*Sonja Preissing*

## 1 Einführung

Als Projektmitarbeiterin war ich damit beauftragt, die empirischen Forschungsarbeiten zu der Studie durchzuführen. Damit standen gleich mehrere Fragen im Vordergrund, unter anderem: Was soll genau untersucht werden? Wie soll ich vorgehen? Mit wem spreche ich? Wen interviewe ich? Wie gehe ich vor?

In diesem Beitrag gehe ich näher auf den Forschungsprozess der Studie ein und stelle die Analysen zu dem qualitativen Datenmaterial vor, das im Rahmen der Stadtteilanalyse erhoben und bearbeitet wurde.

Damit möchte ich verdeutlichen, wie auf der einen Seite eine Minderheit im Stadtteil auf ihre Situation aufmerksam macht und gesellschaftspolitische Teilhabe sowie ihre Rechte einfordert. Auf der anderen Seite wird mit dem Folgenden deutlich, dass es den Akteurinnen und Akteuren der kommunalen Verwaltung darum ging, die Kontrolle über den Stadtteil zu halten. Es werden nicht nur widersprüchliche Perspektiven, Deutungen und Reaktionen auf das Geschehen, sondern auch unterschiedliche Interessenlagen sichtbar. Nicht zuletzt drückt sich darin eine asymmetrische Machtverteilung im Stadtteil aus.

## 2 Zugang zum Stadtteil

Der Kontext des Geschehens, die Proteste Jugendlicher im Stadtteil, war mir bereits durch meinen Besuch der Livesendung „Journal am Vormittag" des Deutschlandfunks, die am 20. Februar 2008 im Stadtteil aufgezeichnet wurde, vertraut. Unter dem Titel „Ein Todesfall in Köln-Kalk treibt junge Migranten zum Protest" diskutierten ein Monat nach dem Vorfall Vertreterinnen und Vertreter der Stadt Köln, sozialer Einrichtungen im Stadtteil, von Parteien und Mitschülerinnen und Mitschüler des verstorbenen Jugendlichen. Dabei ist der Radiobeitrag nur ein Beispiel für die mediale Berichterstattung zu den Ereignissen in Köln-Kalk im Januar 2008. In den Printmedien, dem Fernsehen und dem Internet wurde ausgiebig lokal und überregional berichtet.

Zwei Jahre später begab ich mich erneut auf die ‚Spurensuche' nach den ‚Kalker Ereignissen'. Zu Beginn recherchierte ich zu unterschiedlichen Medienberichten im Internet. Beispielsweise fand ich über *Google* zahlreiche Beiträge der lokalen und überregionalen Presse zu dem Geschehen und den Ereignissen der darauffolgenden Tage. Weitere Internetdokumente entdeckte ich auf den Seiten von *Youtube*. Zum einen sind dort von Freundinnen und Freunden des verstorbenen Jugendlichen zahlreiche Trauer- und Gedenkvideos hinterlegt. Zum anderen konnte ich weitere Nachrichtenbeiträge und Videos von Fernsehsendern wie beispielsweise RTL (Spiegel TV) und WDR (Cosmo TV) ausmachen.

Die Lektüre der Internetdokumente und der Medienberichte war für den Kontext der Studie wichtig. Der Schwerpunkt der Forschungsarbeiten lag jedoch in der Aufnahme und Durchführung von Interviews nach der Qualitativen Sozialforschung. Ziel war, mit jugendlichen Beteiligten der Demonstrationen, mit Akteurinnen und Akteuren im Stadtteil, die als Teilnehmende oder als Beobachterinnen und Beobachter an den Demonstrationen beteiligt waren sowie mit Vertreterinnen und Vertretern von Institutionen im Stadtteil zu sprechen.

Um einen ersten Überblick über die Netzwerke und Institutionen im Stadtteil zu erhalten, besuchte ich verschiedene Veranstaltungen und Treffen von Arbeitskreisen. Hier bot sich mir die Gelegenheit, die Studie vorstellen. Außerdem erhoffte ich mir darüber den Kontaktaufbau zu Interviewpartnerinnen und Interviewpartnern.

Die Teilnahme an dem Treffen des Arbeitskreises „Dialog der Kulturen – für ein friedliches Zusammenleben" am 19. September 2010, der institutionell verankert als ‚kommunale Antwort' auf die Ereignisse im Stadtteil gegründet wurde, war ein wichtiger Anknüpfungspunkt für uns. Vor Ort waren Mitarbeiterinnen und Mitarbeiter der Stadt Köln, Vertreterinnen und Vertreter von Jugendeinrichtungen und sozialer Einrichtungen sowie der Moscheengemeinden und der kirchlichen Gemeinden im Stadtteil. Des Weiteren präsentierte ich am 2. Juli 2010 das Projekt dem „Arbeitskreis Kalk" (AK Kalk), in dem verschiedene Akteurinnen und Akteure des Stadtteils vernetzt zusammenarbeiten. Im weiteren Projektverlauf besuchte ich außerdem unterschiedliche Veranstaltungen im Stadtteil, wie beispielsweise die „Sozialraumkonferenz" oder ein „Frauenfrühstück". Sobald sich mir die Möglichkeit ergab, erkundete ich den Stadtteil zu Fuß und besuchte Einrichtungen, Institutionen wie auch Geschäfte.

## 3    Zum Forschungsprozess

Im Projektverlauf verdichtete sich ein Netz aus Personen, mit denen ich über den Kontext und die Hintergründe der ‚Kalker Ereignisse' sprechen konnte. Dabei war der Zugang zu Vertreterinnen und Vertretern von Institutionen und sozialen

Einrichtungen in der Regel relativ problemlos. Schwieriger war der Kontakt zu jugendlichen Akteurinnen und Akteuren, die an den Protesten im Stadtteil beteiligt waren. Mit Geduld habe ich die Suche nach jugendlichen Gesprächspartnerinnen und Gesprächspartnern weiter verfolgt. Durch die Unterstützung eines Mitarbeiters einer Jugendeinrichtung und einer sozialen Einrichtung im Stadtteil, sowie über einen jungen Mann, der im Stadtteil Hip-Hop Projekte durchführt, konnte ich letztlich Kontakt zu Jugendlichen und jungen Erwachsenen aufbauen. Erschwerend (aber durchaus nachvollziehbar) war außerdem die Skepsis der jugendlichen Interviewpartnerinnen und Interviewpartner gegenüber Forschungsarbeiten. Einige unter ihnen hatten bereits an Studien teilgenommen und negative Erfahrungen gemacht.

Hinsichtlich der qualitativen, leitfadengestützten Interviews habe ich insgesamt 17 Interviews erhoben. Für die Auswertung habe ich davon elf Interviews (neun Einzelinterviews und zwei Gruppeninterviews) herangezogen.[17] Darüber hinaus wurden alle weiteren Interviews wie auch Medienberichte und Internetdokumente für die Auswertung ergänzend herangezogen.[18]

Ein wichtiger Schritt im Forschungsprozess war außerdem die Durchführung des Workshops „Auf den Spuren der Kalker Ereignisse im Januar 2008. Diskussion mit Akteurinnen und Akteuren aus Kalk und Umgebung über die Ereignisse im Januar 2008 und die Situation heute" am 27. Januar 2011 im Stadtteil. In diesem Rahmen diskutierten wir die ersten Ergebnisse der Recherche auf lokaler Ebene. Beteiligte des Workshops waren unterschiedliche Akteurinnen und Akteure aus der kommunalen Verwaltung (bspw. Polizei, Stadt Köln), aus

---

17   Die qualitativ durchgeführten Interviews sind methodisch an das problemzentrierte Interview nach Witzel (2000) angelehnt. Dieses methodische Design wird dem Leitfadeninterview zugeordnet und basiert auf einer theoriegeleiteten Vorgehensweise, die allerdings gegenüber dem Forschungsprozess offen bleibt (vgl. Reinders 2005, S. 117). Der Leitfaden zeichnet dabei die Struktur des Interviews vor, indem offene als auch erzählgenerierende Fragen den Interviewablauf unterstützen. Nach Witzel (2000) leiten vier Erhebungsinstrumente die Durchführung der Interviews: der Kurzfragebogen, der Leitfaden, die Aufnahme der Interviews und ein Postskriptum.

18   Zunächst wurden die Interviews angehört und anschließend wurden die Struktur und der Inhalt eines jeden Interviews durch eine jeweilige Sequenzierung, die in Tabellenform dargelegt wurde, wiedergegeben. Während der Auswertung wurden die relevanten Textpassagen teiltranskribiert. Da für die Auswertung ausschließlich inhaltliche Aspekte im Vordergrund standen, wurden paralinguistische und parasprachliche Äußerungen zum größten Teil nicht berücksichtigt. Satzabbrüche und Unverständlichkeiten wurden kenntlich gemacht und unklare Satzbauweisen wurden gegebenenfalls geglättet. Anschließend wurden die teiltranskribierten Interviewpassagen den jeweiligen Auswertungskategorien zugeordnet, die nach der qualitativen Inhaltsanalyse nach Mayring (2003) von dem theoretischen Wissen ausgehend (deduktiv) gebildet wurden. Diese Kategorien gehen mitunter aus dem Leitfaden hervor. Anhand der Kategorien wurden aus dem Datenmaterial heraus (induktiv) Unterkategorien gebildet. Das Datenmaterial wurde nach den jeweiligen (Unter-)Kategorien untersucht und zusammengefasst.

dem Stadtteil und Umgebung (Jugendeinrichtungen, politische, soziale, kulturelle und religiöse Einrichtungen, Schulen), Studierende und interessierte Wissenschaftlerinnen und Wissenschaftler (vgl. hierzu Exkurs 2 in diesem Beitrag).

Mit der Analyse war es möglich, Diskurs- und Argumentationslinien der Interviewpartnerinnen und –partner herauszulesen und nachzuzeichnen, sowie das Aussagenspektrum aufzufächern. Die unterschiedlichen Diskurse und Aussagenstränge wurden in der Analyse dargestellt und ausführlich interpretiert.

Um die Anonymität aller Interviewpartnerinnen und –partner zu wahren, habe ich alle Interviews anonymisiert. Dazu erhielten alle interviewten Personen sowie alle weiteren Personen, die in den Interviews genannt werden, ein Synonym. Damit jedoch die Aussagen in ihrem jeweiligen Kontext verortet werden können, wurde kenntlich gemacht, in welchem Bereich derjenige oder diejenige tätig ist (beispielsweise in der kommunalen Verwaltung, bei der Polizei, in einer Jugendeinrichtung usw.). Die Bezeichnungen der Jugendeinrichtungen, sozialen Einrichtungen, Vereine usw. wurden hingegen nicht aufgeführt.

## 4    Zu den Interviewpartnerinnen und Interviewpartnern

In diesem Abschnitt möchte ich die Interviewpartnerinnen und Interviewpartner beschreiben. Es soll deutlich werden, in welchem Kontext die Interpretationen, Perspektiven und Positionen stehen. Dabei gehe ich – je nach Kontakt und Beziehung zwischen mir und dem Interviewten – auch auf meine Position als Forscherin ein. Alle Beschreibungen sind anonymisiert. Im Folgenden sind sie alphabetisch aufgeführt.

*Einzelinterviews*

Ardit Antonovski (A.A.)[19]
Ardit Antonovski arbeitet als Journalist und Fotograf für eine Kölner Tageszeitung. Er ist für die (fotografische) Berichterstattung der Polizeiarbeit im Kölner Raum zuständig. Als Journalist war er auch zusammen mit einem Kollegen auf der Kalker Hauptstraße zugegen. Kontaktiert habe ich den Interviewten über die Tageszeitung, da ich über eine Recherche auf ihn aufmerksam geworden bin.

Dem Interview ging ein erstes Treffen in einem Kölner Café voraus. Er und sein Kollege waren eine Woche lang täglich vor Ort, um über die Ereignisse zu berichten.

---

19    Der Interviewpartner ist 29 Jahre alt und arbeitet seit 2006 als Reporter (Fotograf) bei einer Kölner Tageszeitung. Er besitzt die kosovarische Staatsangehörigkeit.

## Nadira Arslan (N.A.)[20]

Das lange, circa zweistündige Interview fand in einem Café der Shopping Mall „Köln Arcaden" statt. Der Kontakt wurde über einen Akteur im Stadtteil, der sich während der ‚Kalker Ereignisse' stark engagierte (Peter Blum), hergestellt.

Nadira Arslan war eine Mitschülerin des verstorbenen Jugendlichen und konnte somit im Interview auch auf die Reaktionen in der Schule eingehen. Sie gehört zu dem engen Freundeskreis und war von Beginn an auf der Kalker Hauptstraße.

Nadira Arslan wurde für unterschiedliche Aktionen als Sprecherin auserkoren. So fragte sie der damalige Schuldirektor, ob sie in der Öffentlichkeit auftreten könne. Sie war auch bei der Radiosendung des Deutschlandfunks beteiligt. Im Interview sagte sie, dass sie eine Bildungskarriere von der Hauptschule bis zum Abitur durchlaufen habe.

Unmittelbar vor dem Interview erzählte ich ihr von der Studie und den Forschungsschwerpunkten Migration und Stadt, die wir als Forscherinnen und Forscher vertreten. Daraufhin erklärte sie mir, dass sie diese Themen sehr wichtig finde, da in Zusammenhang mit ‚migrantischen Stadtviertel' viel über ‚soziale Brennpunkte' und ‚Ausländer' berichtet würde. Sie erachte dies als problematisch.

Nach dem Interview sprechen wir über rechtsrheinische Stadtteile in Köln und die Jugendlichen in den Vierteln. Sie verdeutlicht, dass sie mit „diesen männlichen" Jugendlichen nicht viel Kontakt habe. Sie seien „unter sich" und lebten in einer „eigenen Welt". Im Gespräch unterscheidet sie zwischen sich und ‚anderen Jugendlichen', die verstärkt Schwierigkeiten haben, den Schulabschluss erfolgreich zu beenden oder eine Arbeitsstelle zu finden. Im Interview ergriff sie für „diese Jugendlichen" Partei, setzt sich für sie ein und spricht für sie.

## Helmut Beck (H.B.)[21]

Der Interviewpartner ist innerhalb der kommunalen Verwaltung im Bereich Jugendarbeit tätig. Das Interview fand am Arbeitsplatz des Interviewten statt. Auffällig war, dass der Gesprächspartner dem Projekt zu Beginn sehr kritisch gegenüberstand.

Im Vorgespräch berichtete er über einige kommunal geförderte Projekte (teilweise in Kooperation mit weiteren Einrichtungen), die im Bezirk Kalk durchgeführt werden. Er nannte mir Kontaktdaten von Personen im Stadtteil, die ich in Bezug auf die Ereignisse in Köln-Kalk kontaktieren konnte.

---

20 Nadira Arslan ist 18 Jahre alt, sie hat die deutsche Staatsangehörigkeit und einen türkischen Migrationshintergrund. Sie besuchte in Köln-Kalk die Hauptschule. Zurzeit des Interviews macht sie Fachabitur an der Fachoberschule.

21 Der Interviewpartner ist 54 Jahre, er hat die deutsche Staatsangehörigkeit und arbeitet für die Stadt Köln. Er ist als Bezirksjugendpfleger für den Stadtbezirk Kalk und unter anderem für die Förderung der Jugendarbeit zuständig.

Er koordinierte kommunal geförderten Projekte, die nach den ‚Kalker Ereignissen' ins Leben gerufen wurden. Darüber hinaus ist er zusammen mit einer Kollegin aus dem Interkulturellen Dienst für die Aufgabenbereiche des „AK Dialog der Kulturen" zuständig.

Khalid Benjalloun (K.B.)[22]
Das Interview fand in meinem Büro an der Humanwissenschaftlichen Fakultät der Universität zu Köln statt. Der Kontakt zu dem Interviewpartner kam über Helmut Beck (kommunale Verwaltung, Stadt Köln) zustande.

Khalid Benjalloun war über den „AK Dialog der Kulturen" aktiv. Unter dem Dach des Arbeitskreises führte er mit weiteren Akteuren der kommunalen Verwaltung ein Antigewalttraining bzw. eine Multiplikatoren und -innenausbildung durch. Das Konzept zu dem Projekt hat er erarbeitet.

Der Interviewpartner war an den Demonstrationen im Januar 2008 nicht beteiligt. Er kannte bzw. kennt jedoch Jugendliche und junge Erwachsene, die vor Ort waren.

Er engagiert sich in verschiedenen Bereichen. Beispielsweise unterrichtet er in der marokkanischen Gemeinde, über die nicht zuletzt der Kontakt zu dem „AK Dialog der Kulturen" entstanden ist.

Peter Blum (P.B.)[23]
Dem Interview selbst gingen zahlreiche Gespräche zu dem Stadtteil und zu den Ereignissen im Januar 2008 voraus. Der Interviewpartner ist bereits seit seiner frühen Jugend politisch und zivilgesellschaftlich aktiv. Heute engagiert er sich in Kalk sowohl über einen Verein als auch über eine linke Stadtteilgruppe. Außerdem ist er an der Organisation von politischen Aktivitäten beteiligt.

Auch im Januar 2008 setzte er sich zusammen mit Kolleginnen und Kollegen für die Jugendlichen im Viertel ein. An mehreren Tagen nahm er an den Treffen auf der Kalker Hauptstraße teil. Darüber hinaus unterstütze er die Jugendlichen und jungen Erwachsenen bei der Durchführung der Demonstrationen und Aktionen.

Mostafa Emam (M.E.)[24]
Das Interview mit Mostafa Emam, der selbst an den Demonstrationen und an den Aktivitäten des „AK Dialog der Kulturen" teilgenommen hat, fand in der Kölner Innenstadt in einem Schnellrestaurant statt.

---

22  Der Interviewpartner ist 24 Jahre alt. Er hat die marokkanische Staatsangehörigkeit. Nach dem Besuch des Gymnasiums studiert er nun an der Universität zu Köln.
23  Zurzeit des Interviews arbeitet Peter Blum in einer sozialen Einrichtung im Stadtteil. Er hat die deutsche Staatsangehörigkeit und lebt in Köln-Kalk.
24  Mostafa Emam ist 26 Jahre alt und hat die deutsche Staatsangehörigkeit. Er hat einen ägyptischen Migrationshintergrund. Nach dem Abitur hat er mit dem Studium begonnen.

Vor dem Interview trafen wir uns an der S-Bahn Haltestelle. Auf dem Weg zu dem Schnellrestaurant fragte er mich, ob ich Kölnerin sei. Nachdem ich ihm geantwortet hatte, fragte auch ich ihn, ob er ein Kölner sei. Er erzählte mir, dass er ein „Kölscher Jung" sei, aber sechs Jahre in Kairo gelebt habe. Seit zwölf Jahren produziert er Hip-Hop-Musik.

Er selbst war mit dem verstorbenen Jugendlichen befreundet, weshalb er im Januar 2008 auf der Kalker Hauptstraße war. In Köln engagiert er sich für verschiedene Projekte und Aktionen, unter anderem zu Hip-Hop Projekten. Das geförderte Hip-Hop Projekt im Bezirk Kalk fand unter seiner Leitung statt.

Im Interview appelliert er dafür, etwas gegen die mediale, öffentliche Hetze gegenüber Menschen mit Migrationshintergrund zu machen. Nach dem Interview richtete er an mich den Appell, dass ich doch auch etwas gegen die Hetze tun solle und ergänzte, dass ich ja auch in einer bestimmten Position sei.

Ahmed Jemal (A.J.)[25]

Ich verabredete mich mit Ahmed Jemal für das Interview in den „Köln Arcaden" im Stadtteil Kalk. Das Interview fand in einem Café in den „Arcaden" statt. Der Kontakt zu ihm wurde über Mostafa Emam hergestellt.

Ahmed Jemal kannte den verstorbenen Jugendlichen sehr gut. Er ist Rapper und hat nach dem Tod seines Freundes ein Lied für ihn geschrieben. Er erzählt mir, dass er demnächst ein Album veröffentlicht, auf dem der Song enthalten ist.

Auch Ahmed Jemal spricht meine Position als Forscherin an und sagt zu mir, dass ich jemand sei, der Menschen eine Stimme geben würde. (Als Forscherin erachte ich es als wichtig, gerade diese Beziehung, die Rolle des Forschenden und den Austausch darüber kritisch zu reflektieren).

Gerd Tietjen (G.T.)[26]

Gerd Tietjen arbeitet als pädagogischer Mitarbeiter in einer Jugendeinrichtung in Köln-Kalk. Die Ereignisse im Stadtteil im Januar 2008 hat er zu dieser Zeit im Stadtteil selbst und über die Medien verfolgt. Zusammen mit Kolleginnen und Kollegen diskutierte er mit Jugendlichen und jungen Erwachsenen in der Jugendeinrichtung über das Geschehen im Stadtteil anhand von Medienberichten.

Das Interview fand in seinem Büro in der Verwaltung der Einrichtung statt.

---

25 Ahmed Jemal ist 29 Jahre alt, hat die deutsche Staatsangehörigkeit und einen tunesischen Migrationshintergrund. Nach der mittleren Reife arbeitet er als Kaufhausdetektiv.

26 Gerd Tietjen ist 43 Jahre und hat die deutsche Staatsangehörigkeit. Er arbeitet als Jugendleiter in einer Jugendeinrichtung in Köln-Kalk.

Bruno Werner (B.W.)[27]
Das Interview fand im Polizeipräsidium Köln-Kalk in dem Dienstbüro von Bruno Werner statt. Dem Interview ging ein Vorgespräch voraus. Daran nahm außerdem sein Kollege, der in dem „AK Dialog der Kulturen" aktiv ist, teil. In dem Arbeitskreis sehen sie die Chance, neue Kontaktpersonen im Stadtteil zu finden.

Bruno Werner leitete das Vorgespräch mit der Frage ein, wie die Polizei mit Jugendlichen im Stadtteil umgehen würde. Die Polizei sei daran interessiert, Jugendliche und junge Erwachsene im Stadtteil zu erreichen. Dazu arbeiten sie in unterschiedlichen Projekten mit. Im Gespräch gingen sie bezogen auf die ‚Kalker Ereignisse' auf den ‚staatlichen Rassismus' ein, den Vorwurf der jugendlichen Demonstrierenden aus Kalk an die Mehrheitsgesellschaft. Neben der Beschreibung des Polizeieinsatzes auf der Kalker Hauptstraße nennen sie mir weitere Ansprechpartnerinnen und Ansprechpartner.

Sowohl im Vorgespräch als auch im Interview legte der Interviewpartner Wert darauf, den Erfolg der damaligen Polizeieinsätze hervorzuheben.

Gruppeninterviews
Ömer Acatürk (Ö.A.)[28], Malik Baroudi (M.B.)[29], Tarik Yildiz (T.Y.)[30], Ersin Yilmaz (E.Y.)[31]
Das Interview mit vier jungen Männern, die an den Demonstrationen teilgenommen haben, fand in den Räumlichkeiten einer Jugendeinrichtung im Stadtteil statt.[32]

Der Kontakt zu den Interviewpartnern wurde über einen Mitarbeiter der Jugendeinrichtung (Benjamin Müller) hergestellt. Er kontaktierte zwei junge Männer, die er gut kannte. Die beiden brachten zwei weitere Freunde zum Interview mit. Ursprünglich war geplant, Einzelinterviews durchzuführen. Da die Jugendli-

---

27 Der Interviewpartner ist 53 Jahre und besitzt die deutsche Staatsangehörigkeit. Er arbeitet bei der Polizei Köln. Seine Tätigkeitsschwerpunkte liegen in der Personalführung und der Leitung größerer Einsätze.

28 Er wohnt im Stadtteil Kalk und ist dort aufgewachsen. Er ist 20 Jahre alt, besitzt die türkische Staatsangehörigkeit. Nach dem Besuch der Hauptschule macht er nun eine Ausbildung im Bereich Sanitär und Heizung.

29 Der Interviewpartner ist 24 Jahre alt und besitzt die deutsche Staatsangehörigkeit. Er ist im Stadtteil Kalk aufgewachsen und hat einen marokkanischen Migrationshintergrund. Im Interview wird deutlich, dass er u.a. Kontakte zu Familienmitgliedern in Holland und Frankreich hat. Nachdem er die Hauptschule besuchte macht er nun eine Ausbildung als Fachlagerist.

30 Er ist 21 Jahr alt. Er ist in Köln-Kalk aufgewachsen, hat die türkische Staatsangehörigkeit und ist zur Zeit des Interviews ein Auszubildender als Fachlagerist.

31 Er ist 20 Jahre alt und wohnt ebenso in dem Stadtteil Kalk, wo er auf aufgewachsen ist. Wie die anderen Interviewpartner hat er auch die türkische Staatsangehörigkeit. Er ist nun im Bereich Fachlagerist und in der Altenpflege tätig.

32 Eine Jugendeinrichtung in dem Stadtteil Kalk-Nord, die ausschließlich über Honorarkräfte ein Angebot für Kinder und Jugendliche aus dem Stadtteil bis 18 Jahre anbieten.

chen jedoch nur zu einem Gruppengespräch bereit waren, führte ich es in der Anwesenheit des pädagogischen Mitarbeiters (der ebenso darauf bestand) durch.

Vor Beginn des Interviews diskutierte ich mit ihnen darüber, ob das Gespräch mit einem Aufnahmegerät aufgezeichnet werden kann. Sie äußerten ihre Bedenken bezüglich des Umgangs mit dem Datenmaterial. Sie hatten Angst vor Verzerrungen ihrer Aussagen, die sie seitens Medien bereits häufiger erlebt haben. Besonders interessierte sie, wer die Texte lesen wird. Die Aufnahme tolerierten sie nur unter der Bedingung, dass alle Daten anonym bleiben.

Die vier jungen Männer waren von dem damaligen Vorfall persönlich sehr stark betroffen. Der verstorbene Jugendliche war ihr Freund. Die Betroffenheit und Trauer war auch im Verlauf des Interviews sehr stark zu spüren. Malik Baroudi nahm einen sehr großen Redeanteil ein. Dieser sprach auch während der 'Kalker Ereignisse' mit Medienvertreterinnen und Medienvertretern. In unserem Gespräch kritisierte er, dass er immer als 'Migrant' bezeichnet wird, obwohl er die deutsche Staatsangehörigkeit hat.

Benjamin Müller (B.M.), Emma Schneider (E.S.)[33]
Das Interview fand in einer Jugendeinrichtung in Kalk-Nord statt. Die Interviewpartnerin und der Interviewpartner engagieren sich im Stadtteil für Kinder und Jugendliche. Benjamin Müller stellte den Kontakt zu vier jungen Männern her, die mit dem verstorbenen Jugendlichen befreundet waren. Auch sie waren nach dem Tod des Jugendlichen auf der Kalker Hauptstraße. In einem Gruppeninterview sprach ich mit ihnen darüber.

Die Mitarbeiterin und der Mitarbeiter der Jugendeinrichtung waren ebenso an den Abenden im Januar 2008 auf der Kalker Hauptstraße vor Ort. Ihnen ging es darum, „ihre Jugendlichen" zu begleiten und das Geschehen zu beobachten. Darüber hinaus organisierten sie im Jugendzentrum eine Informationsveranstaltung für Jugendliche und junge Erwachsene zu den Hintergründen der Tat. Eingeladen war ein Vertreter der Polizei Köln. Außerdem waren sie Kooperationspartner des Hip-Hop Projekts, das als Reaktion auf den Vorfall im Stadtteil durchgeführt wurde. Auch an den Arbeitstreffen des „AK Dialog der Kulturen" nahmen bzw. nehmen sie teil.

---

33  Benjamin Müller, Diplom Pädagoge und zurzeit des Interviews 36 Jahre alt. Er hat die deutsche Staatsangehörigkeit. Er ist Geschäftsführer des Vereins (Jugendarbeit) und arbeitet dort ebenso als pädagogischer Betreuer. Emma Schneider hat die deutsche Staatsbürgerschaft, ist 31 Jahre alt und arbeitete sechs Jahre als Honorarkraft in der Jugendeinrichtung. Sie ist im Vorstand des Vereins tätig.

## 5    Rekonstruktion der Ereignisse im Stadtteil Köln-Kalk

Wie mit der Rekonstruktion der Presseberichte (vgl. Bukow/Ottersbach/Preissing in diesem Band) deutlich wurde, war der Tod des Jugendlichen mit Migrationshintergrund Auslöser für Versammlungen und Demonstrationen im Stadtteil, die an den darauffolgenden Tagen hauptsächlich von jungen Menschen mit Migrationshintergrund durchgeführt wurden. Im Folgenden geht es darum, die Analyseergebnisse der qualitativen Interviews zu den ‚Kalker Ereignissen‘, d.h. unter anderem zu den Hintergründen, Folgen und Motiven der Demonstrierenden darzustellen: Was war der Auslöser der Demonstrationen? Welche Motive der Demonstrierenden lassen sich beschreiben? Wie waren die Reaktionen der Akteurinnen und Akteure aus dem Stadtteil? Welche Nachwirkungen hat das Geschehen im Stadtteil angestoßen?

*Zu den Folgen und den Beweggründen: der Tod des Jugendlichen und der Zweifel an der Notwehr-Version*

Nach dem Geschehen im Stadtteil versammelten sich zu Beginn vorwiegend Freundinnen und Freunde, Mitschülerinnen und Mitschüler, Bekannte und Verwandte zu gemeinsamen Treffen und Gedenken auf der Kalker Hauptstraße. Eine kleinere Gruppe von 30 bis 40 jungen Menschen aus dem Stadtteil versammelte sich an der Stelle auf der Kalker Hauptstraße, wo ihr Freund verstorben ist. Der Anlass der ersten Treffen war somit mit Trauer um den verstorbenen Jugendlichen und mit Betroffenheit verbunden.

Zu den Hintergründen der Demonstrationen und der ersten Treffen aus dem Gruppeninterview mit einem jungen Mann, der an den Protesten teilgenommen hat:

> „Das war ja nicht eine gedachte Demo. Das war ja nicht alles eine geplante Sache.
> Die Leute kamen dahin um nur mal so, ich weiß nicht. Das war nicht, dass man ge-
> sagt hat: „Leute wir machen heute eine Demo". […] Aber das war ja nicht geplant.
> Die haben sich halt da getroffen, wo der Said gefallen ist. Das war halt das letzte, wo
> der da. Da war der letzte Platz. Also das letzte Gedenken. Wo man dann halt noch
> denken kann: „Hier lag der, hier ist es passiert."" (M. B.)

In diesem Zusammenhang verdeutlicht eine junge Demonstrantin in ihrem Interview außerdem den Wunsch, in dieser Situation nicht alleine zu sein und gemeinsam zu trauern. Mit den Treffen waren darüber hinaus die Gemeinsamkeit und der Zusammenhalt verbunden:

„Um 18 Uhr sollten wir uns treffen, wegen dem 18.1. haben wir gesagt: „Ja, wir treffen uns um 18 Uhr". [...] Ich musste dahin. Und wir waren dann halt in Gruppen dort, haben natürlich getrauert und alle sind fassungslos gewesen. [...] Ich glaube, zu diesem Zeitpunkt wollte niemand von uns irgendwie alleine sein. [...] Man wollte überhaupt merken, dass jemand spricht und jemand halt einen kennt und diesen Schmerz auch kennt." (N. A.)

Bereits ein Tag nach dem Geschehen, bei dem ihr Freund und Bekannter verstorben ist, machte sich bei den jungen Menschen die Unfassbarkeit darüber, dass der vermeintliche Täter nach kurzer Zeit aufgrund der Einstufung der Tat als Notwehr frei gelassen wurde, breit. Dies löste bei den Jugendlichen Unverständnis und Wut aus. Nach den interviewten Jugendlichen entwickelten sich die Treffen, die zu Beginn aus Trauer heraus zustande kamen, zu Versammlungen, die von Wut bestimmt waren:

„Und dann kam noch dazu, dass wir gehört haben, dass derjenige, der ihn abgestochen hat direkt nach vier oder fünf Stunden direkt frei gelassen wurde. Also der kam direkt auf freien Fuß. Das konnten wir einfach nicht fassen. So schnell konnte doch gar nicht ermittelt werden. Das die den so schnell frei lassen können. [...] Also das geht nicht. Man muss doch erstmal ermitteln. [...] Also die ganze Trauer hat sich dann in Wut umgeschlagen." (A. J.)

*Der Wandel von allabendlichen Treffen mit 30 bis 40 Jugendlichen hin zu Demonstrationen, an denen 300 bis 400 junge Menschen teilgenommen haben*

Angestoßen durch Wut und Empörung über die ungerechte Vorgehensweise der Justiz ging es den Jugendlichen darum, ein „Zeichen zu setzen", um auf sich und ihre Situation aufmerksam zu machen sowie wahrgenommen zu werden. Die anfänglichen Treffen auf der Kalker Hauptstraße entwickelten sich zu Demonstrationen, an denen 300 bis 400 Jugendliche aus dem gesamten Stadtraum teilgenommen haben. Sie blockierten die Straßen im Stadtteil und hielten Transparente mit der Botschaft „Gerechtigkeit und Aufklärung" in der Hand. Neben den jugendlichen Demonstrierenden nahmen auch die Eltern der Jugendlichen und ältere Menschen aus dem Viertel an den Demonstrationen teil. Den Interviewpartnerinnen und -partnern war es wichtig hervorzuheben, dass an den Demonstrationen nicht nur Menschen mit Migrationshintergrund beteiligt waren. Hierzu eine junge Frau:

„Da gab es auch Deutsche, die mich angesprochen haben und gesagt haben: ‚Es tut uns leid, was mit eurem Klassenkameraden, mit eurem Freund passiert ist'. Das darf man auch nicht vergessen. Das waren nicht nur Ausländer, die dort waren. Es wird

nur so gesagt ‚Jugendliche Ausländer, die sich getroffen haben und die am ausrasten
waren'. So war das gar nicht." (N. A.)

*„Also ich würde sagen, gehört wurden wir, weil wir unüberhörbar waren. "*
*(N. A.) – Zu den Motiven der jugendlichen Demonstrierenden*

Zusammenfassend lassen sich die Motive der jugendlichen Demonstrierenden in
dem Zusammenhalt, in der Kritik an der Vorgehensweise der Polizei und der
Justiz, in dem Ruf nach Anerkennung und Gerechtigkeit und in dem Aufmerksam-Machen auf ihre Schlechterstellung in der Migrationsgesellschaft beschreiben. In den Interviews wird die Kritik an der Vorgehensweise der Justiz bei den
Ermittlungen zu dem Vorfall sehr deutlich:

> „Irgendwie stand die Justiz aber trotzdem total hinter ihm (dem ‚Täter',SP). Was wir
> gar nicht verstehen konnten. Das war irgendwie so, alles hat sich widersprochen. Al-
> les war auf einmal gegen uns und gegen Said und wir waren alle die bösen Migran-
> ten hin, Migranten her. Da wurde direkt in die Schublade geschmissen, so zum Bei-
> spiel wie diese U-Bahn Schläger." (A. J.)

Die Demonstrierenden forderten die gerechte Aufklärung der Tat, Transparenz
bezüglich der Ermittlungen, mehr Informationen und eine bessere Kommunikation mit Vertreterinnen und Vertretern der Polizei sowie mit verantwortlichen
Personen. Der Ruf nach Anerkennung und Gerechtigkeit wird außerdem mit dem
folgenden Zitat deutlich:

> „Dann gab es einen Sprecher [...]. Der hatte ein Megafon gehabt. Und allen aus der
> Seele gesprochen: ‚Wir wollen Gerechtigkeit. Wir wollen, dass sich hier endlich mal
> was verbessert. Wie viele sollen noch sterben?'" (N. A.)

*Die Demonstrationen im Kontext der Migrationsgesellschaft*

Bei den Protesten ging es jedoch um weit mehr, als um die Aufklärung des Geschehens an dem besagten Abend. Es wird deutlich, dass es dabei um die
Schlechterstellung bestimmter Menschen mit Migrationshintergrund im Viertel
und um die gesellschaftspolitische Benachteiligung, von der insbesondere junge
Menschen im Viertel betroffen sind, ging. Für die Bevölkerung spiegelten sich in
der Vorgehensweise der staatlichen Institutionen zur Aufklärung des Tatgesche-
hens die Diskriminierung durch die Mehrheitsgesellschaft und der Rassismus,
mit dem sie selbst in ihrem Alltag konfrontiert sind, wieder. Die Tat, der Umgang der Polizei und der Justiz mit dem Vorfall sowie die Reaktionen der Ju-

gendlichen stehen somit im Kontext von Diskriminierung(s)- und Rassismus(erfahrungen). Beispielsweise wehren sich alle interviewten Jugendlichen gegen die Darstellung ihres Freundes in der Öffentlichkeit als einen ‚Kriminellen' und als ‚Bösewicht':

> „Da haben wir uns erstmal vorgenommen jeden Tag zu demonstrieren, bis irgendwas dagegen getan wird. Normalerweise bleibt man erstmal in U-Haft. Bis das alles geklärt wird, wenn jemand gestorben ist. Das war wie ein Schlag in das Gesicht für uns. Wir wurden alle als Bösewichte abgestempelt. Als Freunde von ihm. Und der soll auch ein Bösewicht gewesen sein. Das ging so einfach nicht. Deswegen sind wir auch jeden Tag auf die Straße gegangen, haben demonstriert. Das wurden dann immer mehr. Am ersten Tag waren es dann nur 40, 50. Danach wurden es 100, 150. Bis die halbe Kalker Hauptstraße voll war. Es haben auch ein paar Deutsche mit uns demonstriert, was ich auch sehr zu schätzen weiß. Auch Leute, die den nicht kannten, haben demonstriert." (A. J.)

Ein zentrales Anliegen der Demonstrierenden lag darin, friedlich für mehr Anerkennung und Gerechtigkeit zu demonstrieren. Es ging ihnen darum, zu verdeutlichen, dass sie ein friedliches Zusammenleben wünschen. Sie vermittelten die Botschaft, dass sie ein Teil der deutschen Gesellschaft sind, obwohl sie in ihrem Alltag als ‚Migrationsandere' stigmatisiert und diskriminiert werden. Sie wollten auf ihre Position in der Gesellschaft, auf ihre Schlechterstellung (wie auch die der sozial benachteiligten Jugendlichen im Viertel allgemein) hinweisen und bezüglich ihrer Situation ernst genommen werden:

> „Ich finde, das was am meisten die Botschaft rüber gebracht hat war die Anzahl dieser Personen. Es waren nicht zwei- oder einhundert Leute. Es waren genau dreihundert oder sogar mehr Leute, die da wirklich standen. Das waren Jugendliche unter 18, über 18. Es waren Jugendliche mit Migrationshintergrund und deutsche Jugendliche, die auch dasselbe Schicksal durchgemacht haben. Man darf nicht vergessen, hier in Kalk leben ja auch deutsche Jugendliche in sozialen Brennpunkten, die die deutsche Sprache genauso wenig beherrschen, wie ein Ausländer." (N. A.)

*Die Demonstrationen und ihre Mehrdeutigkeiten*

> „Also der (ein Journalist, SP) hat wirklich gebrüllt: „Ist das hier jetzt politisch oder ist das jetzt ein Trauermarsch. Was ist das hier überhaupt? Ist das religiös? Was ist das?"" (P. B.)

Die Vertreterinnen und Vertreter verschiedener Institutionen im Stadtteil beschreiben die Demonstrationen als „spontan" und „diffus". Das Ziel der Demonstrierenden sei ihnen teilweise nicht klar gewesen. Außerdem habe es keinen

Sprecher oder keine Sprecherin gegeben, der oder die die Ziele verdeutlicht hätte. Dazu ein Mitarbeiter einer Jugendeinrichtung:

> „Ich weiß nicht, wie viele es genau waren, vielleicht waren es 200 oder 250 die sich da an mehreren Abenden getroffen haben. Für uns war irgendwie schnell klar: Es gibt leider niemanden, der irgendwo auch wirklich ausdrücken kann, verbal, was diese große Gruppe von Jugendlichen eigentlich möchte." (B. M.)

Auch die Jugendlichen weisen darauf hin, dass es Ihnen an Vertreterinnen und Vertretern fehlte, die das klare Formulieren von Forderungen o.ä. als Repräsentanten bzw. als Repräsentantinnen gegenüber Politik und Verwaltung übernommen hätten.

> „Die meisten hatten keine Ahnung von Politik. Die saßen da rum und da nehmen die vielleicht mich und paar andere, wo die denken: „Ja, vielleicht kann die was sagen". Und ich habe auch keine Ahnung von Politik. Ich saß da nur und habe meine Vorschläge gesagt. Und das war es. Aber da musste irgendjemand sein. Da war aber keiner, der das halt übernommen hat und für uns gesprochen hat in dem Sinne oder halt unsere Forderungen auch eingebracht hat, gesagt: „Ja, es müssen mehr Jugendzentren gebaut werden, es müssen, es muss eine Möglichkeit geben, wo man die Jugendlichen fördern kann. Das muss geändert werden, dies muss geändert werden. Aber dann gab es niemanden. Weil wir hatten ja Einfluss. Die Politiker kamen ja auf einmal und wollten alle irgendwas ändern. Alle. Aber da gab es niemanden, der das alles genutzt hat. Meiner Meinung nach." (N. A.)

Die Jugendlichen berichten in den Interviews, dass es ihnen bei den Demonstrationen um die Trauer und um Gerechtigkeit gegangen sei. Außerdem wollten sie auf ihre Schlechterstellung in der Gesellschaft aufmerksam machen. Sie formulieren jedoch nicht konkret, dass es Ihnen darum ging politisch zu sein oder dass sie ihre Aktionen als politisch verstehen.

*Sich informieren, sich (nicht) auskennen mit Gesetzen und die Schwierigkeit, sich im „Gesetzesdschungel" zurechtzufinden*

Die Vertreterinnen und Vertreter der Institutionen beschreiben in den Interviews, dass sie während der Demonstrationen mangelnde Kenntnisse der Jugendlichen bezüglich der Gewaltenteilung und der Rechtsprechung beobachtet haben. Dazu der Mitarbeiter einer Jugendeinrichtung:

> „Und wir waren eben davon überzeugt, dass wir unsere Jugendlichen auch begleiten müssen, weil die sehr aufgebracht waren. Weil sie sehr, sehr viel Unverständnis ge-

zeigt haben. Und dann, was so im Nachklang wirklich deutlich geworden ist, bei ganz vielen Gesprächen, auch mit Kollegen aus anderen Jugendeinrichtungen. Viele der Menschen, die dort protestiert haben, überwiegend junge Leute, haben wirklich erschreckend wenige Informationen über unsere Verfassung. Über unser Justizwesen. Was ist der Unterschied zwischen Legislative, Judikative und Exekutive? Das kennen sie gar nicht. Wie funktioniert unser Rechtsstaat in Form von Strafgesetz? Was ist der Unterschied zwischen bürgerlichem Recht und Strafrecht? Es ist alles völlig undurchsichtig. Was macht ein Staatsanwalt, was macht ein Richter, was macht die Polizei? Die Jugendlichen sind da sehr unbedarft. Auch heute noch. Ich glaube nicht, dass viele Menschen, viele junge Leute, viele Migranten darüber genau Bescheid wissen. Und das war sehr erschreckend, damals festzustellen. Was da für Wissenslücken herrschen." (W. M.)

In den Interviews mit den Jugendlichen lassen sich jedoch gegenläufige Positionen finden. So betont ein jugendlicher Interviewpartner seine eigenen Recherchen zu dem Vorfall und den juristischen Rahmenbedingungen. Dabei sei er auch auf die Schwierigkeit gestoßen, in dem „Gesetzesdschungel" durchzublicken. Weitere Jugendliche berichten über ihren Versuch, auf juristischer Ebene etwas zu bewirken:

„Weil die den Prozess einfach nicht weiter geleitet haben [...]. Die haben den Prozess nicht richtig abgeschlossen. Egal wie, wir sind mit Staranwältin, wie sind mit hingegangen, der Weber kam aus Tübingen, wir sind mit so vielen – wir kamen nicht durch. Egal wie wir das versucht haben, wir wurden wieder abgeblockt." (M. B.)

*Die Einbettung in den zeitlichen, politischen und medialen Kontext*

Wichtig ist die Einbettung der Geschehnisse in den zeitlichen und gesellschaftspolitischen Kontext Anfang des Jahres 2008. Dies ist für das Verständnis der Demonstrationen, der Beweggründe der Demonstrierenden wie auch der Argumentationen der Interviewpartnerinnen und -partner wichtig.

Die Ereignisse in Kalk standen erstens im Kontext der Diskussion um Jugendkriminalität, die der CDU-Politiker Roland Koch in seiner Wahlkampfkampagne zu Beginn des Jahres 2008 anführte[34]. Mit dieser Debatte wurde an den Diskurs über die Kriminalisierung von jungen Menschen mit Migrationshintergrund angeknüpft und dieser weiter angestoßen. Hierzu ein Beteiligter der Proteste:

---

34  Vgl. hierzu Stinauer, Tim (2008a): Allabendliches Aufschaukeln in Kalk. In: http://www. ksta.de/html/artikel/1201184397075.shtml [17.02.2010].

„Man muss auch die Zeit sehen. Das ist sehr wichtig. Das war in dieser Phase wo
der Robert Koch in seiner Leier "Ausländer, Migrantenkinder sind kriminell". Wo
das in München passiert ist. [...] Wo er (Robert Koch, SP) gefordert hat, solche Jugendliche müssten abgeschoben werden." (M. E.)

Die Jugendlichen haben sich in den Interviews gegen diese Kriminalisierung und
gegen die Diskriminierung als ‚Ausländerinnen' oder ‚Ausländer' oder ‚Migrantinnen' oder ‚Migranten' generell ausgesprochen. Diesbezüglich greift der Interviewpartner zudem die Position von Jugendlichen mit Migrationshintergrund im
Kontext der Debatten um den Islam auf, die mit einer starken Stigmatisierung,
Kriminalisierung und Schlechterstellung der jungen Menschen verbunden ist:

„Wir hatten einfach nur Wut in uns. Wir wussten nicht mehr, was wir machen sollen. Und das schlimmste Gefühl war glaube ich. Das war ja alles auch nach dem 11.
September und Terroristen und Irak und da passiert so eine Sache wo wir, wo wir
gedacht haben: „Wir so als Migranten oder als Kanacken oder als, wie soll ich sagen, als Muslime, haben gar keine Rechte". Das kam so rüber "Einer ist von uns ge-
storben. Na und, scheiß drauf". So kam das für uns halt rüber. Ekelhaftes Gefühl und
auch dieses Gefühl, nichts machen zu können." (M. E.)

Zweitens wird darüber hinaus in den Interviews als auch in der Presse der Bezug
zu den „U-Bahn-Schlägern" in München, die am 20. Dezember 2007 körperliche
Gewalt gegenüber einem älteren Mann ausübten und daraufhin zu hohen Haft-
strafen verurteilt wurden, hergestellt. Auf den Vorfall in München haben die
Demonstrierenden unter anderem auf ihren Plakaten Bezug genommen. Der
Bezugspunkt lag darin, dass die beiden Jugendlichen aus München, die einen
Migrationshintergrund haben, unmittelbar zu hohen Straftaten verurteilt wurden,
während der junge Mann aus Köln-Kalk – der vermeintliche Deutsche, der den
verstorbenen Jugendlichen tödlich verletzte, nach relativ kurzer Zeit aus der
Untersuchungshaft frei gelassen wurde. Den Demonstrierenden ging es – so auch
die Ansicht eines Mitarbeiters einer sozialen Einrichtung im Stadtteil – darum,
aufzuzeigen, dass Jugendliche mit Migrationshintergrund seitens der Rechtsprechung ungerecht behandelt und härter bestraft würden.

Des Weiteren wurden drittens sowohl von den Medien, von Vertreterinnen
und Vertretern der Einrichtungen im Stadtteil als auch von den jugendlichen
Beteiligten selbst Bezüge und Parallelen zu den Ausschreitungen in Frankreich
im Jahre 2005 und 2007 und damit zu der Situation der jungen Menschen in den
französischen *Banlieues* gezogen.

Durch die Demonstrationen sei zum einen in Köln-Kalk schnell die Frage
aufgekommen, inwieweit dort zukünftig ähnliche Verhältnisse wie in den französischen Vierteln herrschen würden. Hierzu aus dem Interview mit einem Vertreter der Medien:

„Man hatte erst mal das Problem oder die Befürchtung, dass diese Demonstrationen solche Ausmaße annehmen, wie die in, ich glaube fast, nicht zeitgleich, aber kurz zuvor oder in Abständen war ja auch irgendwie sowas in Frankreich, in Paris, wo Jugendliche mit Migrationshintergrund die halbe Stadt oder halbe Stadtviertel auseinander genommen hatten. Und man hatte auch gedacht, dass das Gleiche auch in Kalk passieren könnte. Weil da die Emotionen schon aufgekocht waren. Also so hoch waren. Man hat sich einfach nicht akzeptiert gefühlt in Kalk als ein Teil der Gesellschaft." (A. A.)

Wie er, beschreiben auch andere Interviewpartnerinnen und Interviewpartner solche Diskussionen über die „Pariser Verhältnisse"[35]. Die jugendlichen Akteurinnen und Akteure der Proteste beziehen sich ebenso auf die Situation in Frankreich. Zum einen identifizieren sie sich mit den Jugendlichen in den französischen Vorstädten, die in ihrem Alltag mit ähnlichen Problemen konfrontiert sind. Zum anderen nehmen sie Bezug zu den Protesten der Jugendlichen in Frankreich und verdeutlichen, dass sie in Kalk Gewalt und Vandalismus jedoch bewusst abgelehnt hätten. Diesbezüglich ein junger Demonstrant:

„Es war alles so ein bisschen durcheinander. Auch die Gefühle waren durcheinander. Manche hatten Wut. Manche wollten Molotowcocktails auf Autos werfen. Autos verbrennen, wie in Frankreich. Alle haben gesagt: „Nein, das ist nicht der Weg. Das ist nicht cool". Aber die Wut war halt da. Und es war auch so. Sagen wir mal so, hätten bestimmte Leute nicht irgendwie andere Leute runtergebracht, wär auf jeden Fall die Sache schon wie in Frankreich gewesen. Keiner hat mit uns gesprochen. Die Polizei stand halt da. Ok, die haben uns bewacht. Sie haben zugesehen, dass wir da keine Randale machen. Aber keiner hat mit uns gesprochen. Das ist der Fehler." (M. E.)

Die Absicht der Jugendlichen, „nicht irgendwie so einen Terror" (vgl. P. B.) wie in Frankreich zu machen, wird zudem seitens eines Vertreters einer sozialen Einrichtung im Stadtteil bekräftigt.

Auch in den Medien wurde über die Ereignisse im Januar 2008 breit diskutiert, sowohl auf lokaler als auch auf nationaler Ebene. In Presseberichten wie auch in zahlreichen Fernsehbeiträgen von öffentlich-rechtlichen und privaten Sendern wurde sich überwiegend auf die Diskurse ‚Kalk als Problemviertel‘ und ‚Pulverfass Kalk‘ sowie auf Diskurse um ‚Ausländerinnen und Ausländer‘ und ‚Migrantinnen und Migranten‘[36] bezogen. In der medialen Berichterstattung ist zudem auf die Proteste in Frankreich Bezug genommen worden:

---

35 Vgl. hierzu beispielhaft Spiegel Online (o.V.) 2008; Fritzsche 2008a.
36 Vgl. Fritzsche (2008b); Schmid, Barbara; Ulrich, Andreas (2008); Stinauer, Tim (2008c).

„Das mit den Medien war dann eben halt so. Da kam dann schnell von Medienseite der Vergleich mit Frankreich. Also mit den Kölner Medien, mit den lokalen Medien aus Köln. Die haben dann Parallelen versucht zu ziehen und mit Bürgermeister und allen Verantwortlichen versucht zu sprechen. Das gleiche hat dann der Spiegel eine Reportage darüber gemacht oder berichtet." (A. A.)

Die jugendlichen Akteurinnen und Akteure positionieren sich sehr kritisch zu dieser Berichterstattung. Die Bezugnahme zu den Ausschreitungen in Frankreich in den Medien sei hinsichtlich der Trauer der Jugendlichen in Kalk sehr unpassend gewesen. Außerdem sei die Thematik dadurch medial aufgeschaukelt worden:

„Das war echt leicht gefährlich, dass die Presse dann geschrieben hat: „Zustände wie in Frankreich. Autos werden brennen". Das war sehr, wie soll ich das erklären? Das war sehr unpassend. Sowas schreibt man nicht, wenn man weiß, dass Jugendliche dort trauern und Wut in sich haben. Da waren Emotionen geladen und dann gibt man den Jugendlichen noch eine Vorlage, dass sie ausrasten sollen. „Ja, Zustände wie in Frankreich. Autos brennen". Aber ich war ja dabei. Ich habe gesehen, dass keiner von denen irgendwas gemacht hat." (N. A. (jugendliche Demonstrantin))

Die Jugendlichen kritisieren außerdem an den Interviews, dass der Stadtteil Köln-Kalk – ihr Stadtteil – in den Medien als ein „Brennpunkt Kalk" stigmatisiert wurde (vgl. E. Y.). Darüber hinaus berichten alle Interviewpartnerinnen und -partner, die in Medienbeiträge eingebunden waren, über Verzerrungen ihrer Aussagen und Beiträge (vgl. beispielhaft A. J.). Die Jugendlichen kritisieren, dass ihre Aussagen, Interessen und Anliegen von den Medien überhaupt nicht angemessen repräsentiert und die Medien zudem gegen die Jugendlichen gewesen seien:

„Auf einen Schlag wurde der zu einem Bösewicht. Das konnten wir einfach alle nicht begreifen. […]. Das haben wir versucht zu vermitteln. Die ganzen Medien waren auch erstmal alle gegen uns. Die haben halt auch berichtet, dass der Said ein Krimineller ist. Die haben das halt alles ganz anders interpretiert und dargestellt. Wir wollten halt das Gegenteil beweisen. […] Wir wurden auch viel zu wenig befragt, was da überhaupt wirklich passiert war. Das wurde halt alles so zugeschnitten, wie es den Medien am besten gepasst hat. Die haben uns natürlich auch interviewt, aber die haben das immer so rein geschnitten, dass das trotzdem dieser Blickwinkel bleibt. Von den Leuten so. Ja, das verkauft sich halt besser so. Für die Medien vielleicht. […]. Mit dem Blickwinkel meine ich. Als die Geschichte zum ersten Mal rauskam, da haben die Medien so direkt ein bestimmtes Licht auf diese Geschichte scheinen lassen. Die wollten halt, dieses Bild, was sie erschaffen haben, erhalten. […] Wahrscheinlich auch kriminelle und dies und das. Also halt in einem komplett schlechten Licht dastehen lassen." (A. J.(jugendlicher Demonstrant))

Auch die Vertreterinnen und Vertreter, Mitarbeiterinnen und Mitarbeiter verschiedener Einrichtungen im Stadtteil berichten in den Interviews über solche Erfahrungen. So kritisiert beispielweise ein Mitarbeiter eines Jugendzentrums im Stadtteil die Berichterstattung eines Fernsehsenders über die Arbeiten im Jugendzentrum, die in dem Beitrag völlig verzerrt dargestellt worden seien. Auch in anderen Zusammenhängen, wie beispielweise bei einer telefonischen Anfrage einer Lokalzeitung seien seine Aussagen völlig anders wiedergegeben worden:

> „Es gab auch schnelle Anfragen hier am Telefon: „Können sie jetzt mal ganz schnell?" Und dann habe ich gesagt: „Nee, ganz schnell machen wir nicht. Sie können gerne eine Mail schreiben und dann nehmen wir dann auch Stellung". Daraus wurde dann in der Zeitung: "Ein Sozialarbeiter aus Kalk, der seinen Namen nicht nennen möchte". So stand es dann in der Zeitung. Dann dachte ich mir auch so: Alle die hier waren, die wussten genau, was sie schreiben wollen und was sie zeigen wollen, ausstrahlen wollen. Das war schon eine sehr, das war eine von allen Seiten angespannte Situation." (B. M.)

Während der Ereignisse gab es zahlreiche Medienberichte über das Fernsehen, das Radio, über die Presse und das Internet. Auch in der Zeit danach wurde die Thematik aufgegriffen. Der WDR berichtete beispielsweise im Rahmen des Fernsehformats Cosmo TV mit dem Titel „Kalk – Ein Stadtteil nach dem Aufruhr".

*Die Nachwirkungen im Stadtteil*

Die Interviewpartnerinnen und -partner beschreiben die Stimmung im Stadtteil während der Ereignisse im Januar 2008 als „aufgeheizt" und „emotional aufgeladen". Die Polizeipräsenz im Viertel nahm mit dem Andauern der Demonstrationen stark zu. Wie bereits ausgeführt, stieg auch die Medienpräsenz an, so dass die Berichterstattung zu einem weiteren „Aufkochen" der Thematik führte. Der Mitarbeiter einer sozialen Einrichtung im Stadtteil beschreibt im Interview diesbezüglich das Aufkommen einer „rassistischen Hetze" im Stadtteil:

> „Das war schrecklich. Das war schlicht. Also das ist unglaublich. Das hat sich zum Ende der Woche hin verbessert. Aber am Anfang war eine unglaubliche Hetze. Eine rassistische Hetze bei den so deutschen Bewohnern bei mir in der Straße zum Beispiel. Was auch geredet wurde beim Edeka. Beim Bäcker usw. Das war unfassbar, was da für wirklich miese rassistische Hetze am Start war. Und das war dermaßen dominant. Also das war wirklich ganz klar." (P. B.)

Die Ereignisse in Kalk wurden zu dieser Zeit auch auf kommunalpolitischer Ebene aufgegriffen. Beispielsweise fand ein Gespräch zwischen dem Oberbürgermeister, dem marokkanischen Generalkonsul, der Sozialdezernentin, der Jugenddezernentin, den Jugendeinrichtungen sowie der Polizei unter anderem auch mit der Familie des verstorbenen Jugendlichen statt. Auf längerfristige Sicht wurde auf kommunaler Ebene von dem damaligen Jugendamtsaußenstellenleiter, dem damaligen Bürgeramtsleiter sowie der Polizei im Stadtteil Köln-Kalk der Arbeitskreis „Dialog der Kulturen – für ein friedliches Zusammenleben" gebildet. Der Arbeitskreis, der seit ungefähr drei Jahren besteht, setzt sich heute aus Vertreterinnen und Vertretern des Jugendamtes, des Interkulturellen Dienstes der Stadt Köln, der Sozialraumkoordination des Stadtteils, der Jugendvereine, der Moscheenvereine, weiterer sozialer Einrichtungen im Stadtteil, der Kirchen und interessierten Einzelpersonen zusammen. Ein Hauptziel des Arbeitskreises sei die Vernetzung verschiedener Akteurinnen und Akteure des Stadtteils miteinander sowie der Dialog:

> „Und das war ja auch ein, eine Idee und ein Ziel, dieses Dialogs der Kulturen. Das man sagt: „Lass uns miteinander in das Gespräch kommen. Lass uns einander bekannt machen und bekannt werden." Damit wir, eben solche Fragen oder solche Konflikte miteinander besprechen können und nicht überrascht oder ohne Kommunikationsmöglichkeiten uns wieder auf der Straße treffen. […] Im Vorfeld Menschen, Personen zu kennen, die in dieser Gruppe etwas bewirken können, die etwas zu sagen haben, um im Falle, dass es irgendwo wieder ein Konflikt gibt, Ansprechpartner zu haben, die man dann ansprechen kann und sagen kann: „Nimm doch mal Einfluss, Steuer das doch mal in eine friedliche Richtung. In eine konstruktive Richtung." Oder wie auch immer." (B. W. (Mitarbeiter der Polizei Köln))

> „In diesem Rahmen war es an für sich notwendig zu schauen: „Wie kriegt man die Stimmung bei der Jugend einfach nochmal gegriffen". In dem Rahmen ist ja dann ganz viel passiert hier. Es sind ja die Moscheeverbände aufgesucht worden, man hat diesen Arbeitskreis "Dialog der Kulturen" gegründet, der sich ja erstmal aus interessierten und engagierten Leuten zusammengesetzt hat. Nachdem er dann in die Konstituierung gegangen ist. Es war ein längerer Prozess einfach an der Stelle sich zusammenzufinden und ein Gespräch aufzubauen. Denn dieser Arbeitskreis ist nicht hierarchisch organisiert. Er wird wohl durch den Interkulturellen Dienst und die Jugendpflege organisiert, aber inhaltlich bestückt er sich selber. Ich denke, das ist schon eine wichtige Geschichte." (H. B. (Mitarbeiter der kommunalen Verwaltung))

Wie bereits mit diesen Interviewausschnitten deutlich wird, gibt es sowohl positive Stimmen zu dem Arbeitskreis, die gerade die Vernetzung und den Dialog betonen und die Projekte, die in Kooperation mit dem Arbeitskreis durchgeführt wurden, positiv erachten. Es gibt aber auch kritische Stimmen, die es als problematisch erachten, dass der Arbeitskreis auf Amtsleiterebene von außen gebildet wurde und die Jugendlichen, die im Viertel demonstriert haben nicht oder äußerst gering eingebunden worden seien. Außerdem erachten sie es als problematisch, dass der Arbeitskreis gegründet wurde, um die damalige Situation zu befrieden:

> „Der (Der Dialog der Kulturen, SP) ist da drüber gestülpt worden von sozusagen. Das ist nämlich genau. Das ist eine Idee, die sie genau, die sie verkaufen wollen. Das wäre entstanden. Das hat nichts mit Jugendlichen, die auf der Straße […] Da war nicht ein einziger der Jugendlichen, die auf der Straße waren. Da waren Jugendliche, aber das waren die Jugendlichen aus den Gemeinden oder aus der Kirche oder aus irgendwas. Aber niemals war einer der Jugendlichen, die richtig auf der Straße mit dabei gewesen sind, ernsthaft dabei gewesen sind, vielleicht hat einer mal am Rand gestanden. Kann sein. Aber das hat nichts damit zu tun gehabt. Gar nichts. Den Eindruck versucht aber die Verwaltung zu erwecken. Dass das sozusagen mit diesen Leuten was zu tun gehabt hätte. Das hat es aber nicht." (P. B. (Mitarbeiter einer sozialen Einrichtung))

In Kooperation mit dem kommunalen Arbeitskreis fanden weitere kleinere Projekte und Veranstaltungen im Viertel statt. Dazu haben Mitglieder des Arbeitskreises unter anderem Kontakte zu Jugendlichen aufgebaut, die entweder institutionell eingebunden waren und/oder die bereits Projekte entwickelt hatten. Diese Jugendlichen wurden in die Arbeit des Arbeitskreises ‚Dialog der Kulturen' eingebunden und ihre Projektideen wurden weiter ausgearbeitet. In Zusammenarbeit mit der kommunalen Verwaltung wurden diese organisiert, durchgeführt und finanziell unterstützt. Hierzu ein Mitarbeiter der kommunalen Verwaltung:

> „Man kann Anregungen, jeder kann Anregungen und Ideen reingeben und dann schaut man, wie die sich weiter entwickeln. Was passiert. Aber über diese Ebene ist eine Menge Vertrauen entstanden und so ist auch Kontakt, ich sage mal zu diesem HipHopper entstanden auch und in den Gesprächen mit ihm mit den Leuten aus dem Moscheebereich, mit der Polizei wurde dann mehr und mehr so die Idee geboren, das in der Richtung zu projektieren." (H. B.)

In diesem Zusammenhang sind hauptsächlich zwei Projekte entstanden: zum einen ein Hip-Hop Projekt, das an verschiedenen Standorten im Stadtteil, d.h. in Jugendzentren und anderen sozialen Einrichtungen im Viertel, durchgeführt wurde. Mit dem Kreieren und Verfassen eigener Liedtexte sollten Alltagsthemen der Jugendlichen bearbeitet werden. Zum anderen wurde ein „Multiplikatorinnen- und Multiplikatorenprojekt" bzw. ein „Anti-Gewalt-Training" mit Jugendlichen aus dem Viertel durchgeführt. Dabei ging es darum, junge Menschen aus dem Viertel für einen gewaltfreien Umgang mit Konflikten zu sensibilisieren. Darüber hinaus fanden weitere unterschiedliche Veranstaltungen im Stadtteil statt, wie beispielsweise ein internationales Fußballturnier, das als Kooperation zwischen den Stadtteilen Kalk und Vingst – geleitet über eine Jugendeinrichtung in Vingst – durchgeführt wurde:

„Da hat es inzwischen einige Veranstaltungen gegeben. Unter anderem ein Fußballturnier. Dann hat es jetzt vor kurzem im Rahmen der interkulturellen Woche auch
vom Dialog der Kulturen einen interkulturellen Spaziergang durch Kalk gegeben,
wo man Kirchen, Jugendeinrichtungen und Moscheen besuchen konnte. Innerhalb
von zweieinhalb Stunden oder so. Ja was hat der Dialog der Kulturen noch alles auf
die Beine gestellt? Es hat hier das Projekt ‚Kalk4Respect' gegeben. Ein HipHop
Projekt, wo dann auch in verschiedenen Jugendeinrichtungen das Thema Gewaltbe-
reitschaft thematisiert wurde und halt diesen sorgsamen Umgang miteinander, dass
das gefördert wurde. Da hat es inzwischen auch eine Projektschiene an zwei Schulen
hier, an drei Schulen sogar, insgesamt gegeben. Das heißt es hat sich schon was getan, ich kann aber nicht sagen, ob sich das bei den Jugendlichen so eins zu eins wie-
derspiegelt in der Wahrnehmung. Also es gibt immer noch dann bei Jugendlichen
die Forderung, ein Jugendzentrum, mehr Öffnungszeiten, einen Raum, wo man sich
dann auch regelmäßig aufhalten kann und dass sind dann natürlich die Dinge, die da
nicht so auf die Schnelle gewährleistet werden konnten." (B. M. (Mitarbeiter einer
Jugendeinrichtung))

Hinsichtlich der Reaktionen und Aktivitäten auf kommunaler Ebene zeigen sich
im Stadtteil unterschiedliche Positionen. Nach M. E., der selbst über eigene Projekte im Stadtteil engagiert ist, habe sich im Stadtteil viel getan:

„Also es hat sich viel getan nach dem Mord von Said. Auf jeden Fall. Die haben gesagt: „Wie konnte so etwas passieren. Was können wir tun. Was müssen wir machen?". Und seitdem ist auch sehr viel Arbeit in Kalk passiert. Sehr viel Arbeit. Das
sieht man vielleicht manchmal nicht, aber sehr viel ist im Gange. Mütterkurse,
Deutsch, Kinderbetreuung. Unter anderem war auch mein Workshop dabei." (M. E.
(Demonstrant))

Eine Mitarbeiterin einer Jugendeinrichtung im Stadtteil beschreibt demgegenüber, dass es „kein Sprachrohr für die Jugendlichen" gegeben habe und im
Grunde nichts geschaffen worden sei, womit die jungen Menschen im Stadtteil
sich Gehör verschaffen könnten. Letztlich sei aus ihrer Sicht nachhaltig nichts
aus den Ereignissen im Januar 2008 entstanden. Ein Mitarbeiter einer sozialen
Einrichtung aus dem Stadtteil geht noch weiter und kritisiert die Vorgehensweise
der kommunalen Verwaltung bzw. das mangelnde Interesse sowie die unzureichende Beteiligung dieser sehr stark:

„Die ganzen anderen Sozialarbeiter, die weit entfernt von den Jugendlichen standen,
die haben sowas von versagt. […] Das möchte ich auch, dass das wirklich irgendwo
steht. Das ist mir wirklich wichtig. So ein existentielles Versagen von Leuten die beruflich das machen und machen müssen und sich um diese Jugendlichen kümmern
müssen, das war wirklich. Ich war wirklich empört und so wütend. Das ist wirklich.
Das wäre gut, wenn ihr das aufnehmt. Also die werden auch ihre Sachen erzählen,

was sie da im Umfeld alles gerissen und gemacht haben. Und ich sage Dir, die haben nichts gerissen und nichts gemacht. Bis auf die die, die in den Basissachen gearbeitet haben, wie im Jugendzentrum, evangelische Kirche. Die haben schon Kontakt gehabt. Aber die Leute, die es hätten machen müssen vom Amt. Kannst du richtig mit der Pfeife rauchen." (P. B.)

Während an dieser Stelle das unzureichende Eingreifen und mangelnde Aktivitäten der kommunalen Verwaltung kritisiert werden, wird hingegen an anderer Stelle das große Engagement der Akteurinnen und Akteure, die auf der Ebene der Basisarbeiten – wie beispielweise die Jugendeinrichtungen oder andere soziale Einrichtungen im Stadtteil – tätig sind, hervorgehoben. So berichten Mitarbeiterinnen und Mitarbeiter verschiedener Einrichtungen im Stadtteil, dass sie die Thematik zu der damaligen Zeit in ihre Arbeit mit den Jugendlichen aufgenommen hätten, wie beispielsweise durch Gespräche, die Aufarbeitung der medialen Berichterstattung sowie durch die Unterstützung bei der Demonstration. Dazu hätten einige Einrichtungen im Stadtteil beispielsweise für die Erstellung von Plakaten Raum und Material zur Verfügung gestellt.

Wie flexibel und pragmatisch sich diese Einrichtungen auf die Situation eingestellt haben, wird mit der Aussage eines Mitarbeiters einer Jugendeinrichtung deutlich. Nachdem sie in der Jugendeinrichtung feststellten, dass kaum Jugendliche das Jugendzentrum besuchten, hätten sie ihre Türen geschlossen und seien auf die Kalker Hauptstraße gegangen:

„Dann haben wir im Team relativ schnell entschieden: Wir müssen nicht hier sitzen und Däumchen drehen und darauf warten, dass vielleicht um halb acht dann jemand wieder kommt, sondern wir machen dann einfach hier die Tür zu und gehen dann auch rüber auf die Hauptstraße und gucken halt ob wir da Jugendliche finden, die normalerweise im Jugendzentrum sind und dann kann man halt gucken: Ist man dann nur da als Außenstehender und als Beobachter. Oder kann man vielleicht auch mal Leute ansprechen, die man kennt." (B. M.)

Darüber hinaus hätten sie an einem Abend während der Demonstrationen ein Treffen mit den Jugendlichen in der Jugendeinrichtung einberufen, zu dem ein Polizeibeamter eingeladen wurde. Ziel der Veranstaltung sei gewesen, Transparenz zu schaffen, den Jugendlichen Informationen zu dem Tathergang und dem Ermittlungsverfahren bereit zu stellen, um der „Gerüchteküche" entgegenzuwirken. Bei einigen Jugendlichen habe dies gefruchtet, andere wiederum wären von ihrer „klaren Linie" und ihrer Interpretation der Geschehnisse nicht abgekommen. Auch Akteurinnen und Akteure einer anderen Einrichtung in Köln-Kalk haben die Jugendlichen während der Proteste auf verschiedene Weise unterstützt. Nach den Beschreibungen des Mitarbeiters einer sozialen Einrichtung hätten einige Personen seiner Einrichtung und er selbst die Jugendlichen während der

Demonstrationen begleitet, um sie zu beschützen, da sie die Lage aufgrund der starken Polizeipräsenz ernst eingeschätzt hätten. Dabei sei es ihnen wichtig gewesen, sich nicht einzumischen und die jungen Menschen selbst agieren zu lassen. Unterstützung hätten sie nur dort geboten, wo sie von den Jugendlichen eingefordert worden wäre. Darüber hinaus hätten sie in Veranstaltungen eine vergleichende Perspektive auf die Proteste in Köln-Kalk und solche in den *Banlieues* in Frankreich geworfen. An der Diskussion, zu der ein Referent eingeladen wurde, hätten Jugendliche aus Köln-Kalk mit weiteren interessierten Personen diskutiert. Innerhalb des deutsch-französischen Vergleichs sei auch die Unterschiedlichkeit der beiden Länder deutlich geworden. Auch ein Jahr später, im Januar 2009, unterstützte der Akteur im Stadtteil die Jugendlichen bei der Durchführung einer öffentlichen Gedenkfeier, die offiziell angemeldet wurde:

> „Es gab ein Jahr nach dem Tod von Said ein Jahresgedenken. Das habe ich wirklich mit organisiert. Weil ich Angst hatte, dass es Ärger gibt, weil in der Stadt, in Kalk war ein bisschen eine doofe Stimmung: „Jetzt kommen die bestimmt wieder". Dann habe ich mit ihnen gesprochen, ob sie ein Gedenken machen wollen und dann haben sie wirklich ein sehr, sehr ruhiges Gedenken gemacht. Gebetet und das war wirklich aus dem ‚Inner Circel', das waren irgendwie 60 oder so. Ich hatte das abgesprochen, habe das angemeldet. Die Polizei war schon vorbereitet." (P. B.)

Auf kommunaler Ebene wurde überlegt, den Termin von ‚offizieller Seite' nochmal aufzugreifen. Jedoch wurde diese Überlegung wieder verworfen, da dies als Jahrestag laut des Mitarbeiters der Polizei Köln nicht geeignet gewesen sei:

> „Es geht darum, dass hier letztendlich ein Straftäter bei der Verübung seiner Straftat zu Tode gekommen ist. Das ist nichts, was man heroisieren sollte in dieser Form. Und eben dort wäre möglicherweise, wenn man so will, auch da nochmal wieder ein neuer Anlass zu den Demonstrationen gegeben worden. Was in keinem Interesse lag, das wieder aufleben zu lassen." (B. W.)

*Anstieg der Polizeipräsenz im Viertel*

Zwei bis drei Tage nach Beginn der Demonstrationen wurde die Polizeipräsenz im Viertel enorm verstärkt: Nachdem sich die Anzahl der Jugendlichen, die an den Demonstrationen teilgenommen haben, erhöhte, setzte die Einsatzleitung der Polizei Einsatzhundertschaften ein. Vertreterinnen und Vertreter der Polizei selbst sowie einige der Akteurinnen und Akteure aus dem Stadtteil beschreiben den Einsatz als erfolgreich und „deeskalierend". Andere wiederum erlebten gegenüber den Jugendlichen diskriminierende Kontrollen und eine scharfe Vorgehensweise der Polizeikräfte. Aus dem Interview mit einem Mitarbeiter einer Jugendeinrichtung im Stadtteil:

„Ich kann mich noch an ein Treffen erinnern, wo die Polizei dafür gelobt wurde, dass es so ein moderater Polizeieinsatz war und dass man so zurückhaltend war und das fand ich so in meiner Wahrnehmung ein bisschen komisch, weil ich fand […] dass es ein enormes Polizeiaufgebot gegeben hat, wo man auch schon nachmittags mit Kamerawagen beobachtet wurde, wenn man auf der Kalker Hauptstraße unterwegs war und ich weiß, dass die Menschen da verschiedene Wahrnehmungen haben. In meiner Wahrnehmung war also sehr, sehr viel an Polizeiaufgebot da. Also dass man teilweise dachte, man ist irgendwie nur 50 Meter von einem Fußballstadion entfernt, wo gleich irgendwie zwei rivalisierende Mannschaften gegeneinander antreten. Das fand ich schon sehr extrem. […]. Ich weiß, dass Jugendliche dann mehrfach kontrolliert wurden, ihre Ausweise zeigen mussten und also es war schon eine relativ große Präsenz da." (B. M.)

Hingegen hat der Mitarbeiter einer weiteren Jugendeinrichtung im Stadtteil einen anderen Eindruck:

„Die Jugendlichen haben die Polizei zum Teil als sehr aggressiv auftretend wahrgenommen. Das deckt sich nicht mit meinen Eindrücken auf der Demo. Also da wo ich war, hat die Polizei sehr deeskalierend. Das war das, was ich selber gesehen habe. Die Jugendlichen haben sich zum Teil von den Polizisten auch sehr rüde behandelt gefühlt. Das, da ist aber was, was die Jugendlichen wahrgenommen haben und was ich selber gesehen habe. Das passt da nicht zusammen an der Stelle. Das heißt aber nicht, dass die Jugendlichen das falsch wahrgenommen haben. Vielleicht haben die auch andere Situationen gehabt, die ich nicht so miterlebt habe. Ich habe die Polizei als sehr, auch sehr deeskalierend selber so gesehen. An der Stelle, da wo, da wo ich eben war und dass dann die Beamten auch sehr versucht haben mit den Jugendlichen ein bisschen zu scherzen und zu beruhigen. Das war das, was ich gesehen habe. Teilweise fühlten sich wie gesagt die Jugendlichen aber auch da sehr aggressiv angegangen und sehr zurückgedrängt." (G. T.)

Alle interviewten Jugendlichen kritisieren den Polizeieinsatz in Kalk sehr stark: Sie können den massiven Einsatz der Polizei bei den friedlich verlaufenden Demonstrationen nicht nachvollziehen und berichten von diskriminierenden Polizeikontrollen. Darüber hinaus kritisieren sie die mangelnden Kommunikationsmöglichkeiten mit den Polizeikräften:

„Keiner hat mit uns gesprochen. Die Polizei stand halt da. Ok, die haben uns bewacht. Sie haben zugesehen, dass wir da keine Randale machen. Aber keiner hat mit uns gesprochen. Das ist der Fehler. Es gab auch keinen Vertreter von uns. Was heißt Vertreter. Sagen wir mal einer von der Moschee oder einer von den Migranten, der da Stellung genommen hat. Und da was gemacht hat. Diese Machtlosigkeit „man kann nichts machen. Man ist nichts."" (M. E. (jugendlicher Demonstrant))

Die Polizei selbst sieht ihren Einsatz während der Demonstrationen in Köln-Kalk als Erfolg. Dem Vertreter der Polizei sei es darum gegangen, zum einen die „Rahmenbedingungen" im Sinne des Allgemeinwohls festzulegen und zum anderen aber auch die Demonstrationen zu ermöglichen. Mit der folgenden Interviewpassage wird jedoch auch deutlich, dass es darum ging, Macht zu demonstrieren und im Kampf um die Macht im Stadtteil ‚den stärkeren Hebel' zu bedienen, wobei Formen von Gewalt vermieden werden sollten:

> „Auf der anderen Seite aber auch ganz deutlich die oder in diesem Zusammenhang wenn man so will, aber auch denjenigen, die sich an diese Regeln nicht halten wollen ganz klar die Grenzen aufzuzeigen und auch deutlich zu machen, dass hier die Bestimmungen eingehalten werden. Dass die Polizei in der Lage ist, die Einhaltung dieser Bestimmungen auch durchzusetzen. […] Von daher habe ich gerade an diesem Mittwoch beispielsweise sehr starke Kräfte, sehr viele Polizeibeamte eingesetzt, um hier ja wenn man so will, allein durch die Masse klar zu machen, wer die Richtlinien der Politik bestimmt und das wir die Grenzen, die wir setzen auch tatsächlich durchsetzen können und werden." (B. W.)

Nach dieser Einschätzung sei es der Polizei auch gelungen, den friedlichen, gewaltlosen Ablauf der Demonstrationen zu ermöglichen und „nicht die Straße den jugendlichen Demonstranten" zu überlassen.

In den Interviews lassen sich bezüglich der Gründe dafür, dass die Demonstrationen friedlich verlaufen sind, zwei Diskurslinien herauslesen. Die interviewten Jugendlichen sehen den friedlichen Ablauf der Demonstrationen in ihrer eigenen Entscheidung, mit ihren Aktionen und ihrer Demonstration friedliche Absichten zu verfolgen, begründet. Ihren Beschreibungen zufolge sei dies untereinander ausgehandelt worden. Aktivitäten wie „Randale" oder „Autos anzünden" seien – aufgrund des Bestrebens, friedvoll für Gerechtigkeit einzutreten und die gerechte Aufklärung der Tat einzufordern – mehrheitlich abgelehnt worden:

> „Wichtig wäre meiner Meinung nach, dass diese Demos, dass die so friedvoll ausgegangen sind. Dass die organisiert worden sind. […] Dass das auf die Jugendlichen zurückzuführen ist. Diese Demonstrationen. Dass das nicht richtig gewürdigt worden ist. […] Die Jugendlichen, die haben etwas auf die Beine gestellt. Die sind mit 300 Leuten friedvoll von Kalk bis zu. Da hat niemand gesagt, die Polizei hat nicht gesagt: „Wir sind voll stolz auf euch. Ihr habt das so friedvoll gemacht". In der Presse kamen auch keine positiven Meldungen." (N. A. (jugendliche Demonstrantin))

Die friedliche Absicht der Jugendlichen betont auch der Mitarbeiter einer sozialen Einrichtung aus dem Stadtteil:

„Wenn die Jugendlichen irgendwas nicht wollten, neben dem, dass sie scheiße behandelt werden wollten, war, sie wollten nicht irgendwie so einen Terror machen
wie in Frankreich. Das wollten die nicht. [...]. Das ist klar von der Mehrheit verhindert worden, von einer großen Mehrheit verhindert worden. Die haben gesagt: „Wir
wollen genau diese Eskalation nicht. Sondern wir wollen auf diese Ungerechtigkeit
mit Said hinweisen.""" (P. B.)

Die Vertreter der Polizei sehen hingegen – wie bereits beschrieben – den friedvollen Ausgang in ihrem Vorgehen und in dem Einsatz zahlreicher Einsatzkräfte
begründet. Aus ihrer Perspektive sei dadurch Gewalt im Stadtteil verhindert
worden. Als Nachwirkung auf die ‚Kalker Ereignisse' hat die Polizei im Stadtteil
das Programm „Sicheres Kalk" eingerichtet, das bestimmte Maßnahmen wie
beispielsweise eine höhere Polizeipräsenz in Kalk umfasste. Mit dem Programm
sollte ein „Absenken der Straftaten" erzielt werden.

*Die Beteiligung jugendlicher Akteurinnen und Akteure im Stadtteil*

Die interviewten jugendlichen Akteurinnen und Akteure waren während und
nach den Ereignissen im Januar 2008 auf verschiedene Weise aktiv, um die
Trauer um ihren verstorbenen Freund zu verarbeiten und auf ihre Situation sowie
auf viele Jugendliche, die mit ähnlichen Schwierigkeiten konfrontiert sind, aufmerksam zu machen. Neben ihrer Beteiligung an den Demonstrationen haben
einige unter ihnen Reden gehalten, an Diskussionsrunden, Veranstaltungen und
Treffen teilgenommen, eine eigene Homepage gegründet, Lieder geschrieben,
Texte verfasst.

    Eine Mitschülerin des verstorbenen Jugendlichen hat beispielsweise im
Rahmen der Trauerarbeit auf schulischer Ebene eine kleine Rede vor ihren Mitschülerinnen und Mitschülern gehalten und in der Schülerzeitung eine Seite zu
dem Geschehen in Köln-Kalk verfasst. Darüber hinaus fand in der Schule eine
Veranstaltung mit einem Vertreter der Polizei statt, der Hintergrundinformatio-
nen zu dem Geschehen übermittelt hat. Außerdem hat sie an Gesprächsrunden
mit Lokalpolitikerinnen und Lokalpolitikern und weiteren Vertreterinnen und
Vertretern aus dem Stadtteil teilgenommen. In diesem Zusammenhang kritisiert
sie die Lokalpolitik:

„Also dann wurden halt die Politiker aktiv halt. Die haben dann versucht, irgendwelche Kreise zu machen oder Tische keine Ahnung. Irgendwas zu reden und wie
man die Lage hier verbessern könnte. Ich glaube, die Gespräche werden so oft hier
geführt, so oft. Dann hatten wir auch eine SPD oder CDU Politikerin, keine Ahnung.
Irgendeine, die mir eine Karte in die Hand gedrückt hat und die hat gesagt: „Ja,

wenn Du so gute Vorschläge hast, kannst du dich ja bei mir melden". Aber ich sehe nicht ein, dass ich als damals 16, 17 jährige aufstehen sollte und Kalk in die Hand nehmen sollte und verändern sollte. Also dafür bin ich viel zu jung gewesen und das ist nicht meine Aufgabe gewesen. Das habe ich nicht eingesehen, dass ich die Aufgabe von erwachsenen Menschen erledigen sollte, die doch ach so gut alles wissen." (N. A.)

Anders als die junge Frau haben zwei junge Männer die Thematik über das Texten von Liedern aufgegriffen. Der junge Demonstrant A. J. hat aus Betroffenheit heraus ein Lied über seinen Freund geschrieben. Dies sei einer seiner schwersten Texte gewesen, da er die richtigen Worte finden musste, und zudem habe er, zumal das Lied unter anderem über das Internet verbreitet wurde, ein schlechtes Gewissen gehabt, darüber bekannt zu werden. „Rausgebracht" habe er das Lied offiziell noch nicht:

> „Ich habe ja auch ein Lied darüber geschrieben. [...]. Als mich das betroffen hat, da habe ich auch einfach so ein Lied darüber geschrieben. [...] Das war einer meiner schwersten Texte. Weil ich musste einfach die richtigen Worte finden. Die Texte sind komplett fertig, aber ich habe es irgendwie nie fertig gebracht, das komplett fertig zu machen und rauszubringen. [...] Ich wollte mich nicht direkt in den Vordergrund stellen. Also mit dem Lied. Weil das alles passiert ist. „Ich bin Rapper. Ich mache darüber Musik". Das war natürlich auch groß in den Medien. Ich weiß nicht. Ich hatte ein schlechtes Gewissen, das Lied rauszubringen. Vielleicht meinen Namen damit zu bekommen. Das wird in jedem Fall auf meinem Album sein. Mal gucken." (A. J.)

Wie er hat auch ein weiterer junger Demonstrant den Entschluss gefasst, aktiv zu werden, etwas zu unternehmen und einen *Clip* zu dem Thema fertig zu stellen:

> „Ich habe mir gesagt: „Ich werde was machen". Ich habe auch etwas gemacht. Ich habe zwar lange gebraucht, weil ich alles alleine gemacht habe. Aber es ist cool. Ich habe gesagt: „Wir machen einen Clip darüber. Wir werden Saids Tod nicht thematisieren aber halt daran anknüpfen". [...]. Ich wollte, dass die Angelegenheit nicht in Vergessenheit gerät. Auf keinen Fall. [...] Der Clip ist fertig abgedreht, aber muss halt noch geschnitten werden." (M. E.)

*Neue Beteiligungsformen über „Neue Medien"?*

Die Neuen Medien spielten während der Ereignisse im Januar 2008 eine zentrale und bedeutende Rolle. Wie aus den Interviews hervorgeht, haben sich die jugendlichen Akteurinnen und Akteure bezüglich der Treffen und Versammlungen hauptsächlich über das Handy und das Internet mobilisiert. Die Informationen seien relativ schnell über verschiedene Netzwerke an Jugendliche aus dem Stadtteil und darüber hinaus verbreitet worden. Zusätzlich hätten sie durch das Fernsehen und die Zeitungsberichte über die Geschehnisse in Köln-Kalk erfahren.

Eigene erstellte Videoclips haben zahlreiche junge Menschen auf dem Internet-Videoportal *Youtube* hochgeladen. Hier finden sich selbst kreierte Musikvideos, die den Tod des Jugendlichen und das Geschehen im Stadtteil behandeln. Die Videos wurden von Freundinnen, Freunden und Bekannten des verstorbenen Jugendlichen erstellt. Sie beinhalten persönliche Fotos, Bilder der Demonstrationen und der Treffen auf der Kalker Hauptstraße im Stadtteil. Musikalisch sind die Videos sowohl mit bekannten Musikstücken als auch mit selbst verfassten Liedern unterlegt[37].

Besonders zentral hinsichtlich der Nutzung der Neuen Medien war die Gründung und Weiterentwicklung einer eigenen Homepage durch einige jugendliche Akteurinnen und Akteure:

> „Also, wir haben eine Homepage gegründet. Die Homepage habe ich bereits geschlossen. Also die Homepage. Dort habe ich verschiedene Seiten aufgemacht. Also halt die Verlinkungen. Da waren Texte, die Freunde und Klassenkameraden von Said geschrieben haben. Die habe ich eingesammelt. Also damals gab es ja Yappie und das war so in. Und da haben die Jugendlichen ihre Sachen hingeschrieben. Ich habe die halt kopiert unter deren Einverständnis und habe sie auf die Seite eingefügt. Dann habe ich Bilder bearbeitet. Soweit habe ich immer positive Rückmeldungen bekommen. Viele haben im Gästebuch nochmal versucht ihre Gefühle zu öffnen. Das war schon so eine süße Erinnerung für jeden." (N. A.)

Über die Homepage wurden Informationen verkündet, Freundinnen und Freunde haben Kommentare im Gästebuch hinterlassen und Texte kreiert. Dort waren Gedichte, Gedenkschreiben und Gebete aufgeführt.

Die Homepage nutzten jedoch nicht nur Jugendliche aus dem lokalen Kölner Raum, sondern auch junge Menschen aus anderen Regionen. Beispielsweise hätten sich Nutzerinnen und Nutzer aus dem Berliner Raum gemeldet, die sich mit den Jugendlichen in Köln-Kalk aufgrund ähnlicher Lebensbedingungen verbunden fühlten:

---

37  Beispielsweise geht es in dem Video „Für Said R.i.p. 18.01.08" schwerpunktmäßig um den verstorbenen Jugendlichen als Person, sowie die Trauer um ihn. In einer Zeile wird jedoch auch ein übergreifendes Motiv des Verfassers formuliert, mit der auf seine bzw. ihre Situation aufmerksam gemacht wird: „Seit deinem Tod will keiner mehr Ausländer sein" (vgl. http://www.youtube.com/watch?v=Ko_llzWALk0, ab 00:01:07-0). Hier wird nochmal – wie bereits ausführlich aus den Interviews analysiert – der Zusammenhang des Geschehens bzw. die Reaktionen der Jugendlichen und Rassismus- und Diskriminierungserfahrungen deutlich.

„Ich habe, als ich die Homepage gemacht habe auch Gästebucheinträge aus anderen Ländern, anderen Städten bekommen und die haben auch geschrieben. Berlin war das glaube ich und die haben auch gesagt: „Ja, Berlin Kreuzberg, da gibt es auch so ähnliche Situationen". Vielleicht auch noch schlimmer. Ich weiß ja nicht, wie es in Kreuzberg abläuft. Da hat eine geschrieben: „Ja, wir sind aus Kreuzberg. Bei uns ist es genauso wie in Kalk". Die haben ja durch die Reportagen über Said und haben die das ja auch auf eine Art und Weise mitbekommen. Und die haben gesagt: „Ja, wir fühlen total mit euch. Er ist wie ein Bruder für uns geworden." […] Aber wir haben sogar Jugendliche in anderen Städten berührt. Und das finde ich eine große Leistung. Dass es nicht nur in Köln geblieben ist, sondern auch andere Städte angesprochen hat." (N. A.)

Die Einbettung des Geschehens in Köln-Kalk vom Januar 2008 und der Situation der Jugendlichen im Stadtteil in einen globalen, übergreifenden Kontext, die Konstruktion einer gemeinsamen ‚Wir-Identität' wie auch die gegenseitige Bezugnahme darauf (hier der Jugendlichen in Berlin Kreuzberg mit den Jugendlichen in Köln-Kalk) wird mit dem vorangegangenen Interviewausschnitt sehr deutlich. Somit konnten sie sich in einem virtuellen Raum über das Internet jenseits des eigenes Viertels miteinander vernetzen, in Verbindung bringen und sich austauschen. Nach drei Jahren wurde die Homepage unter anderem aufgrund von rassistischen, diskriminierenden Kommentaren geschlossen[38].

## 6    Exkurs 1: Zivilgesellschaftliche Partizipation im Stadtteil Köln-Kalk und die Ereignisse im Januar 2008

Aus den Interviews mit den Akteurinnen und Akteuren aus dem Stadtteil geht hervor, dass in dem Stadtteil Köln-Kalk die zivilgesellschaftliche Partizipation weit ausgeprägt ist. Beispielsweise weist der Mitarbeiter einer sozialen Einrichtung im Stadtteil darauf hin, dass Kalk ein Stadtteil sei, in dem viel passiere. Daran sei schwerpunktmäßig „das bürgerliche Kalk" beteiligt. Es gebe viele Bemühungen von Einzelpersonen im Stadtteil, die etwas bewegen und sich sehr stark engagierten. Die zivilgesellschaftlichen Akteurinnen und Akteure seien außerdem sehr gut vernetzt und das Netzwerk würde von bestimmten Einzelpersonen engagiert vorangetrieben. In diesem Zusammenhang nennt der Interviewpartner zahlreiche Akteurinnen und Akteure aus dem politischen Spektrum, aus den beiden Kirchengemeinden, aus den Sportvereinen im Stadtteil, aus dem Einzelhandel, verschiedener Stiftungen, sozialer und kultureller Vereine usw.

---

38    Zahlreiche rassistische und diskriminierende Kommentierungen durchziehen verschiedene Internetforen zu den Ereignissen im Januar 2008.

Hinsichtlich des Engagements vereinzelter Personen aus dem Einzelhandel befürchtet er jedoch die Besetzung öffentlicher Räume, so dass er ein Auge auf diese Entwicklung habe. An dieser Stelle zeichnen sich somit auch Konfliktlinien zwischen unterschiedlichen zivilgesellschaftlichen Gruppen ab:

> „Da muss man auch aufpassen, dass die nicht anfangen die öffentlichen Räume zu besetzen. Also da gucken wir auch ein bisschen drauf. Also das ist jetzt noch nicht klar, wie das weiter geht, aber da werden wir auch darauf achten, dass der öffentliche Raum nicht den Einzelhändlern hier zur Verfügung gestellt wird. Und die mit den Köln Arcaden (Einkaufs-Shopping-Mall in Kalk, SP) darüber entscheiden, wie hier der Stadtteil zerlegt wird. […] Da steht an, dass wir im nächsten Jahr sicherlich auch nochmal Aufmerksamkeit erzielen werden, mit vielen Menschen deutlich machen, dass sie uns den öffentlichen Raum hier nicht wegnehmen dürfen. […]. Da knallt dann dieses Interesse dieser zivilgesellschaftlichen Gruppen auch gegeneinander. Das muss man wirklich sagen. Da gibt es Auseinandersetzungen hier." (P. B.)

In Anbetracht der Migrationsgeschichte und -bewegung im Stadtteil und der Verortung der Bewohnerinnen und Bewohner mit Migrationshintergrund innerhalb des Feldes der zivilgesellschaftlichen Partizipation im Stadtteil beschreibt er, dass diese daran kaum beteiligt seien. Die Vereine, die im Kontext Migration wirksam sein würden, spielten diesbezüglich kaum eine Rolle. Die Zurückhaltung dieser Vereine sei dabei unter anderem auf den Alltagsrassismus zurückzuführen. Auch die Moscheengemeinden würden sich in die Stadtteilgestaltung kaum einbringen. Nach Einschätzung des Interviewpartners würde das bürgerliche Kalk eine stärkere Beteiligung der Bewohnerinnen und Bewohner mit Migrationshintergrund  im Stadtteil durchaus wünschen. Auch die Mitarbeiterin einer Jugendeinrichtung in Kalk-Nord beschreibt hinsichtlich der Beteiligung von Menschen mit Migrationshintergrund im Stadtteil, dass die Menschen in Kalk-Nord kaum gesellschaftspolitisch beteiligt und diesbezüglich nicht vernetzt seien.

Hinsichtlich der Partizipation von Jugendlichen mit Migrationshintergrund argumentiert ein junger Mann, der sich zum Thema Jugend und Gewalt im Stadtteil engagiert, dass zunehmend Jugendliche mit Migrationshintergrund aktiv werden, da sie oftmals „in die Ecke geworfen" würden:

> „Interviewerin: Wo du gerade Partizipation im Stadtteil Kalk ansprichst beziehungsweise auch im Bezirk, schwerpunktmäßig aber in Bezug auf den Stadtteil Kalk. Kannst Du etwas zu der Partizipation von Jugendlichen im Stadtteil sagen? Oder auch insbesondere der Jugendlichen mit Migrationshintergrund, d.h. inwieweit sie an den Prozessen beteiligt sind? Interviewpartner: Es gibt nicht all zu viele. Ich würde dann über Köln gucken. […]. Also ich würde allgemein sagen, dass viele, dass sehr viele Jugendliche mit Migrationshintergrund sich stärker beteiligen. Allein aus dem Grund, dass sie immer in die Ecke geworfen werden. Erst wenn man in die

Ecke geworfen wird, dann macht man das. Weil es gibt sehr viele, die jetzt auch
Abitur machen, die vielleicht eine Ausbildung und ein Studium machen und die
dann halt dabei sein wollen und in vorderster Reihe was mitmachen wollen." (K. B.)

In Bezug auf die Proteste der Jugendlichen im Januar 2008 kritisiert der Mitarbeiter der sozialen Einrichtung, dass die eigentlich gut vernetzte und aktive Zivilgesellschaft in Kalk während dieser Zeit nicht funktioniert habe. Seiner Ansicht nach hätten die Geschehnisse zu dieser Zeit das ‚bürgerliche Kalk' nicht
sonderlich interessiert:

> „Das war bei den Geschichten um Said übrigens überhaupt fast gar nicht. Also da ist
> das zusammengebrochen. Da hat die Zivilgesellschaft diese ganzen Momente völlig
> versagt. […] Da sind alle weggelaufen. Selber als Erinnerung, dass das nicht immer
> funktioniert. Gerade in zugespitzten Situationen ist das dann offensichtlich ein Prob-
> lem." (P. B.)

Die Reaktionen der Zivilgesellschaft und solche aus dem professionellen Bereich
seien viel zu spät gekommen. Auch Vertreterinnen und Vertreter der Bevölkerung mit Migrationshintergrund im Stadtteil hätten aus seiner Perspektive damals
nicht eingegriffen:

> „Selbst die sich als politische Vertreter der Migranten verstehen, waren zu dusselig
> um da Kapital raus zu schlagen. Das hätten sie leicht gekonnt. Das hätten sie wirk-
> lich leicht gekonnt. Die hätten sich ja nur als Vertreter gerieren müssen und hätten
> dann sagen müssen: „Wir als ‚XY Organisation' vertreten hier ein und dann wären
> sie mit fünfzehn jungen Leuten gekommen. Dann hätten die sonst was gekriegt. Die
> hätten nur einmal richtig an die Tür klopfen müssen und sagen müssen: „Wir wollen
> jetzt einen anständigen Jugendraum, wir wollen das oder das." Das hätten die damals
> alles. Die waren ja vor Angst erstarrt. Das hätten die gekriegt. Die waren unfähig das
> zu machen. Da habe ich mich auch wirklich sehr darüber geärgert. Also auch über
> diese migrantischen Vertreterinnen. Dass die das gar nicht genutzt haben, um dann
> einen Raum zu schaffen in Kalk. Oder irgendwas zu machen. Irgendeine Plattform."
> (P. B.)

Hingegen hätten vereinzelt Bewohnerinnen und Bewohner mit Migrationshintergrund des Stadtteils, die ein Geschäft im Stadtteil betreiben, mit den demonstrierenden Jugendlichen sympathisiert:

> „Was ich vergessen habe ist, dass es noch Sympathisanten aus dem migrantischen
> Spektrum des Stadtteils gegeben hat. Dass die Leute gekommen sind, die einen Im-
> biss hatten, der Gemüsehändler usw., die teilweise auch eine linke Vergangenheit
> hatten. Die sind hingegangen mit ihren Kindern. Diese Empörung über dieses Bild-
> zeitungsding und über Koch usw., die war ja auch bei den Älteren. Die waren schon

auch da, am Rande und haben das aber unterstützt. Das war wirklich deutlich. Dass es da auch Leute gab, die das als Einzelperson, nicht als Organisation, nicht DIDIF oder einschlägigen Organisationen. Die waren eigentlich gar nicht vertreten als Organisationen. Aber so Einzelpersonen waren schon mit am Start. (P. B.)

## 7 Exkurs 2: Mehrperspektivität auf ein Ereignis im Stadtteil

Der Workshop „Auf den Spuren der ‚Kalker Ereignisse' im Januar 2008. Diskussion mit Akteurinnen und Akteuren aus Kalk und Umgebung über die Ereignisse im Januar 2008 und die Situation heute" wurde am 27. Januar 2011 im Bürgerhaus Kalk durchgeführt. Ziel des Workshops war, die ersten Ergebnisse der Recherche mit Akteurinnen und Akteuren aus dem Stadtteil und aus der Umgebung zu diskutieren und zu validieren. Dabei ging es vor allem um die Nachwirkungen und Reaktionen im Stadtteil und die Diskussion darüber auf lokaler Ebene. Beteiligte des Workshops waren unterschiedliche Akteurinnen und Akteure aus der kommunalen Verwaltung (bspw. Polizei, Stadt Köln), aus dem Stadtteil und Umgebung (Jugendeinrichtungen, politische, soziale, kulturelle und religiöse Einrichtungen, Schulen), Studierende und interessierte Wissenschaftlerinnen und Wissenschaftler.

Durch die vielfältigen Themen und die heterogene Zusammensetzung der Arbeitsgruppen entstanden intensive Diskussionen. In allen Arbeitsgruppen waren Vertreterinnen und Vertreter der kommunalen Verwaltung, der Jugendeinrichtungen und der sozialkulturellen Einrichtungen vertreten.

*Erste Arbeitsgruppe: „Öffentlicher Umgang mit den Demonstrationen "*

In dieser Arbeitsgruppe ging es darum, aus verschiedenen Perspektiven den öffentlichen Umgang mit den Demonstrationen zu betrachten. Dabei stand der Polizeieinsatz während der Demonstrationen im Januar 2008 im Vordergrund der Diskussion.

Aufgrund von Zeitmangel und hohem Diskussionsbedarf konnte leider nur die Frage nach dem Polizeieinsatz im Januar 2008 bearbeitet werden. Zusammenfassend lassen sich folgende Diskussionspunkte festhalten:

Aus Sicht der Polizei seien die Jugendlichen nach dem ersten Versammlungstag darüber aufgeklärt worden, dass sie demonstrieren könnten. Die Polizei habe sie über Rechte und Pflichten aufgeklärt. Die Jugendlichen hätten die Demonstration am nächsten Tag angemeldet. Während dieser Tage seien Kontrollen durchgeführt worden, um „bekannte Straftäter" nicht zu der Demonstration zuzulassen. In dieser Zeit habe die Polizei einen massiven Anstieg der Straftaten

(Raub, Körperverletzung etc.) festgestellt. Die Befürchtung seitens der Polizei habe darin gelegen, dass Jugendliche Geschäfte auf der Kalker Hauptstraße hätten „plündern" können. Die Polizei weist von sich, dass es bei den Kontrollen spezifisch um Jugendliche mit Migrationshintergrund gegangen wäre. Der Auftrag der Polizei habe darin gelegen, sowohl das Recht auf Demonstration als auch das Recht der übrigen Bevölkerung auf Unversehrtheit zu schützen. Aus Sicht der Polizei sei die friedliche Durchführung der Demonstrationen auf die gute Arbeit der Polizei zurückzuführen. Andere Teilnehmerinnen und Teilnehmer sahen den Grund für die friedlichen Demonstrationen in der Stärke der Jugendlichen und in ihrer Entscheidung, friedlich demonstriert zu haben.

Darüber hinaus gab ein Teilnehmer des Workshops zu bedenken, dass viele Jugendliche nicht an den Demonstrationen teilgenommen hätten, da sie Angst vor dem Polizeieinsatz gehabt hätten. Daher seien intensive Gespräche mit den Jugendlichen nötig gewesen. In der Arbeitsgruppe wurde darauf hingewiesen, dass alle Vertreterinnen und Vertreter der Jugendeinrichtungen intensiv mit den Jugendlichen über die Demonstrationen diskutiert hätten.

In der Arbeitsgruppe kritisierte ein Teilnehmer die mangelnde Unterstützung bei der Durchführung der Demonstrationen. Es habe zu wenig Aufklärung der Jugendlichen über deren Rechte und Pflichten gegeben. Ferner betonte der Teilnehmer, dass es den Versuch von unterschiedlichen Gruppierungen gegeben habe, auf die Jugendlichen Einfluss zu nehmen. Zum einen sei dies von einem religiösen Spektrum und zum anderen von einem Flügel der Linkspartei ausgegangen. Diese hätten die Jugendlichen „unterstützen" wollen, um darüber die Demonstration zu politisieren. Diese Versuche der Einflussnahme wären jedoch erfolgslos geblieben. Das Hauptinteresse der Beteiligten habe der Trauer um den verstorbenen Jugendlichen gegolten.

Zudem sind der unterschiedliche Umgang von Vertreterinnen und Vertretern der Sozialen Arbeit mit den Protesten festzuhalten sowie die partielle Kooperation zwischen der Sozialen Arbeit und der Polizei während der Demonstrationen.

*Zweite Arbeitsgruppe: „Die Demonstrationen im Kontext der Migrationsgesellschaft und im Kontext von Diskriminierung"*

Zentral ist, dass die Demonstrationen und die Proteste der Jugendlichen Ausdruck des Widerstands gegen Diskriminierung, Rassismus und der Benachteiligung in der Migrationsgesellschaft waren. Die jugendlichen Demonstrierenden wandten sich dagegen, dass sie, obwohl sie bereits in der zweiten oder in der dritten Generation in der deutschen Gesellschaft leben, immer noch als ‚Migrationsandere' wahrgenommen und stigmatisiert würden. So standen auch die Demonstrationen und Proteste, die Erlebnisse der Jugendlichen und die Deutung und Reaktionen von Vertreterinnen und Vertretern der Mehrheitsgesellschaft im Kontext der Migrationsgesellschaft und im Kontext von Diskriminierung und Rassismus. Diese Thematik wurde in der zweiten Arbeitsgruppe vertiefend diskutiert.

Zusammenfassend lassen sich folgende Diskussionspunkte festhalten:

Ausgehend von dem Zitat auf dem Arbeitspapier drehte sich die Diskussion hauptsächlich um das Thema der Diskriminierung und der Benachteiligung der Jugendlichen mit Migrationshintergrund sowie der Bevölkerung mit Migrationshintergrund insgesamt. Dabei wurde auf den Unterschied zwischen institutioneller, struktureller und alltäglicher Diskriminierung hingewiesen. Globale Ereignisse, wie vor allem der 11. September hätten auch Einfluss auf Diskriminierung/Rassismus, hier speziell gegenüber Muslimen. Die Jugendlichen erlebten nicht nur die eigene Diskriminierung, sondern auch die der Eltern, die über Generationen aufgestaut sei. Die Diskussion drehte sich um Unterschiede zwischen den Generationen und den Jugendlichen als Sprachrohr der Eltern. Dabei wurde festgehalten, dass der Wunsch nach Zugehörigkeit zur Mehrheitsgesellschaft stärker zu sein schiene, als in der ersten Generation. In den Interviews der Jugendlichen, die an den Demonstrationen teilgenommen haben, zeige sich eine enttäuschte Hoffnung darüber, immer noch nicht Teil der deutschen Gesellschaft zu sein. Es handele sich immer wieder um die Zuschreibung ‚Deutsch' – ‚Nicht-Deutsch' und die damit verbundene Ausgrenzung. Unklar sei, ob sich die Jugendlichen eher als Teil der deutschen Gesamtgesellschaft sähen oder als Teil des Quartiers. Ebenso gehe es darum, ob dieses lokale Bewusstsein Wunsch oder deutliche Selbstdefinition sei, welches dann im Kontrast zur zugeschriebenen Nicht-Zugehörigkeit stehe. Schließlich wurde über konstruktive Beteiligungsformen (formell und informell) gesprochen und betont, dass man hier ansetzen müsse.

*Dritte Arbeitsgruppe: „Die Demonstrationen und gesellschaftspolitische (Nicht-) Beteiligung"*

Die Arbeitsgruppe ist der Frage nach zivilgesellschaftlichen Beteiligungsformen und -möglichkeiten sowie dem Aspekt der (Nicht-)Beteiligung nachgegangen.

Zusammenfassend können folgende Punkte festgehalten werden:

Während der Diskussion bestand in der Arbeitsgruppe zunächst Unklarheit darüber, was die Botschaft der Jugendlichen war. War es wirklich die Einforderung von Teilhabe und Gleichbehandlung, das Aufmerksam-Machen auf Ungerechtigkeit bzw. Ungleichbehandlung?

Des Weiteren wurde darauf hingewiesen, dass es heute keine Erinnerung mehr an den Auslöser der Demonstrationen, den verstorbenen Jugendlichen, gäbe. Die meisten Bewohnerinnen und Bewohner des Viertels und auch die Jugendlichen hätten ihn vergessen. Als (institutionelle) Reaktion auf das Geschehen im Januar 2008 sei der Arbeitskreis „Dialog der Kulturen – für ein friedliches Zusammenleben" gegründet worden, der in der weiteren Diskussion im Mittelpunkt stand. Kritisch wurde angemerkt, dass der „Dialog der Kulturen" als Arbeitskreis für Jugendliche und andere Interessierte nicht wirklich offen sei. Als Reaktion hierauf wurde von einer im Arbeitskreis aktiven Teilnehmerin noch einmal der Hintergrund und die Entstehungsgeschichte der Arbeitsgruppe erklärt. Hingewiesen wurde auf das Ziel, eine Vernetzung der verschiedenen Akteurinnen und Akteure im Quartier zu erreichen, sowie auf die schwierige Situation während der Demonstrationen, nicht zuletzt auch aufgrund der medialen Berichterstattung. Die Vernetzung sei schwierig (gewesen), da die verschiedenen Akteurinnen und Akteure unterschiedliche Ziele verfolgt hätten. Die Begegnung sei ein wichtiges Ziel, da die Demonstrationen von ‚deutscher' Seite als bedrohlich wahrgenommen worden seien. Der zum Teil hörbare Ruf „Allahu akbar" (Gott ist groß) sei als drohendes Zeichen der Islamisierung wahrgenommen worden. Ergänzt wurde, dass mit dem Kreis Einiges erreicht worden sei und er viel Arbeit (auch ehrenamtlich) geleistet habe. Dennoch – dies zeigte die Diskussion – gäbe es ein Problem mit der Transparenz. Die Treffen im Stadtteil seien nicht öffentlich gemacht worden. Dieses Problem der Transparenz gälte nach Aussagen einiger Beteiligte insgesamt für Köln-Kalk, da die Stadtteilbewohnerinnen und – bewohner über lokale Ereignisse wenig informiert würden. Im Stadtanzeiger fände man dazu wenig – einzig das „Kalk-Portal" sei hier eine Ausnahme. Mangelnde Transparenz wurde auch in Hinblick darauf angemerkt, da es keine Informationen darüber gäbe, wie nun die Verhandlung ausgegangen bzw. das Strafmaß ausgefallen sei. Ein Problem sei zudem, dass die Arbeit vor Ort (so beispielsweise des „Dialogs der Kulturen") immer von Geldern abhängig sei, die zugleich nicht sicher seien.

Hingewiesen wurde – im Kontext von Begegnung – auf eine Veranstaltung von *IKULT* (http://www.ikult.com/), bei der Kalker Bewohnerinnen und Bewohner eingeladen worden seien. Geplant sei eine komplementäre Veranstaltung in der Bäckerei/ Café. Dieses Vorhaben sei aber noch nicht umgesetzt worden.

Deutlich wurde auch eine Kritik an den Medien und an der Politik im Kontext der Demonstrationen. So habe der ehemalige Polizeipräsident beispielsweise von „Pariser Verhältnissen" gesprochen.

Nachdem sich die mangelnde Transparenz des „Dialogs der Kulturen" als ein wichtiger Diskussionspunkt herauskristallisiert hatte, wurde abschließend überlegt, mit welchen Maßnahmen hier gegengesteuert werden könnte.

Folgende Vorschläge wurden formuliert: das Versenden von Einladungen an Schulen und Vereinen; einen Workshop für Jugendliche anbieten; ein Stand beim Stadtteilfest zu dem „Dialog der Kulturen", um über die Arbeit zu informieren und Interessentinnen und Interessenten einzuladen.

Zuletzt wurde angeregt, einen Erinnerungsort für den verstorbenen Jugendlichen zu schaffen.

In der Arbeitsgruppe wurde zu Beginn auf den Wunsch hingewiesen, dass die Teilnehmerinnen und Teilnehmer des Workshops eine Rückmeldung über die Ergebnisse erhalten und nicht nur Inputgeberinnen bzw. Inputgeber sind. Außerdem wurde der Wunsch geäußert, den Abschlussbericht zu erhalten.

Die Ergebnisse der Arbeitsgruppe wurden im Anschluss im Plenum vorgestellt. Zum Abschluss des Workshops referierte der Projektleiter der Universität zu Köln zu den Perspektiven für eine kommunale Verstetigung zivilgesellschaftlicher Partizipation.

*Abschließende Betrachtung des Workshops und Bedeutung für die Stadtteilanalyse*

Die vielen Diskussionen brachten wichtige Anregungen für den weiteren Verlauf des Forschungsprojekts.

Mit dem Workshop ergab sich die Möglichkeit, das Geschehen im Januar 2008 drei Jahre später erneut in den Blick zu nehmen und aus verschiedenen Perspektiven zu diskutieren. Die rege Beteiligung vieler Menschen aus dem Stadtteil und Umgebung hat ein großes Interesse an der Thematik verdeutlicht. Dabei wurden auch unterschiedliche Diskurslinien bezüglich des Geschehens und des Umgangs mit dem Ereignis sichtbar.

Mit dem Workshop wurde deutlich, gerade auch in Anbetracht des Zusammenkommens unterschiedlicher Perspektiven, dass das damalige Ereignis sowie die Nachwirkungen ein umkämpftes Feld waren und sind. Das Geschehen hat unterschiedliche Prozesse im Stadtteil ausgelöst und in Gang gebracht. Diese waren in die Macht- und Herrschaftsverhältnisse im Stadtteil verstrickt. So zeigt sich beispielsweise bei den Ergebnissen der Arbeitsgruppe 1 (Öffentlicher Umgang mit den Demonstrationen), inwiefern der Umgang der Polizei mit den Demonstrierenden (hohe Polizeipräsenz und starke Kontrollen) mit der Frage nach der Macht im Stadtviertel verwoben ist. In diesem Licht steht auch die Begründung der Polizei, dass die friedliche Durchführung der Demonstrationen auf die gute Arbeit der Polizei zurückzuführen sei. Dagegen spricht die Aussage, dass der Grund für die friedlichen Demonstrationen auf der Stärke der Jugendlichen (und somit nicht auf die Polizei), sich nicht für fremde Zwecke instrumentalisieren zu lassen, beruhe. Gleichzeitig wurde kritisiert, dass die Jugendlichen zu wenig über ihre Rechte und Pflichten informiert würden. Mit der Arbeitsgruppe

2 (Die Demonstrationen im Kontext der Migrationsgesellschaft und im Kontext von Diskriminierung) wurde auf das ungleiche Machtverhältnis und die ungleichen Verteilungschancen im Stadtteil, bedingt durch die Benachteiligung von Menschen mit Migrationshintergrund in der Migrationsgesellschaft, eingegangen. Hier wurden die Frage nach der ‚Quartiersidentität‘ und die Bedeutung des Quartiers bezüglich der Zugehörigkeitskonstruktionen im Spiegel der Gesamtauswertung diskutiert. In der Arbeitsgruppe 3 (Die Demonstrationen im Kontext der Migrationsgesellschaft und im Kontext von Diskriminierung) wurde schwerpunktmäßig die Transparenz der Arbeiten im Stadtteil, hier am Beispiel des Arbeitskreises „Dialog der Kulturen“, aufgegriffen. Seitens einiger Beteiligter wurde kritisiert, dass der Arbeitskreis gegenüber weiteren Interessierten nicht offen sei und auch kein bzw. kaum Einblick in die Arbeit bestünde. Das Problem der Transparenz bezüglich der Arbeiten im Stadtteil zeige sich auch für andere, die Stadtteilarbeit betreffende Bereiche. Von den Beteiligten wurden zur Verbesserung der Situation Vorschläge formuliert. Auch in dieser Gruppe wurden verschiedene und verschieden mächtige Diskurslinien und Interessen im Stadtteil deutlich.

## 8    Fazit: ‚Kalker Ereignisse‘ als zivilgesellschaftliche Partizipation von unten?

Ein wichtiges Merkmal der ‚Kalker Ereignisse‘ im Januar 2008 ist, dass diese nicht geplant wurden, sondern spontan als Reaktion auf den Tod eines jungen Mannes mit Migrationshintergrund im Stadtteil entstanden sind. Ausgegangen sind die Treffen, Mahnwachen und Demonstrationen auf der Kalker Hauptstraße von dem engeren Bekanntenkreis des verstorbenen Jugendlichen. Dem Aufbegehren der jugendlichen Akteurinnen und Akteure in Köln-Kalk gegen den ungerechten Umgang der Justiz mit dem Vorfall und gegen Diskriminierung, verbunden mit der Forderung nach Gerechtigkeit, folgten zahlreiche junge und ältere Menschen mit Migrationshintergrund aus dem gesamten Stadtraum. Konkret ging es den jungen Menschen darum, gemeinsam als Gruppe auf ihre Situation und die Schlechterstellung Jugendlicher mit Migrationshintergrund in der ‚deutschen Gesellschaft‘ aufmerksam zu machen. An der Stelle des verstorbenen Jugendlichen hätte jede bzw. jeder unter ihnen sein können. Die Frage, die sich anschließend stellt, ist, wie auf die ‚Kalker Ereignisse‘ sowie auf die Anliegen, Beweggründe und Forderungen der Jugendlichen reagiert wurde:

In den Medien wurde über den Stadtteil Köln-Kalk als ein ‚Problemviertel‘ und über die Jugendlichen als ‚Ausländerinnen und Ausländer‘ oder ‚Migrantinnen und Migranten‘ berichtet. Der mediale Diskurs darüber war somit zum großen Teil stark stigmatisierend und diskriminierend. Wie bereits ausführlich dargelegt, knüpfte er an Debatten über ‚Ausländerkriminalität' und die Ausschreitungen in Frankreich in den Jahren 2005 und 2007 an. Außerdem kritisierten die Interviewpartnerinnen und Interviewpartner die verzerrte Darstellung ihrer Aussagen durch Vertreterinnen und Vertretern der Medien, sowie eine Berichterstattung, die an der Alltagswirklichkeit vorbei ging.

Auf der Ebene der kommunalen Verwaltung wurde als Reaktion auf die ‚Kalker Ereignisse' der Arbeitskreis „Dialog der Kulturen – für ein friedliches Zusammenleben" gegründet. Unter dem Dach der Arbeitsgruppe sind in den letzten drei Jahren unterschiedliche Projekte durchgeführt worden, wie beispielsweise ein Hip-Hop-Projekt mit Jugendlichen des Stadtteils und ein Multiplikatorinnen- und Multiplikatorenprojekt bzw. Antigewalttrainings. Wie mit der Feldforschung im Stadtteil und mit der Analyse der Interviews deutlich wurde, haben sich auf der Ebene des Arbeitskreises unterschiedliche Akteurinnen und Akteure aus dem Bereich der Polizei, der kommunalen Verwaltung, der Jugendarbeit, der kirchlichen Arbeit, der Moscheengemeinden usw. stärker vernetzt und zusammengearbeitet. Dies wurde seitens einiger Interviewpartnerinnen und -partner als positiv erachtet. Die kritischen Stimmen im Stadtteil geben zu bedenken, dass dieser Arbeitskreis zum einen gegründet worden sei, um die Situation im Stadtteil zu befrieden. Zum anderen wird die Kritik laut, dass in dem Arbeitskreis kaum Jugendliche aus dem Stadtteil aktiv seien, die zu dem damaligen Zeitpunkt demonstriert haben. An dieser Stelle ist somit die Frage danach erforderlich, inwiefern es dem Arbeitskreis gelungen ist, mit seiner Arbeit auf die Belange und Forderungen der jugendlichen Demonstrierenden zu antworten: Erforderte die damalige Situation einen „Dialog der Kulturen" sowie ein „friedlicheres Zusammenleben" als Antwort auf den Ruf nach Gerechtigkeit und gesellschaftspolitischer Beteiligung? Sicherlich wurden mit den unterschiedlich durchgeführten Teilprojekten einige Jugendliche im Stadtteil erreicht. Die Wirksamkeit von Hip-Hop-Projekten oder anderen ähnlichen Projekten, die mit jungen Menschen durchgeführt werden, soll an dieser Stelle nicht in Frage gestellt werden. Allerdings stellt sich – bezogen auf die ‚Kalker Ereignisse' – die Frage, warum Anti-Gewalt-Trainings durchgeführt werden, wenn es den Jugendlichen um die Forderung nach gesellschaftspolitsicher Beteiligung und um die Diskriminierung im Alltag ging? Außerdem gelingt es dem Arbeitskreis, in dem zum großen Teil die Vertreterinnen und Vertreter verschiedener Einrichtungen und Institutionen „über den Köpfen" der jungen Menschen im Stadtteil aktiv sind, nicht, gerade diese in die Stadtteilarbeit einzubinden.

Die Polizei, die ein weiterer wesentlicher Akteur während der ‚Kalker Ereignisse' war, reagierte auf die Aktionen der Jugendlichen mit hoher Polizeipräsenz während der Demonstrationen sowie mit stärkeren Kontrollen von potentiellen ‚Straftätern'. Nach den ‚Kalker Ereignissen' wurde mit der Erhöhung der Polizeikräfte im Viertel, d.h. mit dem Programm „Sicheres Kalk" reagiert. Auch hier bleibt die Frage offen, inwieweit stärkere Kontrollen und die Erhöhung der Polizeikräfte im Stadtteil eine angemessene Reaktion auf die Forderungen der Jugendlichen darstellen.

Die Reaktionen der Akteurinnen und Akteure, die auf der Ebene der Basisarbeiten im Stadtteil tätig sind, wurden in den Interviews positiv hervorgehoben. Dazu gehörte die Unterstützung der jugendlichen Demonstrierenden bei ihren Aktivitäten, die Präsenz vor Ort auf der Kalker Hauptstraße und die Durchführung kleinerer Veranstaltungen während dieser Zeit in den Jugendzentren oder in anderen sozialen Einrichtungen des Stadtteils. Sie boten den Jugendlichen formale Hilfestellung und stellten Materialien wie auch Räumlichkeiten zur Verfügung. Dies wird unter anderem auch mit den Beiträgen der Teilnehmerinnen und Teilnehmer der ersten Arbeitsgruppe „Öffentlicher Umgang mit den Demonstrationen" deutlich.

Hier stellt sich die Frage: Inwieweit hätten die Basisarbeiten noch weiter unterstützt werden können? Welche Anknüpfungspunkte bieten sich hier?

Deutlich wurde in der Arbeitsgruppe jedoch auch, dass eine partielle Kooperation zwischen Akteurinnen und Akteuren der Sozialen Arbeit im Stadtteil mit der Polizei bestand. Stellt dies eine passende Umgangsweise hinsichtlich der Aufgaben von Jugendarbeit bzw. Sozialer Arbeit im Stadtteil dar?

Obwohl im Stadtteil Köln-Kalk die zivilgesellschaftliche Beteiligung – vormals aus dem bürgerlichen Teil der Bevölkerung – hoch ist und die zivilgesellschaftlichen Akteurinnen und Akteure sehr engagiert und gut vernetzt sind, ist diese – wie der Experte in dem Interview beschrieben hat – während der ‚Kalker Ereignisse' zusammengebrochen. Diese habe, so der Experte, zu der Zeit der Demonstrationen im Stadtteil nicht funktioniert. Das ‚bürgerliche Kalk' habe sich größtenteils nicht für die Belange der Jugendlichen mit Migrationshintergrund im Viertel interessiert.

Trotz der starken Ausprägung einer Zivilgesellschaft im Stadtteil sind gerade die Bewohnerinnen und Bewohner mit Migrationshintergrund an den zivilgesellschaftlichen Prozessen im Stadtteil wenig bzw. kaum beteiligt. Auch die Vertreterinnen und Vertreter der Menschen mit Migrationshintergrund (bspw. die Moscheengemeinden oder weiterer Vereine) haben die Interessen der Menschen mit Migrationshintergrund im Stadtteil während der ‚Kalker Ereignisse' nicht ausreichend vertreten und keine Verbesserungen für die Jugendlichen auf kommunaler Ebene eingefordert. Wie hätte also die Zivilgesellschaft in Kalk reagieren sollen bzw. reagieren können? Warum hat diese während der ‚Kalker Ereignisse' nicht funktioniert? Warum wurden die Rufe der Jugendliche nicht gehört und deren Belange nicht vertreten bzw. umgesetzt?

Obwohl auf kommunalpolitischer Ebene nicht ernst genommen, sind die ‚Kalker Ereignisse' vom Januar 2008 und die Beteiligung der größtenteils jugendlichen Akteurinnen und Akteure im Stadtteil insbesondere vor diesem Hintergrund als eine Form gesellschaftspolitischer *Partizipation von unten* zu deuten. Die Menschen im Stadtteil sind auf die Straße gegangen, sie haben den öffentlichen Raum aufgesucht und ihre Interessen und Forderungen verkündet. Es ging dabei um den Ruf nach Gerechtigkeit und darum, gehört zu werden und auf sich aufmerksam zu machen.

Die jungen Menschen haben auf verschiedenste Weise Neues in den Stadtteil getragen und auf sich aufmerksam gemacht: durch die Demonstrationen und Mahnwachen, über kleinere Projekte, selbst kreierte Musikstücke, über die Beteiligung an Medienproduktionen sowie an Diskussionsrunden, als Rednerinnen und Redner usw. Die Neuen Medien waren zum einen bedeutend, da die Jugendlichen sich als Gruppe virtuell mobilisieren und vernetzen konnten. Zum anderen haben sie ihre Beiträge (Gedichte, Texte, Musikvideos, Musikstücke) über die Neuen Medien (Youtube, Internetforen, Webseite etc.) verbreitet. Zentral war in diesem Zusammenhang auch die selbst kreierte Homepage, die Kontakte zu Jugendlichen aus anderen Städten ermöglichte.

Diesbezüglich drängt sich die Frage auf, inwieweit die Neuen Medien neue Beteiligungsformen für (junge) Menschen ermöglichen. Sind bzw. werden diese für Jugendliche aus marginalisierten städtischen Räumen gerade vor dem Hintergrund mangelnder gesellschaftspolitischer Partizipationsmöglichkeiten bedeutend und stellen eine wichtige Ressource dar?

# Über die Schwierigkeiten einer Stadtgesellschaft, sich in der Postmoderne auf einen zunehmend globalisierten Alltag einzustellen

*Wolf-D. Bukow*

## 1    Was einem Beobachter an den ‚Kalker Ereignissen' sofort auffällt

Die Darstellung der ‚Kalker Ereignisse' macht deutlich, dass es bei dem Vorfall nicht bloß um einen Unglücksfall und einige durch diesen Vorfall kurzfristig hervorgerufene Aktionen geht. Sicherlich, die Debatten und die Aktivitäten um den Vorfall herum sind nach einigen Wochen wieder abgeflaut und der Vorfall selbst wird von der Polizei sogar unverzüglich als Notwehr ad acta gelegt. Tatsächlich ist hier jedoch sehr viel mehr passiert als bloß ein Unglücksfall – ein Unglücksfall, um den herum sich einige ‚Missverständnisse' eingestellt haben, die es abzuklären gilt.

Schaut man genauer hin, wird man rasch stutzig. Es ist tatsächlich gar nicht so schnell gelungen, die Wogen wieder zu glätten und die Geschichte abzuhaken. Im Gegenteil, die Bemühungen, den Vorfall zu bagatellisieren und mit Hilfe ‚bewährter' Interventionsmaßnahmen wieder zur Tagesordnung über zu gehen, hat die Wogen erst einmal richtig hoch gehen lassen. Dies ist es vor allem, was irritiert. Nicht der Vorfall als solcher, sondern die Tatsache, dass es schwierig war, die Wogen wieder zu glätten, die sehr aufwendigen, schrittweisen und facettenreichen Bemühungen um eine Bagatellisierung des Vorfalles, also die ‚kunstvoll' arrangierte Rückkehr zur Tagesordnung, das ist das eigentlich Bemerkenswerte. Das ist es, was die Aufmerksamkeit eines Beobachters erregt, was die Forschung auf den Plan gerufen hat und im Nachhinein betrachtet zur wichtigsten Komponente der ‚Kalker Ereignisse' zählt.

Man kann die ‚Kalker Ereignisse' aus unterschiedlichen Blickwinkeln beleuchten. Man kann sich auf den Ablauf und die beteiligten ‚Parteien' konzentrieren. Man kann prüfen, ob die Ereignisse auch etwas darüber aussagen, welche Möglichkeiten die Jugendlichen haben, sich im Quartieralltag erfolgreich zu platzieren. Man kann aber auch der Frage nachgehen, was an dem Ereignis dazu angetan war, gesellschaftspolitische Aktivitäten hervorzurufen. All das sind spannende Überlegungen. Sie werden aber größtenteils bereits in den anderen Beiträgen angestellt und kritisch diskutiert. Ich möchte die Aufmerksamkeit auf die kommunale Situation insgesamt lenken. Mich interessieren die ‚Kalker Ereignisse' vor allem als Indikator dafür, wie eine Stadtgesellschaft unter den Bedingungen zunehmender Mobilität und Diversität auf davon möglicherweise tangierte Vorfälle oder Konflikte reagiert[39] bzw. wie weit es einer Stadtgesellschaft gelingt, sich der im Übergang in die Postmoderne ‚angesagten' postnationalen Positionen bewusst zu werden und ihnen gerade auch in kritischen Augenblicken Rechnung zu tragen. Konkret geht es ganz einfach um die Frage nach der sozialen bzw. gesellschaftlichen Angemessenheit der Einschätzung des Unglücksfalles durch die Stadtgesellschaft.

So naheliegend diese Frage sein mag, ihre Beantwortung ist schwierig. Was dazu analysiert und rekonstruiert werden muss, ist *hoch komplex* und verlangt eine dieser Komplexität angemessene Vorgehensweise. Tatsächlich wird nämlich der Vorfall, obwohl die von ihm hervorgerufenen Aktionen bald wieder abflauen und obwohl man sehr schnell eine ganze Reihe von Bagatellisierungsversuchen startet, zum Anlass für einen verwickelten gesellschaftspolitischen Diskurs, in dem es einerseits um theoretische Erkenntnisse und lokalpolitische Einschätzungen und anderseits auch um kommunalpolitische und stadtgesellschaftliche Folgerungen geht. Am Ende herrscht tatsächlich wieder Ruhe im Quartier, aber nicht weil die skizzierten Ereignisse gesellschaftspolitisch bewältigt worden sind und auch nicht, weil sie sich letztlich doch als bedeutungslos erwiesen haben, sondern weil es gelungen ist, sie in den Dauerablauf des Alltags soweit einzueben, dass der Vorfall ‚entschärft', der *status quo* wieder hergestellt ist und *business as usual* fortgesetzt werden kann.

## 2    Wie es zur Deutung der Ereignisse als Störung des Alltagsablaufs kommt

In der Rückschau fällt als erstes auf, dass der Vorfall, der die Ereignisse auslöst, als eine gravierende Störung des Zusammenlebens wahrgenommen wird. Aus ethnographischer Sicht könnte man auch von einer *Krise* sprechen. Die Ereignisse werden als eine Krise erlebt, die ein anfangs noch diffuses gesellschaftspolitisches Potential beinhaltet, dessen Entstehung, Eingrenzung, Definition, Entfaltung und Auswirkungen hier nachgezeichnet werden sollen. Aus der Migrationsforschung wissen wir (Bukow 2010a, S. 123ff.), dass solche Störungen oft ein hohes gesellschaftspolitisches Potential enthalten, zumal wenn sie im Zusammenhang mit dem gegenwärtigen globalgesellschaftlichen Wandel stehen. Sie eröffnen der Stadtgesellschaft die Chance, sich anlässlich eines typischen Vorfalls dem gesellschaftlichen Wandel zu stellen, bergen aber auch das Risiko, sich

---

39    Schon an dieser Stelle stellt sich zwar die Frage, ob der Vorfall ursächlich mit der zunehmenden Mobilität und Diversität zu tun hat oder ob er nur im Nachhinein in diesen Kontext gerückt wird. Aber wie auch immer diese Frage beantwortet wird, so gibt die Antwort einen Hinweis darauf, wie die Stadtgesellschaft mit der aktuellen globalen Entwicklung umgeht.

dieser Chance im Interesse eines status-quo-Erhalts explizit zu versagen und damit einmal mehr den Anschluss an den globalgesellschaftlichen Wandel zu verpassen.

Der Vorfall verstört die Menschen im Quartier und hier zunächst die Jugendlichen, die den Vorfall erleben. Er löst noch am gleichen Abend erste Debatten aus. Das Ereignis geht sofort in Ereigniserzählungen über, die unmittelbar zum Ausgangspunkt komplexer Diskurse werden. Und schon am folgenden Tag werden die bereits diskursiv ausgearbeiteten Erzählungen öffentlich gemacht und zum Anlass genommen, einen bestimmten Zugang zur Wahrnehmung, Deutung und Bearbeitung des Vorfalls zu entwickeln, also einen breiten Diskurs zu eröffnen.[40]

Man sollte erwarten, dass sich nun eine Dynamik entwickelt, im Rahmen derer alle beteiligten ‚Parteien' schrittweise Position beziehen, ihre jeweilige Sicht der Dinge kund tun, anschließend mehr oder weniger direkt in einen Austausch der Positionen eintreten und schließlich eine gemeinsame Verständigung erzielen. So eine Dynamik ist im Alltag einer Stadtgesellschaft eigentlich selbstverständlich und wäre normalerweise auch im vorliegenden relativ komplexen Fall zu erwarten.

Das Problem ist, dass sich der Diskurs von Beginn an nicht unbedingt so entwickelt, wie man das in einer vergleichbaren Situation erwartet. Es geht alsbald nicht mehr um eine Beschreibung des Vorfalles und darauf aufbauende Deutungs-, Verständigungs- und Problemlösungsdiskurse. Die Analyse von Sonja Preissing belegt das sehr plastisch. Natürlich weiß man, dass man sich zunächst der Sache vergewissern muss und dass darauf aufbauende Diskurse in einer vielschichtig ausdifferenzierten Stadtgesellschaft nicht so einfach zu beginnen, zielorientiert zu organisieren, gezielt durchzuführen und am Ende auch angemessen umzusetzen sind. Und klar ist auch, dass in dem Fall, wo sehr unterschiedliche Bevölkerungsgruppen mit entsprechend unterschiedlichen Interessen involviert sind, solche Debatten schnell kompliziert werden. Tatsächlich sind in diesem Fall sehr unterschiedliche Bevölkerungsgruppen, diverse kommunale und politische Ebenen, verschiedene Einrichtungen, die Medien usw. involviert. Aber es gibt längst genug Instrumente, um zumindest eine angemessene Debatte in die Wege zu leiten (Köberle 1997). Tatsächlich hat die Stadt Köln mehrfach in ähnlich schwierigen Situationen durchaus erfolgreich Diskurse organisiert und letztendlich eine Verständigung erzielt. Bei Bedarf hat sie sogar spezielle, sehr aufwendige Verfahren installiert, um eine problemorientierte Debatte herzustellen und abzusichern. Dabei muss man gar nicht erst an den Leitbildprozess oder an

---

40  Die Erzählungen gehen schnell in Diskurse über. Diese Feststellung ist wichtig, weil Erzählungen eher intuitiven lebensweltlichen Gewohnheiten folgen, während Diskurse auf eine rationale Auseinandersetzung zielen (dazu vgl. Viehöver 2012, S. 78f.)

die Entwicklung eines Integrationskonzeptes erinnern.[41] Es gibt eine Fülle von Beispielen, wo man wirkungsvolle Verfahren eingesetzt hat, um dem Bürgerwillen gerecht zu werden und gleichzeitig die Interessen der Stadtgesellschaft insgesamt zu wahren, auch wenn die Ergebnisse nicht immer wirklich austariert waren. In jedem Fall wurden jedenfalls alle relevanten Gruppierungen beteiligt.

Im Vergleich zu den sonst von der Stadt eingehaltenen Verfahrensweisen fällt auf, dass sich der Diskurs in diesem Fall von Beginn an – genauer: sofort – problematisch entwickelt. Das legt die Vermutung nahe, dass sonst für selbstverständlich gehaltene und deshalb automatisch eingehaltene und überhaupt nicht weiter thematisierte Grundannahmen in diesem Fall offensichtlich für strittig gehalten werden. Und schaut man genauer hin, finden sich schnell drei sonst eher selten problematisierte Grundannahmen, was die gesamte Debatte in eine eigentümliche Richtung lenkt.

Drei Dinge fallen nämlich auf:

a.  Der Vorfall wird offenbar nicht als etwas, was zwar unschön ist, aber gleichwohl schon mal passieren kann, betrachtet, sondern als eine massive Störung des Alltags empfunden. Das Ereignis löst offenbar Ängste und Befürchtungen aus, wird als ein Aufbrechen von immer noch nicht bewältigten gesellschaftlich brisanten Problemen verstanden, die sich bislang noch nicht so ohne weiteres regulieren ließen.

b.  Man fragt sich, wie es zu diesen Empfindungen kommen kann. Was verbirgt sich dahinter? Als Störung, als Krise im Alltag kann nur etwas empfunden werden, was sich den üblichen Umgangsregeln entzieht, beispielsweise weil einer der Beteiligten sich den Regeln entzieht. In diesem Fall entzieht sich nicht jemand den Regeln, sondern ihm wird das Recht zur Beteiligung abgesprochen, was im Ergebnis den gleichen Effekt auslöst. Vollends bedrohlich wird es dann, wenn der Ausgeschlossene auf seiner Beteiligung an der Situationsbewältigung beharrt. Offenbar wird den Jugendlichen die Diskursberechtigung abgesprochen. Sie werden nicht als Partnerinnen oder Partner eingestuft und, weil sie diese *"Nicht"*-Rolle ablehnen, als renitent und damit als Bedrohung wahrgenommen. Ihr Status als vollberechtigte

---

41  Der Leitbildprozess zog sich genauso wie das Verfahren zur Erarbeitung eines kommunalen Integrationskonzeptes über eine ganze Reihe von Jahren hin und beide waren so aufgebaut, dass die einschlägig interessierten Gruppierungen eingebunden wurden. Der Leitbildprozess startete Mai 2002 und wurde dann von über 350 Kölnerinnen und Kölnern in acht Leitbildgruppen auf den Weg gebracht. Ende 2003 war der Prozess abgeschlossen. Das Integrationskonzept wurde von Ende 2006 bis 2010 entwickelt. Hier waren sieben Arbeitsgruppen aus der Bevölkerung und verschiedene Initiativen beteiligt. Es gibt daneben vielen kleinere Beispiele, wo man ähnlich verfahren ist und zumindest die zugelassenen Personen gleichberechtigt einbezogen hat.

Gesellschaftsmitglieder wird negiert, obwohl sie als Experten in eigener Sache auftreten (*wir kennen uns aus*) und als Quartiermitglieder (*wir sind Kalker*) und zudem als so etwas wie Kommentatoren (man kommentiert die Einstellung des betroffenen Klassenkameraden) Stellung beziehen. Wie selbstverständlich haben deren Berichte keine inhaltliche Relevanz, sondern werden nur unter Bedrohung verbucht und in der Öffentlichkeit nur unter diesem Vorzeichen aufgenommen. Statt induktiv von dem von den Beteiligten erlebten Ereignis auszugehen und darauf aufbauend in eine Debatte einzusteigen werden deduktiv Deutungen herbeigezogen, etwa aus der Berichterstattung über die Vorfälle in den französischen Banlieues, die zwar empirisch mit den vorliegenden Ereignissen nichts zu tun haben, aber gut zu dem hier konstruierten Bedrohungspotential passen.

c. Schließlich wird den Jugendlichen der Anspruch bestritten, als Teil einer Zivilgesellschaft zu agieren. Die Demonstrationen, Appelle, medialen Darstellungen werden nicht als politische oder zivilgesellschaftliche Kundgabe betrachtet, sondern als Bestandteile eines Bedrohungspotentials empfunden, mithin als eine weitere Kampfansage – als etwas, was das urbane Leben noch einmal besonders gefährdet, und damit als etwas, dem man mit polizeilichen Maßnahmen Einhalt gebieten müsse. Sie werden nicht nur skandalisiert, sondern sogar kriminalisiert.

Alles beginnt also mit einer sehr eigentümlichen und, wie sich zeigen wird, sehr folgenreichen Weichenstellung.[42] Das Ergebnis ist eine deutlich ‚verquere‘ Machtdynamik, die nur zu begreifen ist, wenn man ihr im Detail nachgeht und sie Schritt für Schritt nachzeichnet.

## 3 Was sich hinter der Störungsdeutung verbirgt

Was sind die Gründe für diese eigentümliche Weichenstellung? Wie ist es möglich, dass es in dieser Situation zur dieser Problematisierung der Diskursberechtigung gekommen ist – ein Vorgang, der selbst bei einem derartigen Anlass eigentlich nicht automatisch zu erwarten wäre? Immerhin handelt es sich um eine Bevölkerungsgruppe, die weitgehend im Quartier aufgewachsen ist. Und wie kommt es, dass diese eigentümliche Weichenstellung bis zum Schluss durchgehalten wird? Die Aktionen der Jugendlichen sind eher vorsichtig und abwägend,

---

42  Es ist wichtig, daran zu denken, dass so eine Weichenstellung im Alltag sonst möglichst vermieden wird, weil sie den einen trotz seiner konkreten Erfahrungen entmündigt und dem anderen trotz seiner ungenügenden vor-Ort-Erfahrungen den Diskurs überlässt und damit die Situation extrem verzerrt

zudem oft noch nicht einmal in der Öffentlichkeit sichtbar. Denn sie spielen sich häufig nur virtuell im Internet ab, wo sie zu einer Diskussion geradezu herausfordern (Eckart 2008).

## Ein Vorfall wird nationalstaatlich gerahmt

Was bei dem Vorfall und den anschließenden Ereignissen hier entscheidend ist, ist, dass man immer wieder darauf hinweist, in den Vorfall seien ein Deutscher und ansonsten ‚ausländische' Jugendliche verwickelt. Die einen weisen darauf hin, weil sie das für die Einschätzung des Vorfalls für wichtig halten. Die Konstellation dieses Vorgangs sei symptomatisch für derartige Vorfälle: ‚typisch Ausländergewalt'. Die anderen weisen darauf hin, dass sie genau diesen Hinweis nicht nur erwarten, sondern für einen Teil des Problems, ja für das eigentlich Problematische an dem Vorfall halten. Dieser Umgang mit dem Vorgang sei symptomatisch für die Situation in der Stadt Köln: ‚typisch Diskriminierung'. Es geht um die Sinnhaftigkeit der nationalen Rahmung des Vorfalls.

Später erweist sich die Ausgangskonstellation zwar noch als wesentlich komplexer, weil sich heraus stellt, dass der Deutsche eigentlich ein ‚Neu-Deutscher' russischer Abstammung ist und dass die ‚ausländischen' Jugendlichen eigentlich keine Einwanderer sind, sondern nur deren Familien einen Migrationshintergrund aufweisen. Aber da sind die Argumentationslinien schon fixiert, die Fronten definiert, der Vorfall bereits der Logik nationalstaatlicher Ordnungsprinzipien unterworfen, die nationale Rahmung fixiert, der Vorfall mithin nationalistisch aufgeladen. Die nationalistische Aufladung entfaltet in der Folge ein erhebliches Deutungspotential, das im Nachhinein nicht mehr korrigierbar ist.

Es ist spannend zu beobachten, wie die ganze Situation aus dem Stadtquartier herausgenommen und unmittelbar national gerahmt, mithin nationalistisch eingefärbt, nationalstaatlich imprägniert wird und so neue soziale Tatsachen geschaffen werden – ein hermeneutischer Nationalismus.[43] Dass der Vorfall nicht zwangsläufig zu dieser Rahmung passt, es sich vielleicht nur um ein Klischee handelt, das wird einigen Beobachtern schnell klar. Aber sie zählen offenbar nicht. Kaum jemand hält wirklich z.B. nach einem jugendspezifischen Deutungsmuster Ausschau. Solche im Prinzip nahe liegenden Zurechnungen würden

---

43    Hier wird ein Phänomen weder induktiv herausgearbeitet noch von seiner intrinsischen sozialen Logik her rekonstruiert und gedeutet, sondern deduktiv von außen einer nationalstaatlichen Logik unterworfen. Bei dieser Interpretationsmethode geht es nicht um die Sache selbst, sondern um die Durchsetzung einer sachfremden Logik. In Analogie zum Begriff des methodologischen Nationalismus (Vgl. Pries 2010, S. 19f.) kann man hier von einem hermeneutischen Nationalismus sprechen.

der ‚Nationalisierung' des Ereignisses widersprechen und das Bedrohungs-potenzial vorschnell reduzieren. Das passt offenbar nicht und spielt im weiteren Verlauf dann auch überhaupt keine Rolle mehr.[44]

Die Probleme treten zusammen mit dem ersten Deutungsschritt auf und nehmen Schritt für Schritt zu. Und spätestens mit der nationalen Rahmung des Vorfalls ist jede vorfallbezogene jugendspezifische und selbst jede lokalpoliti-sche Deutung unmöglich geworden. Die nationale Rahmung definiert nachhaltig und unumkehrbar den weiteren Ereignisablauf. Schauen wir uns diese Form einer offensichtlich sehr wirkungsvollen und folgenreichen Aufladung der Er-eignisse noch etwas genauer an.

*Die geradezu reflexhafte nationale Rahmung ist erklärungsbedürftig*

Um zu verstehen, wie es zu dieser nationalstaatlichen Rahmung kommt, ist es sinnvoll, einen Blick auf die einschlägige Argumentationspraxis der Stadt zu werfen. Man kann eine geradezu reflexhafte *nationalistische* Aufladung der Angelegenheit beobachten. Tatsächlich greift man in Köln – wie in vielen Städ-ten, sobald es speziell um Themen im Kontext von Mobilität und Migration geht, immer wieder wie selbstverständlich auf nationalstaatliche Vorgaben zurück. Sie werden zu einem Fenster, über das nationalistische Vorstellungen eindringen. Dies kann man beispielsweise bei dem vor wenigen Jahren verabschiedeten Köl-ner Integrationsplan (Bukow 2011a, S. 273f.) feststellen. Sie dringen wie selbst-verständlich in solche Konzepte ein und übernehmen dabei nicht nur eine wich-tige, sondern – wie so oft auch in diesem Fall – eine tragende Rolle. Auch bei vielen anderen Gelegenheiten rekurriert man, sobald Mobilität und Vielfalt eine Rolle spielen, auch wenn es um ureigene Themen wie Stadtentwicklung, Mit-gliedschaft, Beteiligung geht, immer wieder vorschnell auf nationalstaatliche Vorgaben und kommt dann zu entsprechenden Einschätzungen.

Bei genauerem Hinsehen müsste eine solche Praxis eigentlich schon des-halb Irritationen auslösen, weil Fragen in Verbindung mit Mobilität und Vielfalt nun wirklich seit je die Stadtgesellschaften tangieren und infolgedessen alle alten Stadtgesellschaften schon sehr lange Erfahrungen im Umgang mit solchen sozia-len Prozessen haben dürften. Sie dürften auch seit langem ein vielleicht ver-drängtes, gleichwohl aber ausgeprägtes Gespür dafür entwickelt haben, wie wichtig diese Themen für ihre Entwicklung schon immer waren und es bis heute geblieben sind (Heide 2010). Und wissen Stadtgesellschaften nicht schon lange,

---

44  Es lassen sich so gut wie keine Hinweise auf Deutungsversuche finden, wo der Vorfall jugend-spezifisch oder situationsspezifisch verrechnet wird. Der Vorfall wird von allen beteiligten Par-teien von Beginn an – wenn auch in unterschiedlicher Weise – politisiert.

dass derartige soziale Prozesse nicht nur immer schon virulent waren, sondern sogar zu den Basisbedingungen und der Umgang mit ihnen zu den Basiskompetenzen von Stadtgesellschaften überhaupt gehören? Was kann zu solchen Angelegenheiten überhaupt ein Nationalstaat beitragen, dessen Konzept erst knapp 200 Jahre alt ist und für den diese Themen eigentlich nur sekundär Gewicht haben – nämlich nur dann, wenn er im Konfliktfall Geschlossenheit wollte und dann zu einem völkischen Nationalismus Zuflucht suchte? Die nationalistischen Konzepte haben von Anfang an – spätestens mit der Entstehung des völkischen Nationalismus und dann explizit mit der Einführung der Staatsangehörigkeitsbestimmungen – dem Versuch gedient, die empirische Wirklichkeit nationalistisch-politisch in den Griff zu bekommen. Nichts ist dafür plastischer als die Germanisierungsprogramme des 19. Jahrhunderts in den durch Einwanderung geprägten neuen großen Industriegebieten, die installiert wurden, als es z.b. gegen Frankreich ging.

Die hier zentralen nationalstaatlichen Vorgaben sind freilich erst gut 100 Jahre alt, jedenfalls die Staatsangehörigkeitsregelungen, deren Implikationen ausgerechnet heute wieder ins Gespräch gebracht werden. Sie wurden im Vorfeld des Ersten Weltkrieges formuliert und dabei selbstverständlich nicht empirisch hergeleitet, sondern aus strategischen Gründen formuliert und ordnungspolitisch implementiert und waren zunächst überhaupt nicht lokalpolitisch ausgerichtet. Zwar haben jene nationalistischen Prinzipien angesichts mehrerer Globalisierungswellen auch schnell wieder an Ordnungskraft eingebüßt und kämpfen heute angesichts der neuen globalen ökonomischen Netzwerke längst um ihr Überleben (Sassen 2008, S. 256, 607f.). Im Rahmen der heutigen, bereits dritten Globalisierungswelle hat sich die Diskrepanz zwischen nationalistischen Vorstellungen über das, was eine Gesellschaft ausmacht, und der urbanen Alltagswirklichkeit jedenfalls noch einmal extrem verschärft.

Es ist nur folgerichtig, wenn nun die Stadtgesellschaften zu erkennen beginnen, dass Mobilität und Vielfalt und ihre Effekte aus guten Gründen gegenüber nationalistischen Steuerungsversuchen deutlich autonom sind, was nicht zuletzt daran ablesbar ist, dass nationalistische und auch europäische Migrations- und Diversitätsregime immer nur Mobilität und Vielfalt beschneiden, niemals aber wirklich unterdrücken können (Bukow 2013). Vor diesem Hintergrund, aber auch angesichts der Erfahrungen, dass jene nationalstaatlichen Prinzipien in der Stadtgesellschaft destruktiv wirken und Exklusion sowie Segregation beschleunigen, sind Städte wie Frankfurt, München und Berlin dabei, sich schrittweise von jenen nationalistischen Integrationsvorstellungen zu lösen, sich auf ihre eigenen Kompetenzen im Umgang mit Mobilität und Vielfalt zu besinnen und zu versuchen, sich völlig neu zu positionieren (Radtke 2009, S. 47).

Die Stadt Köln ist hier noch längst nicht so weit wie viele andere Städte, was nicht so einfach zu erklären ist, weil gerade für diese Stadt Mobilität und

Diversität seit jeher konstitutiv sind und die negativen Effekte nationalstaatlicher Prinzipien auch hier mit den Händen zu greifen sind (Bukow 2011b, S. 115ff.). Zudem ist die Stadt längst unübersehbar von Migration und Mobilität geprägt und hat ihr Bild gerade in den letzten Jahren noch einmal massiv verändert. In manchen Stadtteilen sind schon 50 Prozent der Jugendlichen allochthon. Dennoch tut man sich ungewöhnlich schwer, sich dem „Fußabdruck der Globalisierung" im urbanen Alltag bewusst zu stellen. Die Stadt ist immer noch nicht bereit dazu, sich zu der längst veränderten urbanen Wirklichkeit zu bekennen und ihre hier durchaus positiven historischen Erfahrungen zu reaktivieren (Bukow 2011b, S. 118f.). Das wäre eine gute Voraussetzung dafür, ihre Vorstellungen von Stadtgesellschaft sachadäquat neu zu modellieren und sich ‚ohne wenn und aber' in einem Fall wie dem vorliegenden auf einen sachadäquaten gesellschaftspolitischen Diskurs einzulassen Das Bedrohungspotential würde abgebaut und es dürfte leichter fallen, sich auf eine Debatte einzulassen, in der dem besseren Argument eine Chance eingeräumt wird. Genau das bleibt jedoch unmöglich, solange man am überkommenen nationalistischen Denken in Staatsangehörigkeiten, in Abstammung und in nationalstaatlicher Homogenität festhält und sich dem post-modernen stadtgesellschaftlichen Denken verweigert, für das die Anerkennung der „Vielen als Viele" (Virno 2005, S. 11ff.) fundamental ist.

## 4 Welche Dynamik durch die nationale Rahmung eines lokalen Ereignisses hervorgerufen wird

Zwar sind sich alle einig darin, dass die ‚Kalker Ereignisse', wie Sonja Preissing oben dargestellt hat, von einem unerfreulichen Zwischenfall ausgelöst wurden. Und einig sind sich wohl auch alle darin, dass auch die Folgen dieses Ereignisses in vielerlei Hinsicht problematisch sind. Worin das Unerfreuliche besteht, darin gehen die Meinungen, spätestens nachdem man die Angelegenheit kritisch betrachtet, extrem auseinander. In dieser Situation agieren die Beteiligten nicht bloß als Bevölkerung, sondern als ‚Parteien', als von bestimmten Interessen ausgehende Gruppen mit einer jeweils eigenen Sicht der Dinge. Solche Ereignisse sind stets *„multi-situated"* und damit vieldeutig (Arnold 2011, S. 344ff.) – erst recht dann, wenn man sie als problematisch empfindet und sie eigens thematisiert. Hier ist aber mehr passiert. Hier geht man von einer Bedrohung aus und hat einem Teil der Beteiligten das Recht abgesprochen, als konstruktive Partner aufzutreten.

Das hat eine ganze Reihe von Implikationen:

a.  Unter dieser Voraussetzung handelt es sich nicht mehr um Ereignisse, die unter ‚unglückliche Umstände' abgebucht werden können und es geht bei den verschiedenen beteiligten ‚Parteien' nicht mehr um eher selbstverständliche Reaktionen, wie sie nun einmal auftreten, wenn verschiedene Interessengruppen aufeinander treffen und erst einmal die Wogen hoch gehen.

b.  Es ist nicht wie beispielsweise bei einem Verkehrsunfall, wo der Unfall von dem Unfallverursacher ganz anders als von dem Unfallopfer und wieder anders von möglichen Zeugen beobachtet und eingeschätzt wird und wo dann ein Sachverständiger aktiv wird und schließlich ein Gerichtsverfahren die Dinge zurechtrückt.

c.  Und weitere Überlegungen drängen sich auf. Sind die Gruppierungen, die sich im Zusammenhang mit den ‚Kalker Ereignissen' zu Wort melden, tatsächlich so etwas wie dem Ereignis ‚inhärente' Parteien? Die hier involvierten Jugendlichen einerseits und die Kommune andererseits sind tatsächlich keine ‚natürlichen' Parteien. Es ist anders als beispielsweise bei einem Verkehrsunfall, wo es ‚zwangsläufig' Unfallverursacher, Unfallopfer und Zeugen geben mag. Im vorliegenden Zusammenhang handelt es sich eindeutig um politisch definierte Parteien.

All dies ist nur möglich, weil in dem Zwischenfall, der hier der Auslöser für die ‚Kalker Ereignisse' war, offenbar alle involvierten Personen, Gruppen, kommunalen Instanzen, die Medien usw. eben nicht bloß einen Zwischenfall wie einen Verkehrsunfall bzw. in diesem Fall ein jugendtypisches Delikt sehen. Vielmehr wird der Zwischenfall als ein ‚nationaler' Vorfall betrachtet, der mit dieser nationalen Rahmung einen symptomatischen Charakter zugeschrieben bekommt – symptomatisch für die ‚Bedrohungslage' im Nationalstaat Deutschland – und dies alles nur, weil eine allochthone Bevölkerungsgruppe beteiligt ist. Dies sind die Implikationen der Feststellung, dass ‚Deutsche' und ‚Ausländer' beteiligt sind.

*Die nationalstaatliche Aufladung erzeugt eine geradezu gespenstische Diskussion*

Die nationalistische Aufladung des Vorfalls kann man semiotisch betrachtet als eine nationalistisch imprägnierte *Meta-Diskussion* (Bukow 2010a, S. 165f.) bezeichnen. Sie entwickelt sich schnell weiter. Es beteiligen sich erstens mehr und mehr allochthone Jugendliche, später auch deren Eltern, dann deren herkunftsmäßig sehr gemischte, teils auch autochthone Schul-, Jugendzentrums und Sportvereinsbekannte. Zweitens beteiligen sich Vertreterinnen und Vertreter der Kommunalverwaltung, Vertreter diverser lokal präsenter Behörden vom Gericht über die Polizei bis zu einschlägig involvierten Ämtern und schließlich auch städtische Vertreter. Und drittens wird die Öffentlichkeit aktiv, natürlich sofort die Lokalblätter, dann aber auch übergeordnete Medien und schließlich auch internet-basierte Gruppierungen vom linken bis zum rechtsradikalen Spektrum. Insoweit handelt es sich um die für eine zivilgesellschaftliche Debatte typische ‚trianguläre' Struktur.

Diese trianguläre Zentrierung der Debatte bleibt freilich, und das ist nur auf den ersten Blick erstaunlich, auf diese drei Ankerpunkte beschränkt. Da es sich um einen Vorfall im öffentlichen Raum handelt und da die anschließenden Ereignisse diesen Raum auch politisch beanspruchen, wäre zu erwarten, dass über die mediale Öffentlichkeit die lokale Politik alarmiert wird und sich alsbald aktiv einschaltet, zumal es ja um einen politisch aufgeladenen Vorfall geht. Es irritiert, dass sich die politischen Parteien kaum zu Wort melden. Sie fühlen sich offenbar nicht zuständig und treten weder auf lokaler noch auf gesamtstädtischer Ebene nachhaltig in den Vordergrund. Es gibt einzelne Parteienvertreter, die sich an der Debatte beteiligen. Aber dies bleibt eher punktuell und abgesehen davon auch absolut folgenlos. Tatsächlich stehen sich auch weiterhin bloß die Jugendlichen mit ihren Freunden usw. auf der einen Seite und der staatliche Kontrollapparat mit Polizei, Jugendamt, interkulturellem Referat usw. auf der anderen Seite gegenüber.

Wenn in der hier zunächst einmal nur knapp skizzierten triangulär entwickelten Debatte ausgerechnet das etablierte politische System, das kommunale Parlament, die politischen Parteien und ihre Vertreter auf der Stadtteilebene ausbleiben, so ist das durchaus erklärungsbedürftig, passt aber zum oben skizzierten ersten: Von Seiten der Stadtgesellschaft geht es gar nicht darum, den Vorfall als etwas zu verhandeln, was sich zwischen Bürgerinnen und Bürgern und ihren politischen Repräsentantinnen und Repräsentanten abspielt, also gesellschaftspolitisch auszuhandeln, sondern nur darum, die Debatte zwischen einer über die Stränge schlagenden ‚Pseudo'-Bevölkerungsgruppe einerseits und den Repräsentanten und Angestellten der Kommune anderseits verwaltungstechnisch zu befrieden. Die Ereignisse werden nicht als gesellschaftspolitische Herausforderung, sondern als eine nationalstaatliche Ordnungsfrage betrachtet (Bukow 2008,179f.), wie auch sonst die ‚Ausländerfrage' seit nunmehr 50 Jahren als eine nationalstaatliche Ordnungsproblematik behandelt wird.

Es ist diese nationalstaatliche Aufladung, die dazu motiviert, gleich zweimal den marokkanischen Generalkonsul aus Düsseldorf hinzu zu bitten – gerade diesen Konsul, weil einer der involvierten Jugendlichen offenbar Eltern mit marokkanischem Hintergrund hat. Ganz in diesem Sinn heißt es in der Pressemitteilung der Stadt Köln vom 10.04.2008, aus der ich nun ausschnittweise zitiere:

„Bei ihrem Gespräch Ende Januar über die Situation in Kalk nach dem Tod des jungen Marokkaners [Said]. hatten Oberbürgermeister Fritz Schramma und der Generalkonsul des Königreichs Marokko, Ahmed Mesgguid, ein weiteres Treffen zum Thema Integration vereinbart. Zu diesem Termin sollten auch der Bruder des Verstorbenen und weitere Jugendliche aus dessen Umfeld eingeladen werden. Dieses Treffen fand am Mittwoch, 9. April 2008, in Kalk statt. Anwesend waren außerdem Jugenddezernentin Dr. Agnes Klein, Integrationsdezernentin Marlis Bredehorst, weitere Vertreter der Stadt, ein Schulleiter aus Kalk sowie Mitarbeiter von Jugendeinrichtungen, ein Vertreter der Polizei und ein Vertreter der Islamischen Vereinigung. Oberbürgermeister Fritz Schramma sprach der Familie des getöteten Jugendlichen noch einmal seine Anteilnahme aus. Gleichzeitig dankte er den Jugendlichen, dass ihre Proteste nach dem Tod von [Said] friedlich und gewaltlos geblieben seien. Hier habe sich auch die Polizei umsichtig und vorbildlich verhalten. Schramma forderte die Jugendlichen dazu auf, Verbesserungsvorschläge zu machen, wie Integration in ihrem Stadtteil besser gelingen kann... Der Oberbürgermeister betonte, dass es jede Menge Angebote für Jugendliche in Kalk gebe. Die anwesenden Jugendlichen sagten allerdings, dass mancher von ihnen diese Angebote noch nicht kennen würde."[45]

Zunächst einmal wird hier die nationale Rahmung noch einmal eindeutig festgeschrieben und es werden die dann fälligen Diskurse abgerufen sowie die im Rahmen dieser Diskurse bereit gehaltenen paternalistischen Gesten geboten. Indirekt wird zugleich auch bestätigt, dass man den Vorfall als Bedrohung des nationalen Friedens sieht, weil man den Jugendlichen dankt, dass ihre Proteste gewaltlos geblieben seien.

Spannend ist vor allem, wie hier eine geradezu klassische Paradoxie inszeniert wird, weil die Stadt Köln mit ihrer Praktik genau das forciert, was die Jugendlichen der Stadt von Beginn an ankreiden, nämlich dass sie wieder einmal nicht als Kalker Bürgerinnen und Bürger, sondern als integrationsbedürftige Fremde, in diesem Fall als marokkanische Fremdlinge betrachtet werden, also als Erziehungsobjekte, die durch die Polizei, durch soziale Hilfsangebote, Antiaggressionstraining usw. endlich sozialisiert und integriert werden müssten. Die Folge davon ist eine zunehmend paradoxe Situation, denn jeder Schritt verstärkt die Asymmetrie zwischen den Parteien. Die Jugendlichen spüren das offenbar auch schnell. Sie sind damit in einer Zwickmühle und reagieren – so die Pressemitteilung der Stadt – auf die paternalistischen Zumutungen mit einem Ausweichmanöver. Sie wollen nicht direkt sagen, dass sie die Integrationshilfen als integrierte Kalker absurd finden und dieses Angebot deshalb als Zumutung emp-

---

45    In der Pressemitteilung werden anschließend noch eine ganze Reihe von sozialpädagogisch orientierten Aktivitäten der Kommune aufgelistet, die schon seit Jahren im Quartier betrieben werden. Damit wird deutlich, dass es nicht um eine gezielte Reaktion auf die Ereignisse geht, sondern um eine ,virtuelle' Antwort, die auf eine fiktive Herausforderung reagiert – man folgt offenbar einem ,präfigurierten' Konzept.

finden. So versuchen sie sich heraus zu reden: Sie würden die Hilfsangebote der Stadt nur nicht kennen. Dass die Stadt diese Aussage akzeptiert und sogar noch reproduziert, erscheint eigentümlich angesichts der Tatsache, dass es in kaum einem anderen Kölner Stadtteil so viel ‚Integrationsindustrie' gibt wie hier in Kalk. Es passt freilich in das Bild eines wechselseitigen Aneinander-Vorbei-Redens. So kommt es immer wieder zu einer geradezu ‚gespenstischen' Nicht-Kommunikation.

Die Stadt ignoriert nicht nur die von den Jugendlichen artikulierten politischen Statements, sondern unterstellt ihren Statements auch noch, dass es ihnen an sozialer Kompetenz, Durchblick, Reife, Wissen und politischem Bewusstsein mangele. Während die Jugendlichen sich politisch verstehen und entsprechend engagieren, werden sie von der Stadt kollektiv zu Fremden stilisiert, die aus Unwissenheit, Hilflosigkeit und migrations- bzw. herkunftsbedingten Mängeln kriminell werden. Damit bestätigt das Stadtoberhaupt genau das, was die Jugendlichen schon vorher kritisierten, nämlich dass sie nicht nur nicht als normale Bürgerinnen und Bürgern betrachtet werden, sondern auch noch kollektiv zu Kriminellen gestempelt würden.

Man redet aneinander vorbei. Und je länger man aneinander vorbei redet, umso mehr verfestigen sich die Positionen, die zu dem Aneinander-Vorbei-Reden führen. Es ist ein sich selbst immer weiter verstärkender ‚Teufelskreis': Die Kundgaben der Jugendlichen werden mit Ordnungsmaßnahmen und sozialer Intervention beantwortet, was wiederum die Jugendlichen darin bestärkt, ihre Kritik öffentlich zu machen, was die Stadt zu einer erneuten Intervention veranlasst, was dann die Kritik an Ordnungsmaßnahmen der Stadt erneut bestätigt. Wir haben es mit einer wirklich dramatischen Dynamik zu tun, die sich wechselseitig verstärkend immer weiter aufheizt, während sich die Kommunalpolitik, die aus der Sicht der Jugendlichen eigentlich gefragt ist, vornehm heraushält.

Die Rolle der Kommunalpolitiker bei den ‚Kalker Ereignissen' ist bemerkenswert. Die Kommunalpolitiker können offenbar keinen politischen Diskussions- und Steuerungsbedarf erkennen. Sie sehen keinen Anlass, eine Debatte über Gerechtigkeit, Rassismus und Diskriminierung zu beginnen. Damit bestätigen sie indirekt die Sicht der Stadtverwaltung, nach deren Auffassung das Ganze keine politische Angelegenheit ist, sondern eine pädagogische Herausforderung darstellt. Diese Abstinenz signalisiert im Grunde dreierlei: sie seien nicht zuständig; die Stadtverwaltung sei gefragt; sie mache das schon richtig, wenn sie sich pädagogisch herausgefordert sehe und sich um eine Verstärkung einschlägiger Integrationsmaßnahmen bemühe. Sich in dieser Weise um die Jugendlichen zu kümmern, das sei lobenswert. Da die Kommunalpolitik in anderen Fällen, etwa in der Auseinandersetzung mit der rechtsradikalen Partei „Pro-Köln" zu Themen wie

Gerechtigkeit, Rassismus und Diskriminierung sehr wohl Stellung bezieht, kann das nur bedeuten, dass sie die hier involvierten allochthonen Jugendlichen und deren Familien für nicht glaubwürdig oder für nicht relevant hält.

Wir beobachten eine Debatte, die sich ‚unten' entwickelt, sich in der lokalen Öffentlichkeit ausbreitet, dann aber ‚von oben' neu gerahmt, umdefiniert und den Ordnungskräften und sozialen Einrichtungen anheimgestellt wird. Nur funktioniert dieses Vorhaben nicht sofort, weil dies die Debatte erst einmal verstärkt und dazu beiträgt, die Auseinandersetzungen in die politische Öffentlichkeit zu tragen und damit eben auch den Jugendlichen die Chance bietet, sich als Zivilgesellschaft für alle unmittelbar wahrnehmbar innerhalb der politischen Arena zu etablieren. Es hat schon etwas Ironisches, wenn gerade diejenigen, die den kritischen Diskurs der Jugendlichen einfangen wollen, in diesem Bemühen erst einmal das Gegenteil erreichen, nämlich Öl ins Feuer zu gießen und die Jugendlichen erst richtig zu mobilisieren, zu politisieren und in die Öffentlichkeit zu treiben. Es ist schon bemerkenswert, wenn das hier von den Jugendlichen praktizierte zivilgesellschaftliche Format im Grunde noch nicht einmal von ihnen selbst gezielt angestrebt wird, sondern sie dazu quasi von außen motiviert werden und eigentlich nur reaktiv auf dieses Format gekommen sind. Angesichts dieser Konstellation kann es nicht überraschen, wenn die Aktionen der Jugendlichen nach wenigen Wochen tatsächlich wieder in sich zusammen brechen und damit die kommunal gewollte Einebnung der Proteste schließlich doch gelingt.

## 5    Wie sich die einmal erzeugte Dynamik mehr und mehr verselbständigt

Es ist spannend zu beobachten, wie diese paradoxe Debatte weiter verläuft. Es kommt zu geradezu ‚virtuosen' Leistungen. Alle beteiligten Parteien engagieren sich sehr aufwendig. Der Diskurs um die Ereignisse verselbständigt sich und hinterlässt sogar auf höchstem medientechnischem Niveau seine Spuren. Insgesamt betrachtet lassen sich zwei Phasen unterscheiden. Die ‚Kalker Ereignisse' im engeren Sinn dauern insgesamt knapp zwei Monate. Man kann dies als erste Ereignis-Phase bezeichnen. In einer sich daran anschließenden zweiten Ereignis-Phase wird versucht, die über den Vorfall und die anlässlich der ersten Ereignisse entwickelten Vorstellungen schrittweise zu realisieren und die gefundenen ‚Antworten' zu institutionalisieren. Bis die letzten im Kontext der Ereignisse entstandenen Ideen wirklich umgesetzt sind, dauert es dann noch fast zwei Jahre. Wir haben es im Grund mit zwei *Ereignisverarbeitungszyklen* zu tun.

*Die Gewichte verschieben sich allmählich vom ordnungspolitischen zum integrationspolitischen Blick*

Schaut man sich die einzelnen Schritte, wie sie in dem Beitrag von Sonja Preissing bereits dokumentiert werden, noch einmal genauer an, so wird nicht nur schnell klar, dass man von zwei Ereignisverarbeitungszyklen sprechen kann, sondern auch, dass sie sich inhaltlich deutlich unterscheiden.

Was den ersten Zyklus betrifft, so ist er von konkreten, direkt aufeinander bezogenen Aktionen und Reaktionen bestimmt:

a.  Die Jugendlichen beginnen mit ersten Handy-basierten Protesten. Es gibt anschließend mit Freunden und Bekannten zusammen spontane Treffen, dann Aufläufe, Demonstrationen, ein Mahnmal, dann öffentliche Kundgaben und schließlich medienbasierte Ereignis-Darstellungen und verschiedene Internetauftritte. Es bildet sich zeitweilig ein Organisationszirkel, der sich in zwei engagierten Einrichtungen trifft.

b.  Und von Beginn an sind auch die Ordnungskräfte präsent. Schnell werden ganze Hundertschaften zusammen gezogen und über mehrere Tage in Bereitschaft gehalten. Zeitweilig wird das ganze Quartier abgeriegelt, um ein „Übergreifen" der Demonstrationen in andere Stadtteile zu verhindern. Die Vertreter der Kommunalverwaltung und deren Experten geben mehrfach Statements heraus. Auch der marokkanische Konsul (einer der beteiligten Jugendlichen hat wie erwähnt Eltern, die aus Marokko stammen) wird zu einer Stellungnahme eingeladen, um die Wogen zu glätten.

Der gesamten Ereignisverarbeitungszyklus läuft zunächst perfekt synchron ab. Sofort nach dem Vorfall starten beide Parteien mit ihren Aktivitäten. Beide Seiten versuchen die Öffentlichkeit herzustellen und dort ihre Sicht der Dinge zu platzieren. Der synchrone, zunächst fast komplementäre Ablauf dieser Phase kann aber nicht darüber hinweg täuschen, dass die ganze Debatte fast von Anfang an Dank der nationalistischen Aufladung zunehmend in eine Schieflage gerät – in eine *"komplementär-asymmetrische"* (Watzlawick/Beavin 2011) Schieflage. Diese Diskursstruktur ist in Köln durchaus üblich, wie schon die Debatte um den Bau der Moschee in einem anderen Kölner Stadtteil, in Ehrenfeld, belegt (Bukow 2009, S. 182ff.). Dieser Zyklus endet typisch ‚kölsch' mit dem Karneval, was – nur nebenbei bemerkt – ein bezeichnendes Licht auf die stadtgesellschaftliche Identität der beteiligten Jugendlichen wirft.

Im Verlauf des zweiten Ereignisverarbeitungszyklus zieht die Stadtverwaltung das Wort endgültig an sich, während die Jugendlichen kaum noch eine Rolle spielen und schließlich endgültig verstummen und ‚ausscheiden'. Die Debatte bekommt dabei immer paradoxere Züge. Bisher konnte man die Debatte als gespenstisch oder paradox bezeichnen, weil man so aneinander vorbei redete, dass jede Seite die Fehleinschätzung der anderen Seite indirekt verstärkte. Nun werden die einen immer aktiver, während sich die anderen immer mehr zurück ziehen:

a. Nachdem die Jugendlichen offenbar begriffen haben, dass sie mit ihrem Verständnis der Situation aufgelaufen sind und im Grunde der Anlass, der für sie der Auslöser für ihre gesellschaftspolitischen Kundgaben war, für die Kommune der Auslöser dafür ist, genau das zu tun, was die Jugendlichen kritisieren, ziehen sie sich zurück. Diese Gespensterdebatte ist für sie offenbar nicht mehr zu ertragen.

b. Die Kommune gewinnt zunehmend Spielraum, ihre Vorstellungen ungestört weiter zu entfalten und ungebremst umzusetzen. Sie entwickelt geradezu virtuose Fertigkeiten darin, sich im Quartier als kompetenter Helfer zu präsentieren.

c. Natürlich weiß man aus Erfahrung, dass kollektiv definierte ordnungspolitische Maßnahmen zumindest pädagogisch nicht nur nutzlos sind, sondern oft auch kontraproduktiv wirken. Hier, wo es sich um eine extrem heterogene Bevölkerungsgruppe von Menschen mit Migrationshintergrund handelt, noch dazu meist die sogenannte zweite, dritte und teils schon die vierte Generation, muss eine kollektive Zurechnung schon aus prinzipiellen Gründen ins Leere laufen. Schon aus diesem Grund sind ordnungspolitische Maßnahmen bald nicht mehr gefragt.

Weil ordnungspolitische Maßnahmen bald nichts mehr bringen, schwenkt man schließlich vollständig auf ‚Integrations'-Maßnahmen ein. Auf nationaler Ebene hat man die Debatte schon länger umgestellt von ‚Fremdheit' und ‚Kulturdifferenzen', die ordnungspolitische Maßnahmen zu begründen vermögen, auf ‚Einwanderung' und ‚in Deutschland ankommen'. Damit hat man einen – wenn auch nur fiktiven – inhaltlich ausweisbaren Bezug gewonnen, von dem man ‚Integrations'-Maßnahmen ableiten kann. Auch wenn damit noch nicht viel gewonnen wird, weil die Bezugsgröße *Nationalstaat* letztlich wenn auch aus anderen Gründen kaum praktikabler ist als die Bezugsgröße *Fremdheit*, so signalisiert diese Umstellung des Denkens doch die Einsicht, dass man eine gesellschaftliche Entwicklung irgendwie ernster nehmen muss als bisher. Es ist daher erklärlich, dass eine Stadt wie Köln, nachdem der gesellschaftliche Wandel unübersehbar geworden ist, sich entsprechend auf ‚Integration' umstellt und einen Integrationsplan erstellt. Da sie aber diesen Integrationsplan nationalstaatlich begründet, d.h. an dem nationalen Integrationsplan orientiert, liegt es nahe, in entsprechenden Situationen sofort auf den aktuellen nationalen Integrationsdiskurs einzuschwenken. Auch wenn der Integrationsplan zu dieser Zeit noch nicht fertig ist, der einschlägige Integrationsdiskurs läuft schon länger. So liegt es nahe, alle Schritte sofort im Licht dieses Diskurses zu diskutieren und dementsprechend umzusetzen. Die Stadt kann dabei tatsächlich auf verschiedene, bereits in einem vergleichbaren Kontext entwickelte Initiativen und Aktivitäten ihrer Ämter zurückgreifen.

*Zunächst dominiert ein sich zunehmend verselbstständigender ordnungspolitischer Blick*

Es fällt auf, dass der Schritt von der Ordnungs- zur Integrationspolitik nicht gradlinig vollzogen wird. Da die aus dem nationalen Kontext entlehnten Überlegungen in der konkreten Situation offensichtlich nicht so recht passen wollen, schwankt man eine Zeit lang zwischen Ordnungs- und ‚Integrations'-Maßnahmen. Anfangs führt offenbar die mangelnde Passform der ordnungspolitischen Maßnahmen sogar zu einer Intensivierung, ja Verselbstständigung des ordnungspolitischen Blicks und entsprechender Schritte, bis sich am Ende der integrationspolitische Blick durchsetzt und die durch ihn angeleiteten Bemühungen dominieren.

Die durch die nationalstaatliche Rahmung ermöglichten nationalistischen Bezüge reichen nicht. Zunächst einmal sind sie ja gar nicht auf Stadtgesellschaften abgestimmt, sondern rechnen ganz abgehoben mit einem virtuellen Staatsbürger in einer virtuellen Situation. Hinzu kommt, dass diese Überlegungen auch nicht auf die postmoderne Entwicklung abgestimmt sind, sondern immer noch der Logik eines Gesellschaftsbildes aus dem 19. Jahrhunderts verpflichtet sind. Und zudem ist ja auch klar, dass in den nationalen Überlegungen gar keine Verifizierung der Deutungen vorgesehen ist; die konkrete Situation dient ja nur als mehr oder weniger passender Aufhänger für eine national gedachte Maßnahme. In der Praxis handelt man sich bei solchen letztlich ungeeigneten Konzepten also fast zwangsläufig gleich drei Probleme ein – Probleme, mit denen sich ausreichend sensible und erfahrene Expertinnen und Experten vor Ort alsbald konfrontiert sehen.

Was liegt für diesen Personenkreis näher, als aus dem persönlichen Wissensfundus nachzusteuern? Der teils immer noch ordnungspolitisch und teils schon integrationspolitisch ausgerichtete Blick hinterlässt in der Praxis gewissermaßen ein Vakuum. So ist der Weg zu Selbsthilfemaßnahmen frei. Einerseits wird nach zusätzlichen nationalistischen Konzepten gesucht, anderseits ist der Weg frei für ‚private' Praktiken. So sehen sich die Mitarbeiterinnen und Mitarbeiter der hier involvierten Institutionen dazu aufgefordert, in Anlehnung an die nationalen Ideen zusätzlich eigene Vorstellungen beizusteuern, die sie in der Regel aus dem überlieferten Fundus alltäglicher Vorstellungen über den Anderen beziehen, wie sie ihn in der Familie und Bezugsgruppe kennen gelernt und sozialisiert haben. Dieser ‚private' Wissensfundus ist nach allem, was wir wissen, oft nicht nur nationalistisch, sondern oft auch kulturrassistisch eingefärbt.

Mit anderen Worten: Die Beteiligten fühlen sich dazu ermutigt, eigenständig weitere ihnen individuell vorhandene Nationalismen in die Debatte einzuspeisen. Diese von den Beteiligten eingespeisten Nationalismen brauchen demnach keineswegs Bestandteil des offiziellen nationalistischen Diskurses zu sein. Sie müssen sich nur mit ihm reimen und praktische ‚Lösungen' versprechen. So leitet der ordnungspolitische Blick schrittweise in die Implementierung nationalstaatlicher Programme über und setzt darüber hinaus bei den Akteuren nationalistisches Gedankengut in einem teilweise erschreckend rassistischen Umfang frei. Genau das war beispielsweise in den Debatten innerhalb der im Rahmen des Projektes organisierten Workshops, von denen oben bereits berichtet wurde, zu erleben. Das ist wie oben bereits angesprochen hermeneutischer Nationalismus.

*Die präfigurierten nationalistischen Skripts avancieren sogar zu Meta-Narrativen*

Die Frage, die sich stellt, ist, auf welche Weise die nationalistischen Programme und die durch sie indirekt beflügelten ‚privaten' Nationalismen in den Köpfen der kommunal aktiven Akteurinnen und Akteure Gestalt gewinnen und zur Anwendung kommen. Fündig wird man, sobald man die Perspektive wechselt, vom Vorfall als solchem absieht und sich anschaut, wie der Vorfall aufgenommen wurde und was man an ihm wichtig gefunden, wie man ihn kontextualisiert hat. Nicht der Vorfall selbst, sondern dessen Kontextualisierung ist hier der entscheidende Aspekt. „Kontextualisierung" bedeutet, den Vorfall mit bestimmten anderen Phänomenen und/oder Deutungsmustern in Beziehung zu setzen. Das Denken-wie-üblich liefert dazu die notwendigen indexikalischen Verweise. In diesem Fall stellt das Denken-wie-üblich einen indexikalischen Anschluss zu der ‚sozialen Tatsache' her, dass die beteiligten Jugendlichen vorzugsweise als ‚Ausländer' bzw. als Jugendliche mit Migrationshintergrund zu identifizieren und als solche in Rechnung zu stellen sind. Diese Identifikation, dieses in-Rechnungstellen ist es letztlich, was für eine nationalistische Kontextualisierung ‚sorgt' und den Zusammenhang mit öffentlich vorhandenen nationalen Narrativen herstellt. Folglich geht es im Rahmen der Ereignisse nunmehr um den in dem Umgang mit dem Vorfall manifest werdenden Status einer nur in einer einzigen Hinsicht, nämlich hinsichtlich der nationalen Zuordnung zu einer von anderen zu unterscheidenden Bevölkerungsgruppe. Durch diese gezielte Kontextualisierung wird der gesamte Vorfall zum Gegenstand nationaler Narrative und damit zum Objekt nationalistischer Meta-Diskurse (Barthes 2012). Und da die Debatte auf dieser Meta- Ebene zu dieser Zeit gerade von der Integrationsdebatte dominiert wird, bedeutet dieser automatisch, dass die ‚Kalker Ereignisse' nun im Licht dieser Debatte beleuchtet werden.

Das soll im folgenden Schema unter Rückgriff auf das Modell von Roland Barthes deutlich gemacht werden:

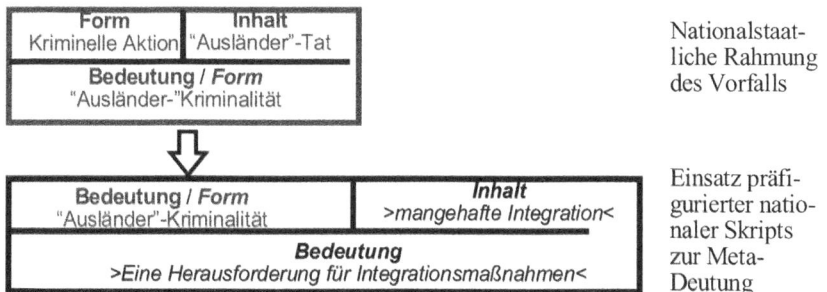

Abbildung 1: Der Weg zu einer Metatheorie

Zu Abbildung 1: Nach Roland Barthes ergibt sich aus der Relation zwischen Form bzw. Format und Information bzw. Inhalt einer sozialen Handlung die mit ihr gemeinte Bedeutung. Man kann nun diese Bedeutung wiederum als Form behandeln und mit einem besonderen Inhalt verknüpfen und gewinnt dann aus deren Relation eine Meta-Bedeutung bzw. eine (Meta-)Theorie. Auf die ‚Kalker Ereignisse' angewendet: Der Vorfall als Format wird über die nationalistische Kontextualisierung mit einem entsprechenden Inhalt verknüpft: „Raubversuch" (= Format) eines ‚ausländischen' Jugendlichen (= Inhalt)". Der Vorfall gewinnt damit die Bedeutung „Typischer Fall von ‚Ausländer'-Kriminalität". Diese so ‚ausländer'-typisierte Bedeutung lässt sich nun über den Einsatz „passender", d.h. entsprechend präfigurierter Skripts (mit Ausländerkriminalität als Format korrespondieren inhaltlich Integrationsdefizite) vervollständigen und auf diese Weise mit einer Meta-Bedeutung versehen: ein integrationstheoretisch relevanter Fall.

Der Vorgang ist in verschiedener Hinsicht bedeutsam. Erstens werden alle mit dem Vorfall verbundenen Aspekte unter dem hier zugewiesenen Kontext systematisch neu definiert. Zweitens avanciert der so definierte Vorfall zu einem Ereignis von nationaler Relevanz. Und drittens, und das war hier noch einmal besonders wichtig, wird damit die Tür zu vertiefenden bzw. ergänzenden Deutungen etwa aus dem Umfeld der Integrationsdebatte und zu einem nach wie vor weit verbreiteten nationalistischen Wissensfundus geöffnet. Der meta-theoretisch gedeutete Vorfall wird so zu einem Bestandteil einer nationalistisch ausgerichteten Meta-Diskursebene, die letztlich dafür verantwortlich ist, dass Rassismen in den Köpfen der Expertinnen und Experten an Gestalt gewinnen.

Es ist die Meta-Deutung, die zu einer völlig selbstverständlich gehandhabten Debatte führt, sich unhinterfragt breit macht und wie in dieser Situation hier involvierte, offizielle oder sich offiziell gebende Expertinnen und Experten motiviert, ‚geeignete‘ ergänzende Ideologeme nationalistischer Provenienz beisteuern. Offenbar sehen sich die beteiligten Expertinnen und Experten in ihrer Professionalität angesprochen und von dort her geradezu dazu aufgefordert, aus dem ihnen individuell zur Verfügung stehenden Wissen weitere Theoreme zu ergänzen. Nur so ist erklärlich, wie in den von uns im Rahmen des Forschungsverfahrens organisierten zweiten Workshop mancher mit einschlägigen Ideologemen geradezu zu ‚glänzen‘ versuchte.

*Am Ende siegt ein nationalistisch orientierter kommunaler Meta-Diskurs*

Lässt man die Entwicklung der ‚Kalker Ereignisse‘ vom *„multi-situated"*-Anlass über die Entwicklung der unterschiedlichen Positionen bzw. Sichtweisen bis hin zu deren „Klärung" Revue passieren, so ergibt sich, wie im vorausgegangenen Beitrag schon skizziert, ein spannender Prozess, dessen Verlauf sich recht gut skizzieren lässt.

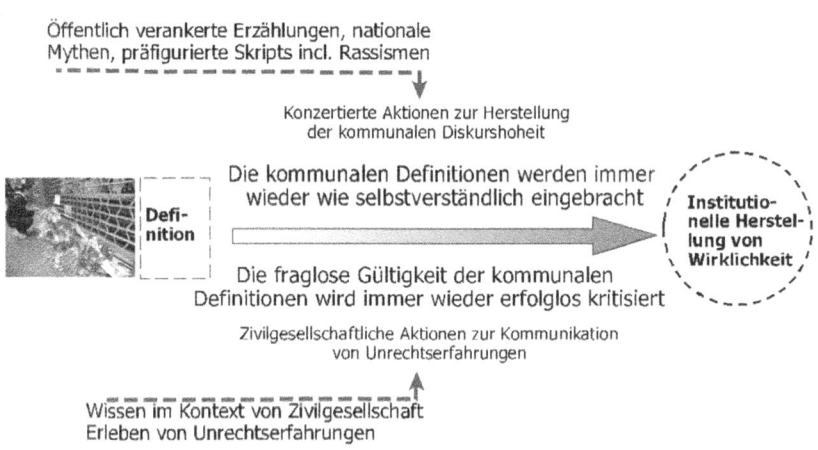

*Abbildung 2:*   Institutionelle Herstellung von Wirklichkeit

Zu Abbildung 2: Dieses Schema soll die Hauptakteure wiedergeben und deutlich machen, wie sich die Dynamik von der ersten Situationsdefinition unter dem Eindruck der Akteure bis zum Ende, wo sich die institutionell hergestellte Wirklichkeit unter dem hegemonialen Druck des kommunalen Diskurses durchsetzt, entwickelt.

Am Anfang stehen im Grunde drei Positionen: die bereits andiskutierte Position der Jugendlichen einschließlich der von deren Eltern und Bekannten, dann die Position der Kommune einschließlich der der Polizei und sich damit identifizierender Expertinnen und Experten, sodann noch die Position von engagierten Helferinnen und Helfern, Aktivisten einschließlich der der Medien, wobei die Medien bislang keine Rolle spielten. Eine besondere Beachtung verdienen die sich mit der Kommune identifizierenden Expertinnenen und Experten, die sich, soweit sie nicht bei der Stadt angestellt sind, der Kommune andienen, um deren Integrationsvorstellungen im Rahmen von aus unterschiedlichen Quellen finanzierten Projekten umzusetzen. Die letztgenannte Position wurde hier aus guten Gründen bislang vernachlässigt, weil sie von außen herangetragen wurde und erst sehr spät Auswirkungen auf die Ereignisse hat: Die Medien und die politischen Aktivisten bleiben eher außen vor. Die Medien sind mehr am ‚Verkauf‘ der Ereignisse interessiert und suchen sich einen aussagekräftigen Kontext. Die Aktivisten erfassen die Konstellation zwar durchaus sachadäquat, haben aber kaum eine Chance, sich mehr als mit einzelnen Erklärungen einzumischen und begnügen sich folglich mit Unterstützungsmaßnahmen wie der Anmeldung von Demonstrationen, der Bereitstellung von Kommunikationsräumen und mit internet-basierten Kommentierungen.

Es ist interessant, die Positionen noch einmal Punkt für Punkt zu markieren und dann zu prüfen, wer sich letztendlich durchsetzt (Schema 1):

| | |
|---|---|
| Die Jugendlichen skandieren: | Wir sind Kalker Kids – Es reicht – Gerechtigkeit |
| Betroffene Familien plakatieren: | Widerstand |
| Die Polizei äußert sich besorgt: | Kalk – ein Pulverfass |
| Vertreter der Kommune fordern: | Integration nachholen – interreligiösen Dialog organisieren |
| Pädagoginnen überlegen: | Mehr interkulturelle Kommunikation |
| Helferinnen und Helfer warnen: | Gewalt bekämpfen |
| Politische Aktivistinnen schreiben: | Schluss mit dem Rassismus |
| Die Medien notieren: | Eine Revolte wie in den Pariser Vorstädten |

*Schema 1:*    Die Kalker Positionen

Zum Schema 1: In der Übersicht wird versucht, die relevanten Positionen kurz zu skizzieren. Dabei soll deutlich werden, dass die ‚Kalker Ereignisse‘ im Wesentlichen aus einem Machtkampf zwischen zwei Grundpositionen bestehen. Diese Positionen werden anfangs breit in verschiedenen Zusammenhängen ausformuliert, später jedoch größtenteils schrittweise ad acta gelegt. Auf jeden Fall verschwinden sie jeweils irgendwann aus dem

öffentlichen Diskurs. Nur die Position der Kommune und der bei ihr arbeitenden Expertinnen und Experten, Pädagoginnen und Pädagogen bleibt präsent. Die hier gepflegten
präfigurierten Skripts dienen im Rahmen der Meta-Narrative zur Ausgestaltung der weiteren kommunalen Praxis und zugleich zum Ausbau von Argumenten, die dazu formuliert
werden, die gewünschte Sichtweise Schritt für Schritt zu verdichten und gezielt durchzusetzen und gleichzeitig alle anderen Sichtweisen ad absurdum zu führen.

Auch als Kommune kann man sich freilich bei der Durchsetzung seiner Sicht der
Dinge nicht auf die Macht der Institutionen verlassen, sondern muss Überzeu-
gungsarbeit leisten. Es kommt alles darauf an, klar und eindeutig soziale Tatsachen zu schaffen, seine Sicht der Dinge gut zu verankern, eindeutig zu institutionalisieren und so seiner Sicht der Dinge Nachdruck zu verschaffen. Das Ziel ist,
um im Bild zu bleiben, den urbanen Fußabdruck einer globalisierten gesellschaftlichen Wirklichkeit mit Hilfe geeigneter Nationalismen zumindest im Wir-
kungsfeld der Stadtgesellschaft ‚retro‘ zu gestalten.
    Es ist ein ungleicher Kampf, schlichter ein Machtkampf, der mit Hilfe des
nationalistischen kommunalen Meta-Diskurses für die Kommune siegreich be-
endet wird. Letztlich geht es nur darum, eine vorgeblich ‚selbstverständliche‘,
‚triviale‘, ‚jedermann einleuchtende‘ Sichtweise durchzusetzen. Mit dieser „Tri-
vialisierungsstrategie" lässt sich die Argumentationslinie verdichten und zugleich verschleiern, dass es im Kern nur um die Herstellung der kommunalen
Deutungshoheit und damit um die Sicherung der überkommen Machtverhältnisse geht. Mit dieser ‚institutionellen Herstellung von Wirklichkeit‘ wird die
Deutungshoheit gesichert. Damit ist entschieden, welche gesellschaftliche Wirklichkeit gilt. Die Anliegen der allochthonen Jugendlichen bleiben dabei auf der
Strecke. Ihre Kritik ist eliminiert.

*Eine ‚neue‘ Wirklichkeit wird institutionalisiert*

Die institutionelle Herstellung von Wirklichkeit geht Schritt für Schritt voran
und lässt sich schon an der Darstellung der ‚Kalker Ereignisse‘ oben ablesen. Es
wurde viel unternommen, um die gewünschte Sicht der Dinge nachhaltig zu
sichern. Diese Maßnahmen sollen an dieser Stelle noch einmal summiert werden.
    Schon auf den ersten Blick wird deutlich, wie virtuos dieser Prozess im
Grunde gestaltet wird und welche Effekte der Rekurs auf ‚bewährte‘ präfiguri-
te Skripts bewirkt – Skripts, die hier im Sinn von Meta-Narrativen zur Wirklichkeit (Spivak 1996, S. 203f.) werden und sich dabei einer subtilen naturalisierenden Argumentationslogik im Sinn von „Minderheiten sind von Natur aus..."
bedienen. Die zugrunde gelegte naturalisierende Logik schließt sich erstaunlich
eng und damit eindeutig an die aus der Geschichte des Rassismus bekannten
Denkmuster des 19. Jh. an (Bukow 2010a).

| Basis ist eine naturalisierende Argumentationslogik: | Auf dieser Basis werde verschiedene Maßnahmen überlegt: |
|---|---|
| ... Künstlerisch und musikalisch | HipHop fördern (es wird ein entsprechendes Projekt gefördert) |
| ... Sportlich und stark | Sport und Körpertraining fördern (ein Boxkurs wird angeboten) |
| ... Spirituell bzw. religiös | Interreligiöse Dialoge anregen, Gemeinschaften für Integrationsmaßnahmen aktivieren (regelmäßige Gespräche finden statt |
| ... Kriminell und gewalttätig | Polizei und Kinderschutzbund mobilisieren (s.u.) |
| ... Halbsprachig, leistungsschwach | Nachhilfe für Kinder und Integrationskurse verstärken (tatsächlich werden aber Kurse vermehrt nur für neue Anspruchsberechtigte, also nicht gerade für allochthone Kalker Familien angeboten) |
| ... unsozialisiert | Drogen-/Alkoholmissbrauch, Fundamentalismus bekämpfen (mehr Sozialarbeit wird gefördert) |

*Schema 2:*  Tafel positiver und negativer Rassismen auf der Basis naturalisierender Argumentationen

Zum Schema 2: Die Meta-Narrative folgen eindeutig einer binären Argumentationslogik, die auf der Basis einer naturalisierenden Argumentationslogik, angelehnt an die Logik des klassischen Rassismus, eine „positive" und eine „negative" Linie aufweist, die man bis heute überall im Alltag wie in der Wissenschaft und eben auch hier im Blick auf die Maßnahmen in Köln-Kalk identifizieren kann . Im Schema sind oben die „positiven" und unten die damit korrespondierenden „negativen" Argumentationslinien aufgeführt.

Die binäre Struktur („positiv"/„negativ") und die Thematik (Natur, Körper, Spiritualität) sind aus den unterschiedlichsten Rassismusstudien vertraut und wurden erst neuerdings wieder von Klaus-Michael Bogdal (Bogdal 2011) bestätigt. Es handelt sich letztlich um eine Gruppe von „positiven" Rassismen – der Fremde ist künstlerisch, sportlich und spirituell – und um eine Gruppe von „negativen" Rassismen – der Fremde ist primitiv, gewalttätig, pseudoreligiös. Beide, die positiven wie die negativen Rassismen, basieren auf einer Faszination durch das sich hier manifestierende Primitive bzw. Fremde und das ‚Unterentwickelte'. Sie sind also nicht im Sinn von *zwei-Seiten-einer Medaille* gemeint, die einander in der Summe ausgleichen, sondern im Sinn von ‚zwar-aber' unter dem Vorzeichen von ‚Naturmensch'. Was unter ‚zwar' aufgelistet wird, kann pädagogisch aufgegriffen werden. Was unter ‚aber' fällt, das muss eliminiert werden. Was hier nachwirkt, sind Anschauungen, die in der Zeit des klassischen Rassismus im 19. Jahrhundert vor dem Hintergrund der Kolonialisierung der ‚Primitiven' von Wissenschaftlern und Politikern entwickelt wurden. Es sind Anschauungen, die bekanntlich aus der Gegenüberstellung von dem Anderen als einem Naturmenschen und einem selbst als Kulturmenschen resultierten. Sie ziehen sich wie ein roter Faden durch die jüngste Geschichte und sind bis heute in der ‚Ausländer'-Debatte präsent. Und diese Anschauungen liegen auch hier noch immer in ihrer ganzen Breite vor. Daran haben auch die antirassistischen Bemühungen der letzten Jahre offenbar nur wenig ändern können.

Der hermeneutische Nationalismus ist noch immer präsent und Dank des nationalistisch ausgerichteten kommunalen Meta-Diskurses immer noch sehr wirkungsvoll. Er tritt allenfalls in einem modernisierten Gewand auf. Letztlich bleibt es aber bei der Produktion von typischen Rassismen, bei denen sogar die überkommenen Grundstrukturen nur kulturalistisch verfremdet und verhaltener dargeboten weiter erkennbar sind. Es zeigte sich bereits, dass man nach wie vor die alten Themen identifizieren kann und auch die vertraute Doppelstrategie der „positiven" und „negativen" Argumentationen weiter genutzt wird.

## 6   Wenn Expertinnen und Experten noch einmal gezielt nachsteuern

Wenn man genauer hinschaut, dann sieht man, dass die aufgezeigten Argumentationslinien heute deutlich zurückhaltender formuliert und deren Ausgestaltung – wie oben schon angedeutet – den Expertinnen und Experten vor Ort anheimgestellt wird . Was sich geändert hat, ist allein, dass die skizzierten Anschauungen nicht mehr so eindeutig, direkt und offen platziert werden. Aber die Strategien, mit denen die Rassismen erzeugt werden, werden in der Öffentlichkeit weiter vermittelt. Das führt dazu, dass zwar in den offiziellen Äußerungen nur noch knappe Stichworte gegeben und Argumentationslinien nur noch vage angedeutet werden, aber jeder dennoch versteht, was letztlich gemeint ist, da er Dank der weiterhin vermittelten Strategien über ausreichende Mittel verfügt, sich seinen Reim darauf zu machen und entsprechende Konsequenzen zu ziehen.

*Die ‚neue' Wirklichkeit macht den Weg für ein gezieltes Nachsteuern frei*

Die auf kommunaler Ebene institutionalisierte ‚neue' Wirklichkeit gibt den Weg für Andere frei, als weniger prominente Akteure das auszusprechen und zu organisieren, was eigentlich ‚angesagt' ist, aber offiziell nicht mehr gesagt, sondern nur noch angedeutet werden kann. Für derartige Stellvertreteraktivitäten gibt es überall Beispiele. Es ist kein spezifisch Kölnisches Phänomen. Besonders klar hat sich das in der Debatte um Thilo Sarrazin 2010 und auch in der Debatte um Heinz Buschowsky 2012 gezeigt. In beiden Fällen gibt die Politik nur noch eine Grundmelodie vor, die dann von anderen ‚stellvertretend' ausgefüllt wird. Deshalb gibt es in der Politik in beiden Fällen allenfalls eine verhaltene Kritik an den jeweils produzierten Rassismen, eigentlich sogar eine klammheimliche Zustimmung. Die Debatten über die entsprechenden Publikationen belegen eindrucksvoll: das-musste-jetzt-einmal-gesagt-werden.

Genau in dieser Weise entwickeln sich auch die Dinge in Köln-Kalk. In diesem Fall sind es die beteiligten lokalen Expertinnen und Experten, die aussprechen, was offiziell nicht so eindeutig gesagt wird. Man liefert nach, was geboten scheint und reagiert damit genau so, wie das im Grunde auch erwartet wird. Ein modernisierter hermeneutischer Nationalismus ermöglicht ein *fill-in*.[46] Man kann beobachten, wie Expertinnen und Experten später noch einmal gezielt nachsteuern. Die oben skizzierten beiden Linien werden ganz im Sinne dieser hermeneutischen Logik von den beteiligten Expertinnen und Experten mit Hilfe zusätzlicher Maßnahmen noch einmal intensiviert.[47] Und es werden weitere Argumente eingefügt, hier insbesondere aktuelle Kultur- und Modernitätsdifferenzen, obwohl sie schon seit beinahe zwanzig Jahren problematisiert werden (Bukow, Llaryora 1988). Dabei werden Positionen präsentiert, die nicht nur radikal ethnisierend, sondern auch klar diskriminierend wirken.

Dies soll abschließend an einem besonders krassen Beispiel noch einmal etwas ausführlicher dargestellt werden. Es wirft noch einmal ein bezeichnendes Licht auf die ‚Kalker Ereignisse', zeigt aber auch, wie kompliziert sich die Situation im Quartier entwickelt hat. Dazu zunächst ein ganz unverfängliches Zitat:

„Zum 1. Januar 2009 [ein Jahr danach] hat die Stadt Köln den Kinderschutzbund Köln mit der Koordination des 11. Sozialraums beauftragt, der die Stadtteile Hum-

---

46 Harvey Sacks als Ethnomethodologe hat solche in anderen Zusammenhängen völlig unproblematische Sozialtechniken schon in den 70er Jahren des letzten Jahrhunderts beschrieben. Solche Techniken sind im Alltag stets zur Hand und werden hier wie selbstverständlich genutzt, um Rassismen zu implementieren.

47 Dieser Vorgang ist auch bei anderen Anlässen zu beobachten. Ein aktuelles Beispiel dafür ist der Umgang der Kommunen im Ruhrgebiet mit der Einwanderung aus Südost-Europa. Gemeint sind hier vor allem Roma, die ganz analog mit derartigen Rassismen konfrontiert werden.

boldt-Gremberg und Kalk umfasst. Das Büro der neuen Koordinations- und Anlaufstelle befindet sich im Zentrum der Gold Kraemer Stiftung in der Rolshover Straße an der Grenze zwischen den beiden Stadtteilen... In einer festen und verbindlichen Gruppe (maximal acht Familien mit Kindern bis zu drei Jahren) erhalten junge Mütter und ihre Kinder an drei Vormittagen in der Woche altersangemessene und entwicklungsbezogene Förderung, Beratung und Unterstützung im alltäglichen Umgang mit dem Kind, psychotherapeutische Begleitung und Entlastung."

Dieser kurze Bericht ist nur unwesentlich gekürzt der im Internet veröffentlichten Selbstdarstellung des lokalen Kinderschutzbundes entnommen. Dass das Zitat auf den zweiten Blick keineswegs so unverfänglich ist, wie es zunächst aussieht, das wird klar, wenn man noch einmal genauer hinschaut. Der Hintergrund für die hier notierte Maßnahme ist nämlich, dass es der Stadt offenbar gelungen war, in Zusammenhang mit den ‚Kalker Ereignissen' Geld für die Einrichtung einer neuen Sozialraumkoordinations- und Anlaufstelle einzuwerben. Die Stelle wurde breit ausgeschrieben. Die Ausschreibung hat dann der Kinderschutzbund gewonnen. Das kann man nur so deuten, dass einerseits die Stadt Köln dessen Angebot offenbar als besonders zielführend betrachtet, weil sie speziell dieser Gruppe den Zuschlag gab, und dass sich anderseits die Gruppe mit ihrem Angebot für besonders passförmig hielt, weil sie sich mit ihrem Schwerpunkt ausgerechnet für die Sozialraumkoordination beworben hat.

*Nachdem sich die kommunale Sichtweise auf allen Ebenen durchgesetzt hat, gibt es kein zurück mehr*

Man sollte erwarten, dass recht bald Bedenken auftauchen, weil die hier entwickelte Sichtweise auf ziemlich extremen Voraussetzungen beruht. Was hier ge-

macht wird, das müsste allein schon deshalb irritieren, weil man unter Sozialraumkoordination landläufig etwas anderes versteht, nämlich die Förderung des
Zusammenlebens und der Partizipation im Quartier auf der Grundlage einer
sozialwissenschaftlich erhobenen Sozialraumstrukturanalyse. Und selbst die
Stadt Köln definiert in ihrem jüngst verabschiedeten „Handlungsleitfaden Sozialraumkoordination" die Sozialraumarbeit noch völlig anders. Auch die inhaltli-
chen Implikationen müssten aufmerken lassen, weil sie sich wissenschaftlich
kaum begründen lassen. Nachdem sich die kommunale Sichtweise überall
durchgesetzt hat, gibt es offenbar keinen Spielraum mehr, um noch einmal kritisch zurück zu fragen.

Man bekommt schnell den Eindruck, dass die beteiligten Akteure anders als
man das vielleicht von professionellen Akteuren erwarten mag, überhaupt keine
Zweifel an ihrem Konzept haben. Das zeigt sich bereits in dem oben erwähnten
Workshop, wo sich in einer Arbeitsgruppe auch ein Gespräch mit Vertretern
dieser Gruppe ergab. Danach gefragt, warum sie der Meinung seien, dass der
Kinderschutzbund, der sich in der Regel besonders mit familialer Gewalt und
dem sexuellen Missbrauch von Kindern befasst, für die Arbeit in Kalk besonders
geeignet sei, verweisen sie darauf, dass die türkischen Familien auf diesem Ge-
biet ‚bekanntlich' besonders belastet seien.

Aus einer Beobachterposition heraus wird schnell erkennbar, wie hier die
Stadt und der Kinderschutzbund mit dieser Ausgestaltung der Sozialraumkoordi-
nation ‚nur' ein vorher entwickeltes und längst für alle selbstverständliches
kommunales Selbstverständnis umsetzen, nach dem es in den allochthonen
Kalker Familien, die im Übrigen zu einem guten Teil gar nicht türkischer Her-
kunft sind, angesagt sei, eine in jenen Kreisen generell besonders ausgeprägte
Neigung zu familialer Gewalt und zum sexuellen Missbrauch, die an den ‚Kalker
Ereignissen' nur ‚einmal mehr' sichtbar geworden sei, zu bekämpfen.

So verdienstvoll es sein mag, gegen sexuellen Missbrauch vorzugehen, so
fraglich erscheint es, dieses Vorhaben bewusst und gezielt ausgerechnet in dem
vorliegenden Kontext zu platzieren.

a.  Es ist problematisch, solche Maßnahmen ausdrücklich und exklusiv ausge-
    rechnet an allochthone Familien zu adressieren. Damit unterstellt man ihnen
    eine Disposition für sexuellen Missbrauch in der Familie. Tatsächlich handelt
    es sich hier um mehr als einen typischen Fall von Doppelmoral. Es handelt
    sich um eine klassische Form der Ethnisierung bzw. um ein eindeutig kultur-
    rassistisches *Othering*, wie man das seit langem kennt (Reuter 2002).
b.  Besonders perfide ist bei diesem Vorgang noch der implizierte Bezug zu
    den ‚Kalker Ereignissen', so als ob die Jugendlichen statt gegen im urbanen
    Alltag erlebte Ungerechtigkeiten und Unrechtserfahrungen quasi gegen die
    Unrechts- und Gewalterfahrungen in den eigenen Familien demonstriert

hätten. In jedem Fall wird damit behauptet, die Jugendlichen seien hier besonders aggressiv und diese Aggressivität sei das Ergebnis von Gewalt in der Familie. So wird der Protest der allochthonen Jugendlichen gegen alltägliche rassistische Gewalt umgemünzt in eine Kritik an Jugendlichen als gewaltbereite Kids, die durch ihr Herkunftsmilieu speziell geschädigt seien. Damit wird ihr Protest nicht nur entpolitisiert, sondern auch pathologisiert.

So wird nicht nur der Eindruck erweckt, es handele sich dabei um ein Alleinstellungsmerkmal der türkischen Bevölkerungsgruppe, sondern auch, die Aktionen seien das Ergebnis von Gewalt- und Missbrauchserfahrungen innerhalb der eigenen Familie und damit gar nicht das, was sie vorgeben. Beide Elemente der Maßnahme, die Adressierung der Aktivitäten exklusiv an allochthone Jugendliche und ihre Familie und die Platzierung des Vorhabens ausgerechnet in Kalk als Antwort auf die Proteste, beides fügt sich klar in den skizzierten Zusammenhang ein und belegt, wie der immer noch allenthalben präsente hermeneutische Nationalismus wie selbstverständlich Rassismen produziert.

Es ist vielleicht nicht unwichtig, sich darüber klar zu werden, dass sich der Kinderschutzbund hier in ‚guter Gesellschaft‘ befindet, d.h. dass die hier durchgesetzte Position keinen Einzelfall darstellt, sondern auf einem nach wie vor weit verbreiteten hermeneutischen Nationalismus basiert, der heute vor allem dort klar durchschlägt, wo Akteure in weniger prominenten Positionen am Werk sind. Ein Beispiel sind die Auseinandersetzungen um den Forschungsbericht Nr. 109 des Kriminologischen Instituts Niedersachsen über „Kinder und Jugendliche in Deutschland: Gewalterfahrungen, Integration, Medienkonsum; Zweiter Bericht zum gemeinsamen Forschungsprojekt des Bundesministeriums des Inneren", der im Auftrag des Bundesinnenministeriums erstellt wurde. Er illustriert, wie gut sich eine Ethnisierung von Gewalt in der Familie ‚verkaufen‘ lässt (Kassis, Moldenhauer 2013)[48], obgleich die eigenen empirischen Studien genau das Gegenteil belegen. Das Innenministerium überlässt es der Auftragsforschung, das zu for-

---

48    In deren bislang unveröffentlichten Studie heißt es: „Questionnaire data from a cross-sectional study of a randomly selected sample of 5,149 middleschool students from four EU-countries (Austria, Germany, Slovenia, and Spain) was used to explore the effects of family violence burden level and structural and procedural risk and protective factors and personal characteristics on adolescents who are resilient to depression and aggression despite being exposed to domestic violence. Using logistic regression to identify resilience characteristics, our results indicate that structural risks like gender, migration and socio-economic status were not predictive of either family violence burden levels or resilience.. Rather, non-resilience to family violence is derived from a combination of negative experiences with high levels of family violence in conjunction with inconsistent parenting, verbally aggressive teachers, alcohol and drug misuse and experiences of indirect aggression with peers. Overall, negative factors outweigh positive factors and play a greater role in determining the resilience level that a young person achieves."

mulieren, was man selbst nicht so direkt sagen möchte. Und das kriminologische Institut folgt dieser Logik und formuliert wider besseren Wissens, was erwartet wird.

Neu ist in Köln-Kalk freilich, dass man damit sich nicht nur dienstbar verhält, um einen Auftrag zu bekommen, sondern dass man bereit ist, sich an einer politischen Auseinandersetzung zu beteiligen und sich hier nicht nur an einer Ethnisierung und Diskriminierung der Jugendlichen beteiligt, sondern sie noch zusätzlich pathologisiert – und das letzten Endes bloß, weil sie wegen ihrer politischen Aktivitäten und Kritik zu einem Ärgernis geworden sind.

*Für Zweifel bleibt kaum Spielraum*

Es sind kaum Hinweise in dieser Richtung zu erkennen. Es gibt allenfalls indirekte Indizien dafür, dass den Aktivistinnen des Kinderschutzbundes bei ihrer Platzierung in Kalk und ihrer Ausrichtung auf die türkische Familie selbst nicht ganz wohl ist. Jedenfalls wäre so zu erklären, warum unsere in einer Arbeitsgruppe auf dem Workshop an dieser Ausgestaltung von Sozialraumarbeit allenfalls vorsichtig vorgetragene Kritik in der Diskussion zu extrem überzogenen, hochemotionalen und ungewöhnlich exaltierten Abwehrreaktionen geführt hat. Es mag natürlich sein, dass die Aktivistinnen hier angesichts einer kritischen Anfrage durch einen männlichen Teilnehmer der Runde die ‚üblichen' männlichen Bagatellisierungsversuche vermuten und diese einfach ‚im Keim' ersticken wollten. Es mag auch sein, dass man sich angegriffen fühlt, weil es im Prinzip eben immer gut ist, wenn sich jemand um solch prekäre Probleme wie den sexuellen Missbrauch kümmert. Naheliegender ist aber wohl, dass den Beteiligten bei dieser Platzierung ihrer Arbeit selbst schon Zweifel gekommen sind und sie diese in dieser überzogenen Weise zu überspielen versuchen. Auffällig bleibt jedenfalls, dass die Position des Kinderschutzbundes in dieser Situation mit erstaunlicher Härte vorgetragen wird. Man unterstellt, dass Kritik schlicht Leugnung des sexuellen Missbrauchs in der Familie sei. Wie die Kritik gemeint ist, dringt nicht durch und belegt, dass die vom hermeneutischen Nationalismus produzierten Deutungsweisen, auch wenn sie in der Mitte der Gesellschaft verankert sind, doch nicht mehr ganz überzeugen.

Theoretisch vorstellbar wäre aber auch, dass die Praxis eines Besseren belehrt, dass beispielsweise die allochthonen Jugendlichen gegen diese Ethnisierung und Pathologisierung ihrer Bevölkerungsgruppe Stellung nehmen. Zumindest die hier betroffenen Jugendlichen dürften daran kein Interesse haben, weil sie ja unterdessen gelernt haben, dass Widerstand in dieser Sache zu nichts führt bzw. allenfalls dazu beiträgt, die Sache noch weiter zu verschlimmern. Zudem sind sie zu diesem Zeitpunkt längst aus dem Feld gegangen und haben sich gleichzeitig dauerhaft aus der politischen Arena verabschiedet.

## 7    Warum es wichtig ist, zur Stadtgesellschaft zu stehen

Die ‚Kalker Ereignisse' sind in mancher Hinsicht so etwas wie ein Lehrstück. Die Ereignisse machen deutlich, dass es darauf ankommt, wie man mit einer Störung des urbanen Alltags umgeht: Betrachtet man sie als eine potentiell konstruktive oder als eine potentiell destruktive Erscheinung? Welche Perspektive gewählt wird, das hängt von der generellen Einstellung der Beteiligten ab. Und es ist klar, dass dabei die Stadt die letztlich entscheidende Rolle spielt. Der Verlauf der Ereignisse macht deutlich, was geschieht, wenn es der Kommune nicht gelingt, sich den Vorfällen offen und induktiv zu nähern und eine sachadäquate Sichtweise zu entwickeln. Ein wichtiger Faktor ist dabei die mangelhafte Bereitschaft, sich ohne Wenn und Aber auf die Bedingungen einer globalisierten Stadtgesellschaft einzulassen. Diese mangelnde Bereitschaft wird zum Auslöser für die Reaktivierung eines hermeneutischen Nationalismus, der dazu verführt, auf nationalistische Traditionen zurück zu greifen. Es mag sein, dass es eben Zeit braucht, bis man gelernt hat, den aktuellen Wandel wirklich zu begreifen und sich darüber klar zu werden, dass man eine Stadtgesellschaft heute angesichts der radikal zunehmenden Globalisierung gewissermaßen neu erfinden muss. Aber wenn tatsächlich die Stadtgesellschaft sehr viel älter ist als der Nationalstaat, dann fragt man sich doch, warum es so schwer fällt, sich vom hermeneutischen Nationalismus mit all seinen problematischen Implikationen zu lösen, ja zu verabschieden. Tatsächlich hat die Stadtgesellschaft nie solche Deutungsmuster benötigt. Im Gegenteil, die Stadtgesellschaft war von Anfang an mit Mobilität und Vielfalt konfrontiert und hat notgedrungen eigene Wege suchen und völlig neue Fertigkeiten im Umgang mit Mobilität und Vielfalt entwickeln müssen. Vielleicht liegt es aber auch nur daran, dass wir es mit einem Nachholbedarf im Blick auf eine angemessene strukturelle Kopplung mit der globalgesellschaftlichen Entwicklung zu tun haben und es schwer fällt dies wirklich zu realisieren. Das sind die Punkte, denen hier abschließend noch einmal etwas intensiver nachgegangen werden soll. Dabei ist es wichtig, sich noch einmal genauer mit der Situation vor Ort zu befassen

*Die ‚Kalker Ereignisse' zeigen, wie wichtig es ist, sich auf seine Autonomie als wohlerfahrene Stadtgesellschaft kritisch zu besinnen*

Die ‚Kalker Ereignisse' sind geprägt von den Auswirkungen zunehmender Mobilität und Diversität, genauer davon, dass der Stadtteil so etwas wie einen Fußabdruck einer längst globalisierten Wirklichkeit darstellt. Was liegt da näher als sich in einer Situation, in der solche Momente besonders virulent sind, auf jene Regeln des urbanen Zusammenlebens zu besinnen und sie kritisch zu prüfen, die tatsächlich ‚seit je' für solche Fälle zur Hand sind (Bukow 2011b, S. 118f.). Selbst wenn es sich dabei um weitgehend informelle Regeln urbanen Zusammenlebens handelt, sollte es nicht schwer sein, sich auf sie zu besinnen. Gerade eine Stadt wie Köln hat diese informellen Regeln längst internalisiert und sogar in Redewendungen dokumentiert. Die bekannteste Redewendung kennt jeder Kölner: „Jeder Jeck ist anders". Die Referenz für diesen Erfahrungssatz ist die Geschichte einer seit Jahrhunderten diversen und von Mobilität geprägten Handelsmetropole. Solche Erfahrungssätze sind sicherlich nicht dazu geeignet, durch präfigurierte nationalistische Skripts gerahmt und in entsprechende Meta-Narrative eingebettet zu werden. Sie werden verdrängt oder zumindest marginalisiert, solange nationalistische Skripts hegemoniale Geltung beanspruchen. Heute jedoch, wo die globalisierten Stadtgesellschaften mit Mobilität und Vielfalt massiver denn je konfrontiert sind und die nationalen Zurechnungen an Bedeutung verlieren, sollte es leicht sein, die Karten neu zu mischen, zumal solche Ereignisse wie die in Kalk geradezu dazu auffordern. Insofern sind die ‚Kalker Ereignisse' eigentlich Stoff für eine *konstruktive* Störung des urbanen Alltagslebens.

Auf die Vorfälle in Köln-Kalk reagiert die Stadt Köln tatsächlich wie ein verspäteter Nationalstaat. Sie deutet die Vorgänge nicht als eine *konstruktive*, sondern als eine *destruktive* Störung des Alltags und agiert damit von Anfang an nicht nur obrigkeitsstaatlich, sondern auch noch in eine nationalistische Richtung. Dies mag keine bis ins letzte durchdachte und gezielte Entscheidung darstellen, sondern mehr einem überkommenen kommunalen *common sense* geschuldet sein – einem *common sense*, der vor allem auch von denjenigen, die mit der Ersteinschätzung befasst sind, von der Polizei und von der Justiz, praktiziert wird. Die Entscheidung, sich wie ein kleiner Nationalstaat zu gebärden, entspricht genau dem aus den unterschiedlichsten Gelegenheiten vertrauten kommunalen „Denken wie gewohnt". Es handelt sich um eine Art offiziellen *common sense*. Er findet sich beispielsweise in den Debatten zum kommunalen Integrationskonzept, in dem bei der Benennung der allochthonen Stadtbevölkerung beharrlich von „Ausländern" gesprochen wurde und diese Formulierung erst in der Schlussfassung entfernt wird. Immer wieder begegnet einem dieses Denken. Und man kann auch nicht sagen, dass dieser *common sense* sich in den letzten

Jahren gewandelt hat. Er ist in den letzten 25 Jahren eher stabil geblieben. Wir kennen ihn jedenfalls seit damals schon (Bukow, Spindler 2000).

Ein klares Bekenntnis zu ihren Stadtbürgerinnen und Stadtbürgern fehlt der Stadt Köln bis heute. Andere Städte haben längst gezeigt, wie einfach dieser Schritt ist. So hat schon vor Jahren der damalige Stuttgarter OB Schuster formuliert: „Wer in Stuttgart geboren ist, ist Stuttgarter!" Stuttgart ist ein gutes Beispiel. Denn während in Stuttgart beispielsweise trotz des deutlich höheren Anteils an allochthonen Jugendlichen weitgehende Chancengleichheit zwischen den verschiedenen Bevölkerungsgruppen besteht und die politische Akzeptanz allochthoner Gruppen hoch entwickelt ist, sind die allochthonen Jugendlichen in Stadtquartieren wie Kalk von Anfang an weitgehend chancenlos und die Anerkennung ihrer politischen Position tendiert gegen Null.

Man könnte natürlich dagegen einwenden, dass es an der besonderen Zusammensetzung der Jugendlichen in Kalk liegt, dass sich die Dinge hier anders entwickelt haben. Die ‚Kalker Ereignisse' belegen jedoch, dass diese Jugendlichen nicht nur das Potential, sondern auch die politische Motivation haben, die erforderlich ist, um sich in so einem Quartier zu behaupten. Und es spricht tatsächlich auch für sie, dass sie schnell erkannt haben, wie wenig ihnen der Protest bringt und dass sie, wenn sie auf ihrer Position bestehen, nur noch mehr verlieren dürften. Wenn die von ihnen zu Recht für die alles entscheidende Aussage gehaltene Position, nämlich sie seien echte Kalker, nicht akzeptiert wird, gehen ihre darauf basierenden deliberativen Appelle an die Öffentlichkeit zwangsläufig ins Leere. Ihr Rückzug ist folglich ein weiterer Beleg für ihr klares politisches Bewusstsein und ihre Fähigkeit, die Dinge richtig einzuschätzen.

Es wirkt vor diesem Hintergrund geradezu naiv, wenn den Jugendlichen vorgehalten wird, sie hätten es nicht zu einer festen Struktur und zu einem Sprecherteam gebracht. Wer dies kritisiert, der hat – im Gegensatz zu den Jugendlichen – noch nicht erkannt, was eine Zivilgesellschaft ausmacht und dass es in einer solchen hochkomplexen Gesellschaft nicht die Aufgabe von Heranwachsenden ist, die Aufgaben der Politik, der Verwaltung oder der etablierten Parteien zu übernehmen. Hierzu ein Ausschnitt aus der Analyse zu den ‚Kalker Ereignissen':

„Anhand der Aussagen in den Interviews mit den Expertinnen und Experten des Stadtteils lässt sich zusammenfassend festhalten,... dass die Demonstrationen teilweise angemeldet waren, teilweise aber auch nicht angemeldet waren. Den Expertinnen und Experten war teilweise nicht klar, welches Ziel die Demonstrierenden verfolgen. Es gab auch wenige Sprecher und Sprecherinnen, die die Forderungen und Ziele ‚klar' formuliert hätten. Außerdem gab es auch keine Ansprechpartnerinnen und -partner. Die Jugendlichen selbst sagen, dass es ihnen bei den Demonstrationen um die Trauer und um Gerechtigkeit ging. Außerdem wollten sie auf ihre Schlechterstellung in der Gesellschaft aufmerksam machen. Sie formulieren jedoch nicht konkret, dass es ihnen darum ging „politisch zu sein" oder dass sie ihre Aktionen als „politisch" verstehen." (vgl. Sonja Preissing in diesem Band)

Eine klare Positionierung, womöglich noch die Formulierung differenzierter Ziele hätte möglicherweise dazu verholfen, noch etwas verständlicher und breiter zu kommunizieren, was für eine Gerechtigkeit sie meinen. Aber wie kommt es zu diesen Erwartungen? Hier geht es ja wie gesagt weder um Politiker noch um eine etablierte Partei noch um die Stadtverwaltung. Es geht um Jugendliche, die sich als Bürgerinnen und Bürger der Stadt verstehen und ihre Meinung kundtun. Abgesehen davon – worin bestände der Erkenntnisgewinn, wenn die Jugendlichen einen Sprecher gewählt hätten? Die von der Stadt praktizierte Ausgrenzungsstrategie wäre dadurch nicht zu verhindern gewesen. Was man aus den Ereignissen als Betroffener lernen kann, das ist nicht, sein Engagement zu verstärken, einen Sprecher zu wählen und sich noch mehr in die Öffentlichkeit zu begeben, sondern das Feld zu verlassen, bevor man noch mehr Schaden nimmt. Jedenfalls haben das die Jugendlichen offenbar so empfunden und haben hier mit der einzigen ihnen noch möglichen Option, der „*Exit-Option*" (Arnold 2020, S. 354) reagiert. Ein unbefangener Beobachter sollte das sofort begreifen können.

Die Jugendlichen sind im Grunde einfach nur entschieden und klar und sagen, „hier sind wir und wir können nicht anders". Aber da sie mit diesem Satz nicht ‚ankommen', gehen sie unter Aufkündigung ihrer Identifikation mit der Stadtgesellschaft im wörtlichen Sinn einfach nach Hause. Tatsächlich sind sie unglaublich enttäuscht. Nur so ist zu begreifen, wenn sie später noch nicht einmal mehr auf diese Vorkommnisse ansprechbar sind – auch für uns als Sozialwissenschaftler nicht. Es ist ihnen einfach peinlich, an ihre damalige Leichtgläubigkeit – denn so muss es aus der Rückschau nach zwei Jahren für sie aussehen – noch einmal erinnert zu werden.

Das unterstreicht erneut, dass das eigentliche Problem das kommunale Selbstverständnis ist. Die Stadt empfindet den ganzen Ereignisablauf als ein Ärgernis, das es zu beseitigen gilt und stellt dementsprechend sofort die Machtfrage. Dabei erweist es sich als besonders günstig, dass es sich bei den Akteuren um allochthone Jugendliche handelt, weil man nun das gesamte vom Nationalstaat für solche Fälle bereitgestellte Arsenal – angefangen bei der Verweigerung der Rechte als Gesellschaftsmitglied bis hin zu Ethnisierungs-, Diskriminierungs- und Pathologisierungsstrategien – wie selbstverständlich und bedenkenlos einsetzen und sich dabei auch noch seine paternalistischen Bemühungen gut schreiben kann. Natürlich hätten die Jugendlichen auch an die Großzügigkeit der Stadt appellieren können. Das hätte aber bedeutet, dass man sich „gnadenhalber" Zuwendung wünscht, etwa weil man ja immerhin zweite oder dritte Generation ist. Damit hätten sie natürlich zugestehen müssen, dass sie, obwohl sie in der Stadt geboren und aufgewachsen sind, noch lange keine Bürgerinnen bzw. Bürger der Stadt sind. Sie hätten also ihre einer nationalistischen Logik geschuldete Ausgrenzung und ihre Rolle als Empfänger von paternalistischer Gnade akzeptieren müssen. Damit hätten sie aber das Selbstverständnis der Stadt als kleinem Nationalstaat nur noch verstärkt.

Im Nachhinein wird deutlich: Das Ergebnis der ‚Kalker Ereignisse' ist für beide Seiten unerfreulich. Die Stadt hat einmal mehr eine gute Chance verpasst, sich zu ihren Bürgerinnen und Bürgern zu bekennen. Und die Jugendlichen haben wieder einmal erfahren, was es heißt, in einer Stadtgesellschaft zum Fremden gemacht zu werden.

*Es fällt Stadtgesellschaften wie Köln immer wieder schwer, sich wirklich auf den globalen Wandel einzustellen*

Schon vor 120 Jahren hat der Soziologe Georg Simmel gezeigt, was eine Stadtgesellschaft ausmacht (Bukow 2010, S. 244ff.) und wie problematisch es ist, eine Stadtgesellschaft mit einem auf Gemeinschaftsprinzipien aufbauenden Nationalstaat zu verwechseln. Er hat schon damals dafür plädiert, die Stadt als eine Gesellschaft *sui generis* zu würdigen und deren formale Strukturen wie das Rechtssystem angesichts massiv zunehmender Mobilität und Vielfalt forciert auszubauen.

Vielleicht reicht ja auch ein Blick auf die Debatte über die Keupstraße in Köln-Mülheim – seit über 140 Jahren eine Arbeitersiedlung und Einwandererstraße – aus. Einst als proletarische Straße diskriminiert, wurde sie seit der letzten Einwanderung in den 60er Jahren des letzten Jahrhunderts von dem Stadtteilparlament lange unwidersprochen zu einer kriminellen Parallelgesellschaft erklärt. Es ist der Stadt sehr schwer gefallen, sich zu dieser Straße und ihren Leistungen zu bekennen und sie schließlich als Erfolgsgeschichte zu würdigen (Bukow, Yildiz 2001). Es sollte eigentlich gar nicht so schwierig sein, sich als Stadtgesellschaft unter den Bedingungen fortschreitender Globalisierung ‚neu' zu orientieren. Man hätte an Straßen wie der Keupstraße längst lernen können, wie wichtig dies ist. Im Fall der Keupstraße hat dieses Versäumnis und das Festhalten an einem falschen kommunalen Denken-wie-gewohnt bekanntlich zu mehr als unerfreulichen Fehleinschätzungen geführt. So wurde lange unterstellt, die Straße sei ein Nährboden für Kriminalität, Drogenhandel und Schutzgelderpressung. Eine Folge davon ist, dass die Bewohner der Straße immer wieder verdächtigt werden. So wurden sie auch für das Nagelbombenattentat vom 9. Juni 2004 wie selbstverständlich selbst verantwortlich gemacht. Geradezu zwanghaft und wider besseres Wissen[49] wurden hier die Opfer schon einen Tag

---

49  Es war schon vorher bekannt, dass die Straße vor allem von den Offiziellen völlig falsch eingeschätzt wurde. Wir selbst hatten in einer empirischen Studie nachweisen können, wie erfolgreich die Bevölkerung war (Bukow/Yildiz 2001).

nach dem Anschlag zu Tätern erklärt. Erst heute, nach dem Bekanntwerden der Verbrechen des NSU im November 2011 stellt sich heraus, wie katastrophal es sich auswirkt, wenn man naiv jenem Denken-wie-üblich folgt, statt sich einmal selbstkritisch zu besinnen und sich um den eigentlich naheliegenden Kontext zu kümmern. Dies ist in diesem Fall das autochthone rechte Milieu, wie nicht zuletzt offenkundige Verbindungen zu anderen Morden zeigen. Der hermeneutische Nationalismus definiert ‚naheliegend' anders als ein an den Erfordernissen einer Stadtgesellschaft geschulter empirisch fundierter Blick.

Das Beispiel illustriert noch einmal, wie schwer es den beteiligten Vertretern von Politik, Verwaltung und beamteten Experten fällt, sich sozial adäquat auf den globalen Wandel einzustellen. Wirklich konsequent ist das bislang nur selten gelungen Die Hindernisse sind, wie das Beispiel Kalk belegt, auf jeden Fall beträchtlich:

a. Das Problem ist erstens, dass vor allem innerhalb des Staatsapparates nicht zuletzt Dank jenes hermeneutischen Nationalismus ein rassistisch imprägniertes Klima tradiert wird, das Einschätzungen bezeichnender Weise sofort und ohne irgendeine Sachprüfung ermöglicht und kaum noch korrigierbare Maßnahmen nach sich zieht. Die Einschätzung erfolgt reflexartig, sobald eine allochthone Bevölkerungsgruppe involviert ist. So effektiv sie ist, so falsch ist sie.

b. Hinzu kommt zweitens, dass häufig andere, weniger im Rampenlicht stehende lokale Expertinnen und Experten ermuntert werden, die ersten Maßnahmen aus dem eigenen Erfahrungsfundus entsprechend zu ergänzen. So werden – wie gezeigt – die im Rahmen von Meta-Narrativen tradierten nationalen Erzählungen und die enthaltenen positiven wie negativen Rassismen nicht nur weiter genutzt, sondern ‚kreativ' ergänzt, um wie im Fall der ‚Kalker Ereignisse' die allochthone Bevölkerung nachhaltig zu ‚integrieren'.

Wie oben schon angedeutet ist es das mit dem hermeneutischen Rassismus imprägnierte kommunale *Denken-wie-gewohnt*, das hier wie dort und eben auch im vorliegenden Fall in Köln-Kalk einen sachadäquaten Blick auf die Stadtgesellschaft verstellt.

*Sich auf die aktuellen globalen Bedingungen einzustellen, bedeutet für eine Stadtgesellschaft nur, sich nachhaltig umzustellen und sich selbstbewusst und autonom zu definieren*

Obwohl die Stadtgesellschaften, und das gilt gerade auch für die Stadt Köln, im Verlauf ihrer Geschichte wichtige Erfahrungen im Umgang mit Mobilität und

Vielfalt gesammelt haben und obwohl sie diese Erfahrungen durchaus eigenständig gewonnen haben, und obwohl immer wieder deutlich wird, wie wichtig es ist, sich dieser Erfahrungen angesichts der globalen Entwicklung zu bedienen und sie zu aktualisieren, gelingt dies immer nur punktuell.

Es gibt tatsächlich viele Ansätze, um die kommunale Praxis auf die Wirklichkeit einer globalisierten Stadtgesellschaft besser einzustellen und sich *sozial adäquat* zu *akkommodieren*. Die meisten dieser Ansätze haben eins gemeinsam: Sie gehen davon aus, dass die Menschen, die sich in der Stadt aufhalten, diejenigen sind, die die Stadtgesellschaft ausmachen, und sie stellen in Rechnung, dass diese Menschen ‚natürliche' Experten in Sachen Stadtgesellschaft sind – die Stadt als politisches Subjekt (Häußermann 2006 S. 130f). Das bedeutet, die „Vielen als Viele" (Virno 2006) wirklich voll zu akzeptieren und sie als mündige Bürgerinnen und Bürger ernst zu nehmen. Was das für eine Stadtgesellschaft bedeutet, wird beispielsweise in der Debatte über *New Urban Governance* seit vielen Jahren ausgelotet. Angesichts der anstehenden gesellschaftlichen Herausforderungen (Umgang mit einer zunehmenden Diversität der Bevölkerung, aber auch vielen weiteren zentralen Themen) wäre es sicherlich dringend geboten, sich damit alltags-, kommunal- und medienpolitisch genauer zu befassen und die Vernetzung der Stadt intern wie global noch sehr viel sorgfältiger zu diskutieren.

An dieser Stelle kommt es nicht darauf an, diese Debatte weiter zu vertiefen, sondern es ist nur wichtig, die beiden wichtigsten Grundaxiome zu unterstreichen, die diese Debatte bestimmen, weil beide die ‚Kalker Ereignisse' im Kern betreffen, nämlich die Anerkennung aller Bevölkerungsgruppen als voll gleichberechtigte und mündige Gesellschaftsmitglieder sowie deren Einbindung als Experten für das Zusammenleben im Kontext der urbanen Meinungsbildung. Übersetzt auf die Situation in Kalk bedeutet das, die Jugendlichen als gleichberechtigte Bürgerinnen und Bürger mit ihren Anliegen ernst zu nehmen und mit ihren Erfahrungen ohne Wenn und Aber einzubinden, also das, was sie sagen, als *so gemeint wie gesagt* aufzugreifen und in den urbanen Diskurs einzubeziehen. Dies ist eigentlich eine triviale Folgerung.

So gesehen stellen die Aktivitäten der Jugendlichen keine Bedrohung für das urbane Zusammenleben, sondern eine potentiell *konstruktive* Störung des urbanen Alltags dar. Angesichts der Situation im Quartier könnte man sogar von einer geradezu *unentbehrlichen* Störung des Alltagslebens sprechen – unentbehrlich zur Generierung neuer Erkenntnisse und zur Institutionalisierung eines anderen Gesellschaftsverständnisses. Das Ereignis hat das Potential, den Verantwortlichen in Politik und Verwaltung zu demonstrieren, wo und warum es hier und heute zu Verwerfungen kommt, den Jugendlichen praktisch zu vermitteln, welche Chancen Partizipation in einer Zivilgesellschaft eröffnet und was ein entschiedenes Engagement gerade in schwierigen Augenblicken vermag. Das Ereignis hat das Potential, letztlich beiden Seiten zu vermitteln, was für ein zukunftsorientiertes Zusammenleben entscheidend ist. Angesichts der heutigen Kommunikationsmöglichkeiten sollte es eigentlich einfach sein, dieses Potential in einer *lokal* verankerten, *dicht* formulierten, *reziprok* strukturierten und kommunikativ regulierten Debatte erfolgreich auszuschöpfen. Und die ‚Kalker Ereignisse' belegen, wie gut die neuen Medien für solche zivilgesellschaftlichen Auseinandersetzungen geeignet wären. Sie belegen aber auch, dass die neuen Medien dies nur leisten, wenn es gewollt ist. Sie sind nämlich, wie sich gezeigt hat, genauso gut dafür nützlich, hegemoniale Tendenzen durchzusetzen. Die Medien mögen noch so nützlich für eine gute Debatte sein, die Jugendlichen noch so willig, sich expertiert und *bottom-up* am urbanen Diskurs zu beteiligen – all das läuft ins Leere, wenn Politik und Verwaltung jeden echten Dialog verweigern und sich darauf beschränken, ihre Deutungshoheit formal wie inhaltlich fortzuschreiben und *top-down* zu exekutieren. Die Stadt Köln hat mit der Verweigerung eines echten Dialogs nicht das erste Mal die Chance verpasst, sich den praktischen Erfahrungen ihrer Bürgerschaft zu stellen und daraus für eine globaladäquate Neuausrichtung ihrer Stadtgesellschaft zu lernen. Stattdessen setzt sie weiter auf ein überkommenes nationalstaatlich imprägniertes *Denken-wie-gewohnt* und gibt damit einmal mehr Spielraum für die Fortschreibung kulturrassistischer Praktiken.

# Jugendproteste als Form politischer Artikulation. Wer partizipiert an Demokratie und wer ist berechtigt zur Politik?

*Bettina Lösch*

Das Jahr 2011 steht für vielfältige politische Proteste, in denen Demokratie und Demokratisierung eingefordert wurden: die Proteste im arabischen Raum, die demokratische Verhältnisse etablieren und Diktaturen stürzen sollten, die Proteste gegen die auferlegte Sparpolitik im Rahmen der Wirtschafts- und Finanzkrise in Griechenland, Spanien und Italien, die Proteste gegen soziale und bildungspolitische Ungerechtigkeit etwa in Chile, Großbritannien, den USA, Frankreich oder Israel. Entgegen der weitläufigen Meinung, dass Jugendliche heutzutage verloren, konsumorientiert und unpolitisch seien, handelte es sich bei all diesen Protesten in erster Linie um Jugendproteste (vgl. Hafeneger 2012, Kurtenbach 2012).

Hierzulande erhielten vor allem solche Bürgerinneninitiativen Aufmerksamkeit, die direkte Demokratie sowie bessere und mehr demokratische Beteiligung einfordern (z.B. „Stuttgart 21"). Die gegenwärtigen Demokratie-Begehren äußern sich jedoch nicht nur in bürgerschaftlichen Protesten. Sie zeigen sich auch in Auseinandersetzungen, in denen sozial marginalisierte Milieus und Menschen mit Rassismus- und weiteren Diskriminierungs- und Ausschlusserfahrungen aktiv sind. Diese Proteste finden meist weniger Gehör, mediale Präsentation oder gar politische Repräsentation.

Die Stadtteilstudie „Partizipation in der Einwanderergesellschaft" hat in diesem Sinne die Ereignisse und Jugendproteste in Köln-Kalk im Jahre 2008 untersucht. Diese hatten eigentlich einen sozialen Anlass, gewannen aber aufgrund der gesamtgesellschaftlichen Situation eine politische Einordnung (Jugendproteste in französischen Stadtteilen, Jugendkriminalisierung im Hessischen Wahlkampf von Roland Koch etc.) sowie einen politischen Ausdruck (Forderung nach Gerechtigkeit und gegen Rassismus). Meine Ausgangsthese ist, dass es sich bei den Jugendprotesten um eine Form politischer Artikulation gehandelt hat. Die Jugendlichen verweisen zwar darauf, dass sie nichts mit Politik zu tun haben oder sich politisch nicht auskennen würden. Dennoch beanstanden sie ihre soziale Situation und stellen Forderungen nach Gerechtigkeit und Teilhabe. Derartige Jugendproteste lassen erkennen, dass von einem grundsätzlichen politischen Desinteresse bei Jugendlichen – auch aus sozial marginalisierten Milieus – nicht die Rede sein kann. Ihre politischen Anliegen, Vorstellungen und Wünsche äußern sich allerdings nicht in Formen etablierter Politik und das hat strukturelle Ursachen. Die Jugendlichen haben oftmals so etwas wie ein „unsichtbares Politikprogramm" (Calmbach/Borgstedt 2012). Diesen (verdeckten) Formen politischer Artikulation möchte ich anhand der Interviews mit einigen Jugendlichen in Köln-Kalk nachgehen.

Ich gehe in meinem Überlegungen des Weiteren davon aus, dass sich die zunehmende Spaltung der Gesellschaft auch in den Institutionen und Verfahren der repräsentativen Demokratie ausdrückt. Es sind meines Erachtens vor allem zwei Entwicklungen, die eine Erosion demokratischer Verhältnisse bewirken: *erstens* die globale Transformation von Nationalstaatlichkeit und des Politischen in ihrer räumlichen Dimension – des Mehrebenensystems, der Privatisierung und Informalisierung von Politik – sowie der zeitlichen Dimension – der beschleunigten Politik (vgl. Lösch 2011).[50] *Zweitens* die globale Ausweitung kapitalistisch-marktwirtschaftlicher Verhältnisse und die damit verbundene Wirtschafts- und Finanzkrise. Beide Entwicklungen verschärfen soziale Ungerechtigkeit und Desintegration und verändern die Rahmenbedingungen und Absicherungen demokratischer Verhältnisse.

Ich werde in den folgenden Ausführungen als erstes meine Ausgangsthese begründen und mit einzelnen Interviewpassagen der Jugendlichen im Rahmen des Forschungsprojektes beginnen, die ihre politischen Anliegen und Kritikpunkte zum Ausdruck bringen (1). Anschließend widme ich mich den Diskursen zum politischen Interesse, zur Demokratiezufriedenheit und -akzeptanz sowie zur Partizipationsbereitschaft von Jugendlichen und sozial marginalisierten Milieus. Hier geht es mir vor allem um die Zuschreibungen, bestimmte Personen, Gruppen und Milieus seien bildungs- und politikfern (2). In den Diskussionen und empirischen Studien der letzten Jahre zu den Einstellungen zur Demokratie werden die demokratischen Defizite, die mangelnde Partizipationsbereitschaft gerne den Individuen und spezifischen Milieus zugeschrieben. Im Gegensatz zu solchen individualisierenden Ansätzen gehe ich davon aus, dass die „Krise der politischen Repräsentation" (Vester 2008) die strukturelle Voraussetzung für das ist, was als Politikverdrossenheit, Politikdistanz oder mangelndes Interesse sichtbar wird (vgl. Scherr 2011, S. 8). Daraus folgt, dass sich die Kritik der politischen Repräsentation milieuübergreifend darstellt – allerdings in unterschiedlichen Formen politischer Artikulation und politischen Protests. Ich gehe deshalb auf

---

50  Die Intransparenz, wer eigentlich wo welche politische Entscheidungen trifft, wie demokratische Legitimation und Kontrolle gewährleistet und wie demokratische Verfahren, die Zeit brauchen, wieder entschleunigt werden können, lässt die lokale und städtische Ebene relevanter werden für politische Partizipation. Auch das wird im Forschungsprojekt thematisiert und deutlich (vgl. Bukow in diesem Band).

die Widersprüche und Grenzen der liberalen Demokratie und des politischen Feldes ein (3) und verweise *zum einen* auf die Ausschlussmechanismen national-staatlicher, repräsentativer und marktwirtschaftlich strukturierter Demokratie sowie *zum anderen* auf die symbolischen Mechanismen, die den einen die Macht geben, politisch zu partizipieren oder den anderen machtvoll absprechen, politisch berechtigt zu sein.

## 1 Die Kalker Jugendproteste: politische Artikulation und Einklage von Partizipation

Die Ergebnisse der Stadtteilstudie zu den ‚Kalker Ereignissen' im Jahr 2008 lassen erkennen, dass der erste Anlass für die Treffen der Jugendlichen die Trauer über den verstorbenen Freund und Mitschüler war (zur ausführlichen Rekonstruktion der Ereignisse siehe Preissing in diesem Band). Aus einem sozialen Anlass heraus versammelten sich 30 bis 40 junge Menschen auf der Straße, der Kalker Hauptstraße. Das Zusammentreffen der Jugendlichen hatte also keinen politischen Grund, sie verband Freundschaft und Trauer. Die Jugendlichen wählten jedoch von Anfang an die Öffentlichkeit, um ihre Trauer und Betroffenheit zu zeigen und Kund zu tun. Aufgrund der Entscheidung der Justiz sowie dem Verhalten von Politikern, Polizei und Medien entwickelten sich die anfänglichen Treffen zu Demonstrationen, an denen 300 bis 400 Personen – diversen Alters, unterschiedliche Staatsbürgerschaften etc. – teilnahmen.

Ich möchte im Folgenden meine Ausgangsthese begründen, warum ich diesen Protest der Jugendlichen nicht als zivilgesellschaftliche Partizipation einordne, sondern eher als Einklage von Partizipation, von politischer Teilnahme *und* sozialer Teilhabe, verstehe. Ich möchte genauer danach fragen, welche Ausschlüsse und strukturelle Benachteiligungen sich in den Protesten zeigen.

*Zivilgesellschaft und politische Partizipation*

Der sozialwissenschaftliche Terminus Zivilgesellschaft wurde in den 1980er-und 1990er-Jahren prominent, zum einen aufgrund der erstarkenden Neuen Sozialen Bewegungen (Frauenbewegung, Anti-AKW-Bewegung, Friedensbewegung, Umweltbewegung, Globalisierungskritische Bewegung etc.), zum anderen im Zuge der Transformation der ehemals staatssozialistischen Länder zu bürgerlich-liberalen Demokratien. Als Zivilgesellschaft werden die intermediären Organisationen, Vereine und selbstorganisierten Gruppen zwischen dem Staat – als offizielle Sphäre der Politik – und der Ökonomie – dem privatwirtschaftlichen Bereich der Unternehmen – gefasst. Auf Theorieebene liegen unterschiedliche Konzeptionen und Verständnisse von Zivilgesellschaft vor (vgl. Lösch 2005, S. 106ff.). Ich konzentriere mich hier auf pluralistisch-liberale Konzeptionen, die die theoretische Grundlage für das gesellschaftlich verbreitete Verständnis von Zivilgesellschaft liefern. Diese pluralistisch-liberale Auffassung von Zivilgesellschaft ist normativ bestimmt, d.h. als Vorstellung, wie diese (bestenfalls) *sein soll*. Die Zivilgesellschaft wird in dieser Konzeption den Bereichen der Politik und Ökonomie gegenübergestellt und als vorpolitischer oder vorparlamentarischer Raum verstanden. Entgegen eines engen Politikverständnisses, das Politik den staatlichen Institutionen und Verfahrensweisen vorbehält und politische Partizipation auf Wahlen und Parteienmitgliedschaft beschränkt, bieten zivilgesellschaftliche Konzeptionen ein erweitertes Politikverständnis an. Sie machen andere politische Akteure, wie soziale Bewegungen, Bürgerinitiativen, Nichtregierungsorganisationen etc. sowie andere Beteiligungsformen sichtbar, wie Runde Tische, Bürger/innen-Jurys etc.. Gemeinhin wird unter politischer Partizipation das verstanden, was sich in den etablierten politischen, d.h. staatlichen Institutionen im engeren Sinne an politischer Teilnahme und Mitbestimmung vollzieht: Teilnahme an Wahlen, Beteiligung an Wahlveranstaltungen, Mitgliedschaft und Mitarbeit in Parteien, Kommunikation mit Politikern und Politikerinnen. Die empirische Partizipationsforschung bezeichnet dies als *konventionelle* politische Partizipation im Gegensatz zu den *unkonventionellen* Formen wie: Beteiligung an Unterschriftenkampagnen, Demonstrationen, Boykotten, Besetzungen und Aktionen des zivilen Ungehorsams.[51] In der Zivilgesellschaft können unkonventionelle Formen praktiziert werden, wobei etwa Aktionen des Zivilen Ungehorsams auch hier schnell an Grenzen stoßen, wenn sie als Gefahr für die ökonomischen (marktwirtschaftlichen) und politischen (repräsentativ-demokratischen) Rahmenbedingungen betrachtet werden.

In der einflussreichen Theorie der Zivilgesellschaft von Jürgen Habermas erhält die Zivilgesellschaft die Funktion, politische Meinungs- und Willensbildung zu gewährleisten und bedeutende soziale Diskurse an die offizielle, parlamentarische Öffentlichkeit weiter zu leiten:

> „Die Zivilgesellschaft setzt sich aus jenen mehr oder weniger spontan entstandenen Vereinigungen, Organisationen und Bewegungen zusammen, welche die Resonanz, die die gesellschaftlichen Problemlagen in den privaten Lebensbereichen finden, aufnehmen, kondensieren und lautverstärkend an die politische Öffentlichkeit weiterleiten." (Habermas 1998, S. 443)

---

51   Einige dieser Formen gehören bereits zum anerkannten und üblichen Repertoire politischen Protests und werden derzeit von neuen Protest- und Aktionsformen abgelöst oder durch diese ergänzt. Dennoch hält sich politikwissenschaftlich die angestaubte und überholte Kategorisierung als unkonventionell.

Zivilgesellschaftliche Organisationen können insofern Einfluss auf das politische System, auf die parlamentarischen Institutionen nehmen, in dem sie diese kommunikativ und diskursiv belagern. Sie können demokratische Legitimation gewährleisten und möglichweise zur demokratischen Weiterentwicklung beitragen.

Problematisch ist jedoch, dass in den pluralistisch-liberalen Konzeptionen der Zivilgesellschaft in der Regel die Trennung von öffentlich und privat, von politisch und ökonomisch bestehen bleibt. Genau diese Trennung wurde immer wieder von gesellschaftlichen Gruppen problematisiert, die sich aus politischen Prozessen und von Teilhabe ausgeschlossen sahen (etwa die Arbeiterbewegung, Frauenbewegung, migrantische Bewegungen). Solche Auffassungen von Zivilgesellschaft bleiben eingebettet in die Strukturen repräsentativ-parlamentarischer Demokratie. Sie erweitern zwar den kooperativen Staat um Nicht-Regierungsorganisationen, Bürgerinitiativen etc. und damit auch um neue Formen politischer Beteiligung. Der Repräsentationsmechanismus und die damit verbundenen Hierarchien und Herrschaftsverhältnisse bleiben aber bestehen und spiegeln sich in den neuen Akteuren und Partizipationsformen wieder. Die ‚offizielle‘ politische Sphäre und Bühne bleiben der Staat und seine Institutionen.

Außerdem erfahren Konzeptionen der Zivilgesellschaft und des zivilgesellschaftlichen Engagements im Zuge des Wandels vom Wohlfahrtstaat zum aktivierenden Sozialstaat eine neue Akzentuierung. Selbstorganisation und bürgerschaftliches Engagement werden mehr und mehr als Ersatz für vormals sozialstaatliche und öffentliche Aufgaben und Absicherungen verstanden. Zur Entlastung staatlicher Politikbereiche wie Arbeitsmarkt-, Bildungs-, Gesundheits- und Sozialpolitik wird bürgerschaftliches Engagement geradezu von ‚oben‘ verordnet (vgl. Gerdes/Bittlingmayer 2012, S. 32, siehe auch Ottersbach in diesem Band). Es vollzieht sich eine „Verzivilgesellschaftlichung" staatlicher Aufgaben (vgl. ebd.). In diesem Zuge verliert die Zivilgesellschaft ihr demokratisierendes Potential, denn es handelt sich um gewährte Partizipation, ohne soziale und strukturelle Absicherung. Diese Partizipation ist in der Regel „nicht auf eine Umverteilung von Macht zu Gunsten der Bürgerinnen, sondern auf eine Verschiebung von Verantwortung für das Funktionieren des demokratischen Systems auf ihre Schultern" (Hedtke 2012, S. 16) angelegt. Es ist insofern mehr als paradox, dass von Seiten der Europäischen Union und ihrer Mitgliedstaaten aktive Bürgerinnen und Bürger („*acitive citizenship*") gefordert werden, während diese selbst Bürgerinnenpartizipation unzureichend institutionalisieren oder strukturell Demokratie- und Sozialstaatlichkeit abbauen.

*Einklagen von Partizipation*

Die Jugendlichen, die in Köln-Kalk im Jahre 2008 auf ihre Situation aufmerksam machten, sind nicht politisch organisiert. Sie haben auch nicht gezielt vor, die politische Meinungsbildung oder gar politische Entscheidungen und Akteure zu beeinflussen. Sie sind (folglich) nicht Teil der Zivilgesellschaft und ich würde noch weiter gehen, es handelt sich bei den Protesten noch nicht um Partizipation im Sinne von demokratischer Teilnahme und sozialer Teilhabe. Die Jugendlichen handeln auf der Basis von Rassismus- und Diskriminierungserfahrungen. Sie registrieren und kritisieren gesellschaftliche Ungleichheitsverhältnisse und dass die Gesellschaft, wie auch die verantwortlichen Politiker und Politikerinnen, keine Antworten auf diese, auf ihre sozialen und alltäglichen Probleme haben. Sie nehmen gesellschaftliche Diskurse wie die Kriminalisierung von Jugendlichen oder den rassistischen Wahlkampf von Roland Koch in Hessen wahr. Wie und an was sollen sie sich mitsamt dieser Diskriminierungs- und Ausschlusserfahrung politisch beteiligen?

Die Jugendlichen wissen – vielleicht eher intuitiv als bewusst –, dass ihnen abgesprochen wird, politisch fähig und politisch berechtigt zu sein. Die politische Teilnahme wird ihnen (oder ihren Familien) über den Staatsbürgerstatus aberkannt oder über symbolische (Macht-)Mechanismen erschwert. Sie vollziehen, wie ich es später anhand der Theorie Pierre Bourdieus begründen möchte, eine „Selbstausschließung durch Fremdausschließung" (Bremer 2010, S. 187). Hinzu kommt, dass politische Partizipation soziale Teilhabe voraussetzt. In Anbetracht sozialer Ungleichheits- und Ausbeutungsverhältnisse sind die demokratischen Beteiligungsmöglichkeiten nicht für alle gleich. Je besser die Ressourcen – ökonomisches Kapital wie Einkommen, Vermögen, aber auch soziales und kulturelles Kapital wie Bildung und damit verbundenen Arbeitsmarktchancen, soziale Kontakte etc. – desto größer die Möglichkeiten und das Selbstvertrauen, sich politisch zu beteiligen und vor allem politisch Einfluss zu nehmen.

Meines Erachtens klagen die Jugendlichen mittels der Form unkonventioneller Teilnahme und Protest der Demonstration ihr Partizipationsrecht – soziale Teilhabe und soziale Rechte sowie demokratische Teilnahme und politische Rechte – erst ein. Jugendprotesten wird gerne der politische Charakter abgesprochen und sie werden als Chaos, Spaßveranstaltung oder gar Vandalismus abgetan. Deshalb kommt es mir darauf an, zu erfahren, ob die Jugendlichen in den Interviews politische Anliegen, Kritikpunkte und Wünsche, gesellschaftliche Vorstellung ausdrücken. Inwiefern finden sich Formen politischer Artikulation?[52]

---

52  Wichtig ist mir dabei, den Protest nicht wissenschaftlich zu vereinnahmen. Ich möchte auf einzelne Interviewpassagen eingehen, um genauer hinzuschauen und hinzuhören, was sich darin politisch ausdrückt. Was thematisieren die Jugendlichen? Was sprechen sie an, was kritisieren sie, was wünschen sie sich?

*Repräsentation und befürchtete Vereinnahmung*

Die Jugendlichen lehnen Repräsentation in mehrfacher Hinsicht ab. Sie befürchten eine Vereinnahmung ihres Anliegens, sie kritisieren das Bild, das von ihnen in den Medien, von Politikern und Politikerinnen sowie anderen gezeichnet und präsentiert wird. Sie verstehen nicht, warum eigentlich kaum jemand mit ihnen spricht.

> „[...] Egal was wir gemacht haben, die haben versucht uns immer in ein bestimmtes Licht zu stellen. (Interviewerin: Mit „Die" meinst du dann die Medien oder auch andere Beteiligte?) Ja die Medien, die Justiz und überhaupt. Für die Justiz war das einfach ein geklärter Fall." (A.J.)

> „Keiner hat mit uns gesprochen. Die Polizei stand halt da. Ok, die haben uns bewacht. Sie haben zugesehen, dass wir keine Randale machen. Aber keiner hat mit uns gesprochen." (M.E.)

Ich nehme an, dass die Jugendlichen die politischen Parteien und Organisationen kaum kennen, die ihnen Unterstützung angeboten oder die für sich geworben haben. Darin zeigt sich noch kein spezifisches politisches Desinteresse, sondern die Kluft zwischen der Lebenswelt von Jugendlichen und etablierter Politik. Auch den ihnen bekannten Einrichtungen und Organisationen wollen sie nicht das Wort übertragen und sie wählen für sich keine eigenen Sprecher oder Sprecherinnen. Die Interviews lassen erkennen, dass die Jugendlichen in doppelter Hinsicht nicht repräsentiert werden: die klassischen gesellschaftlichen und politischen Repräsentanten wie Politiker und Politikerinnen, auch zivilgesellschaftliche Organisationen oder Medienvertreter sprechen über sie meist in vorurteilsbeladener und diskriminierender Form. Ihre eigene Stimme und ihre eigenen Anliegen finden kein Gehör in den üblichen und etablierten Orten der Repräsentation. Ihnen fehlt das Instrumentarium (die Begrifflichkeiten, die Handhabung etc.) und der Zugang zur Politik. Eine Interviewte sieht darin ein eigenes Defizit der Jugendlichen und kritisiert die Sprachlosigkeit, aber auch, dass das Gesagte nicht aufgegriffen wird.

> „Die meisten hatten keine Ahnung von Politik. Die saßen da rum und da nehmen die vielleicht mich und paar andere, wo die denken: „Ja, vielleicht kann die was sagen". Und ich habe auch keine Ahnung von Politik. Ich saß da nur und habe meine Vorschläge gesagt. Und das war es. Aber da musste irgendjemand sein. Da war aber keiner, der das halt übernommen hat und für uns gesprochen hat in dem Sinne oder halt unsere Forderungen auch eingebracht hat (_) gesagt: „Ja, es müssen mehr Jugendzentren gebaut werden, es müssen, es muss eine Möglichkeit geben, wo man die Jugendlichen fördern kann. Das muss geändert werden, dies muss geändert wer-

den." Aber dann gab es niemanden. Weil wir hatten ja Einfluss. Die Politiker kamen ja auf einmal und wollten alles irgendwie ändern. Alle. Aber da gab es niemanden, der das alles genutzt hat. Meiner Meinung nach." (N.A.)

*Etablieren von Öffentlichkeit: gemeinsame Sache und Sichtbarkeit*

Die Anliegen der Jugendlichen sind nicht individualisiert. Sie teilen ihre Trauer, ihre Wut, ihre Ansichten und machen sie so zu einer öffentlichen Angelegenheit. Sie tragen ihre Anliegen und ihren Protest auf die Straße und wollen damit sichtbar sein.

> „Da haben wir uns erstmal vorgenommen jeden Tag zu demonstrieren, bis irgendwas dagegen getan wird. (_ _) Normalerweise bleibt man erstmal in U-Haft. Bis das alles geklärt wird, wenn jemand gestorben ist. Das war wie ein Schlag in das Gesicht für uns. Wir wurden alle als Bösewichte abgestempelt. Als Freunde von ihm. Und der soll auch ein Bösewicht gewesen sein. Das ging so einfach nicht. Deswegen sind wir auch jeden Tag auf die Straße gegangen, haben demonstriert. Das wurden dann immer mehr. Am ersten Tag waren es dann nur vierzig, fünfzig. Danach wurden es hundert, hundertfünfzig. Bis die halbe Kalker Hauptstraße voll war. Es haben auch ein paar Deutsche mit uns demonstriert, was ich auch sehr zu schätzen weiß. Auch Leute, die den nicht kannten, haben demonstriert." (A.J.)

> „Das war ja nicht eine gedachte Demo. Das war ja nicht alles eine geplante Sache. (…) Die haben sich halt da getroffen, wo der Said gefallen ist." (M.B.)

> „Mir war wichtig, dass wir überhaupt, dass die Demonstration wahrgenommen wird. Also dass da überhaupt darüber berichtet wird. Dass die anderen Leute überhaupt davon erfahren. Dass wir ernst genommen werden. (_ _) „Irgendeiner wurde umgebracht, aber es interessiert keinen". So kam uns das am Anfang vor." (A.J.)

Straßen im Stadtteil werden blockiert und Transparente mit der Forderung „Gerechtigkeit und Aufklärung" hoch gehalten. Der Umbruch von einem sozialen Anlass zu einem politischen, öffentlichen Anliegen resultiert aus dem Empfinden von Ungerechtigkeit. Die Jugendlichen erkennen die Gemeinsamkeit ihrer Erfahrungen und ihrer Betroffenheit.

> „Dann gab es einen Sprecher, der war Ende 20, Anfang 30. Der hatte ein Megafon gehabt. Und allen aus der Seele gesprochen: ‚Wir wollen Gerechtigkeit. Wir wollen, dass sich hier endlich mal was verbessert. Wie viele sollen noch sterbenß' Es war halt. Das halt jemand gesprochen hat. Wir haben alle zugehört, wir saßen da. Wir haben auch diese Meinung geteilt. Und ich glaube, dass diese Person gesprochen hat, das hat uns auch gut getan. Weil er die Jugendlichen auf eine Art und Weise gerettet hat. Weil er

gesagt hat: ‚Ja, ihr könnt an dieser Stelle sein. Wacht auf'. Jedem wurde bewusst: ‚Ja wir leben eigentlich nicht so harmlos. Wir leben gefährlich.'" (N.A.)

„Erst war es Trauer, dann war es die Forderung nach Gerechtigkeit und diese Forderung nach Gerechtigkeit hat den Jugendlichen gezeigt: ‚So anders bin ich ja auch nicht. Mich könnte das ja auch treffen'. [...]. Ich denke, viele Jugendliche wollen ja auch eine Verbesserung. Die wollen ja halt akzeptiert werden, eine gute Ausbildung haben, später eine Familie gründen. Hier leben, hier gut leben mit einem guten Einkommen. [...] Ich finde es ist schwieriger für einen Ausländer, als für einen Deutschen." (N.A.)

*Ausdruck von Rassismus-, Diskriminierungs- und Ausschlusserfahrung*

In den Interviews finden sich einige Äußerungen von Rassismus-, Diskriminierungs- und Ausschlusserfahrungen. Die Jugendlichen kritisieren die gesellschaftlichen und politischen Verhältnisse. Sie haben Alltagserfahrungen mit sozialen und politischen Strukturen und eine Haltung und Meinung dazu, die sie auch deutlich ausdrücken. Als der vermeintliche Täter nach kurzer Zeit aufgrund der Einstufung als Notwehr aus der Untersuchungshaft frei gelassen wurde, kommen bei den Jugendlichen erste Zweifel an der Gerechtigkeit des Verfahrens auf. Das Empfinden von Ungerechtigkeit richtet sich nicht nur auf das (Straf-)Verfahren, sondern auf die gesamtgesellschaftliche Situation von Jugendlichen und Migrantinnen und Migranten. Die Jugendlichen gehen davon aus, dass der Täter aufgrund seiner deutschen Staatsbürgerschaft bevorzugt behandelt und deshalb frei gelassen wird. Demgegenüber äußern sie ihre eigenen Erfahrungen von Stigmatisierung und Diskriminierung, die sie durch die Zuschreibung als migrantische Jugendliche tagtäglich erfahren.

„Wir wollten halt ein Zeichen setzen. Wir wollten ein Zeichen setzen. Wir wollten sagen "Guckt hierhin. Wir sind hier. Wir sind ein Teil der Gesellschaft. Wir gehören zu Euch. Warum so? Warum behandelt ihr uns so?" Das wollten wir halt damit machen. [...] Wir wollten halt auf unsere Lage aufmerksam machen." (M.E.)

„Wir waren immer zwei, drei Stunden da. Wir wollten nicht die Straße komplett blockieren. [...]. Wir haben die ab sechs Uhr bis neun Uhr blockiert. Aber nicht um die Leute zu ärgern, das war halt nur um ein Zeichen zu setzen oder auf uns aufmerksam zu machen. Und kurz vor Ende jeder Demonstration haben wir gesagt: Morgen um sechs Uhr wieder hier. So haben wir uns abgesprochen. Was auch wichtig war, war dass viele, die da waren selber viel Rassismus erlebt haben und dann ihre eigene Stellung vertreten haben." (M.E.)

„Das war die Kernaussage: „Wir wollen hier in Frieden leben. Wir sind ein Teil der Gesellschaft. Wir sind hier Deutsche. Obwohl wir anders aussehen."" (M.E.)

Es wird auch betont, dass es wichtig gewesen wäre, anzuerkennen, was die Jugendlichen gemacht und bewirkt haben. Zum Beispiel die Anerkennung des friedvollen, gewaltfreien Charakters der Selbstorganisation der Jugendlichen – anstatt aller gegenteiliger Mutmaßungen in Medien, von Polizei oder Politik.

> „Wichtig wäre meiner Meinung nach, dass diese Demos, dass die so friedvoll ausgegangen sind. Dass die organisiert worden sind. [...] Das das auf die Jugendlichen zurückzuführen ist. Diese Demonstrationen. Dass das nicht richtig gewürdigt worden ist. [...] Die Jugendlichen, die haben etwas auf die Beine gestellt. Die sind mit 300 Leuten friedvoll von Kalk bis zu (_ _). Da hat niemand gesagt: „Wir sind voll stolz auf euch. Ihr habt das so friedvoll gemacht." In der Presse kamen auch keine positiven Meldungen." (N.A.)

### Einschätzung und Wissen über gesellschaftspolitischen Kontext

Diese Anerkennung bleibt aus. Die Polizei reagiert auf die anfänglichen Versammlungen in Köln-Kalk mit einem massiven Polizeieinsatz und verstärkten Kontrollen, vor allem der migrantischen Bevölkerung. Medien und Politik ziehen schnelle Rückschlüsse auf die Vorkommnisse in den Pariser *Banlieues* und den Vorfall in der Münchner U-Bahn. Im Rückblick können manche Jugendliche den gesellschaftlichen Kontext gut rekonstruieren.

> „Man muss auch die Zeit sehen. Das ist sehr wichtig. Das war in dieser Phase wo der Robert Koch in seiner Leier "Ausländer, Migrantenkinder sind kriminell". Wo das in München passiert ist. Mit dem alten Mann und den zwei Jugendlichen. Wo er (Robert Koch, SP) gefordert hat, solche Jugendliche müssten abgeschoben werden." (M.E.)

Die Polizei wird später den friedvollen Verlauf sich selbst positiv zuschreiben. Den Jugendlichen werden nach den Protesten Anti-Gewalttrainings angeboten. Darin sieht ein Teil der Sozialen Arbeit ihren Beitrag zur Jugendarbeit im Stadtteil. Obgleich die Proteste friedlich verliefen, wird bei den Jugendlichen scheinbar ein Gewaltproblem vermutet. Es wird von beteiligten Akteuren und den städtischen Verantwortlichen ein Arbeitskreis „Dialog der Kulturen – für ein friedliches Zusammenleben" im Stadtteil gegründet, obgleich kein kultureller Konflikt vorlag. Die Jugendlichen werden an dieser top-down Initiative kaum beteiligt.

> „Also dann wurden halt die Politikerin (_ _) aktiv halt. Die haben dann versucht, irgendwelche Kreise zu machen oder Tische keine Ahnung. (_ _) irgendwas zu reden

und wie man die Lage hier verbessern könnte. Ich glaube, die Gespräche werden so oft hier geführt, so oft. [...]" (N.A.)

Eine Jugendliche weist den Anspruch, sie solle doch politisch partizipieren, begründet zurück.

„Dann hatten wir auch eine SPD oder CDU Politikerin, keine Ahnung. Irgendeine, die mir eine Karte in die Hand gedrückt hat und die hat gesagt: „Ja, wenn du so gute Vorschläge hast, kannst du dich ja bei mir melden." Aber ich sehe nicht ein, dass ich als damals 16, 17-Jährige aufstehen sollte und Kalk in die Hand nehmen sollte und verändern sollte. [...] Das habe ich nicht eingesehen, dass ich die Aufgabe von erwachsenen Menschen erledigen sollte, die doch ach so gut alles wissen." (N.A.)

Sie weiß, wer eigentlich für Politik zuständig ist und delegiert diese Verantwortlichkeit für die sozialen und politischen Verhältnisse in Köln-Kalk an diesen erwachsenen und berufspolitisch berechtigten Personenkreis. Warum soll sie soziale Probleme lösen und Aufgaben übernehmen, die diejenigen versäumen, die dafür im repräsentativen politischen System die Verantwortung übernommen haben.

In den Interviews drücken die Jugendlichen selbst politische Anliegen, Kritiken und (Selbst-)Einschätzungen aus. Es finden sich in den Interviews des Forschungsprojektes zu den Ereignissen in Köln-Kalk aber auch Aussagen über die Jugendlichen, die ihnen Defizite, politische Unkenntnis und Desinteresse unterstellen.

„[...] Viele der Menschen, die dort protestiert haben, überwiegend junge Leute, haben wirklich erschreckend wenig Informationen über unsere Verfassung. Über unser Justizwesen. Was ist der Unterschied zwischen Legislative, Judikative und Exekutive? Das kennen sie gar nicht. [...]" (Walther Meier, Mitarbeiter einer Jugendeinrichtung)

In den weiteren Ausführungen möchte ich diesen Zuschreibungen, die sich nicht nur in den Interviews zu den Jugendprotesten in Köln-Kalk finden lassen, sondern gegenwärtig gesellschaftlich dominant sind, genauer nachgehen und fragen, was unter ‚politikfern' verstanden wird und wie dies mit der Zuschreibung ‚bildungsfern' in Zusammenhang gebracht wird. Ich werde dann auf die strukturellen Defizite und Grenzen von liberaler, repräsentativer Demokratie verweisen und nach den symbolischen Macht- und Ausschlussmechanismen fragen, die zu einem Rückzug von Politik und demokratischer Beteiligung führen können.

## 2 Jugendliche und sozial marginalisierte Milieus: bildungs- und politikfern?

In den letzten Jahren wurde mehrfach empirisch untersucht, wer in welcher Form politisch partizipiert oder überhaupt noch ein Interesse an Demokratie verfolgt (vgl. u.a. Bertelsmann Stiftung 2004, Friedrich-Ebert-Stiftung 2008, Embacher 2011). Die Studien ließen in der Regel eine grundlegende Skepsis und Distanz der Bürgerinnen und Bürger gegenüber den etablierten demokratischen Institutionen, Prozedere und Repräsentanten erkennen. Die Studie der Friedrich-Ebert-Stiftung von 2008 stellte eine „Demokratieentfremdung" in der Bevölkerung fest: Nur noch zwei von drei Befragten glaubten, dass Politik in der Lage sei, die in Deutschland anstehenden Probleme zu lösen. 25 Prozent gaben an, mit der Demokratie „wie sie bei uns heute ist", nichts zu tun zu haben. Weitere 34 Prozent bezeichneten diese Haltung zwar als falsch, aber nachvollziehbar (Friedrich-Ebert-Stiftung 2008).

In den Sozialwissenschaften und den Feuilletons großer Zeitungen wird in Folge dieser Diagnosen von Politik- oder Politikerverdrossenheit gesprochen. Beide Begriffe lassen allerdings im Unklaren, ob die Ergebnisse der Umfragen ein generelles politisches Desinteresse der Bürgerinnen und Bürger widerspiegeln. Es fehlt an weiteren, vor allem qualitativen Untersuchungen, die nach strukturellen Gründen und Ursachen fragen, die zur demokratie- und politikskeptischen Haltung führen. Richtet sich die Demokratieskepsis auf die Demokratie als solche oder wird damit eine Kritik am gegenwärtigen Zustand der Demokratie geäußert?

Der Diskurs zum demokratischen Bewusstsein und zur Partizipationsbereitschaft der Bürgerinnen und Bürger wird durch Untersuchungen zum politischen Interesse spezifischer gesellschaftlicher Gruppen ergänzt: Im Fokus stehen derzeit insbesondere Jugendliche sowie sozial benachteiligte bzw. marginalisierte Milieus (vgl. Bertelsmann 2007, Schneekloth 2011, Betz/Gaiser/Pluto 2010, Calmbach/Borgstedt 2012). Inwiefern ist die nachfolgende Generation noch mit demokratischen Werten und Institutionen vertraut? Wachsen hier demokratisch gesonnene Bürgerinnen und Bürger nach? Gibt es soziale Gruppen und Milieus, die sich von der Demokratie abwenden? Sorgevoll wird darauf geblickt, dass prominente Kinder- und Jugendstudien immer wieder – neben Geschlecht und Alter – einen engen Zusammenhang zwischen Bildungsniveau, sozialer Herkunft und politischem Interesse aufweisen. Laut Shell-Jugendstudie aus dem Jahr 2010 interessieren sich Jugendliche mit (angestrebtem oder vorhandenem) Hauptschulabschluss nur zu 18 Prozent für Politik, diejenigen mit mittlerer Reife zu 28 Prozent und 50 Prozent der Befragten, die das Abitur anstreben, gaben an, politisch interessiert zu sein (vgl. Schneekloth 2011, S. 131).

Die Ergebnisse solcher Jugendstudien sind grundlegend für das Feld der politischen Bildung. Wenn das politische Interesse milieuspezifisch und je nach Bildungsniveau unterschiedlich ausgeprägt ist, wen erreichen dann die klassischen Formen politischer Bildung in der Schule oder im außerschulischen Bereich? In den Blick von politischer Partizipations- und Bildungsforschung geraten verstärkt soziale Milieus, die als bildungsfern oder politikfern bezeichnet werden. Es mehren sich Bedenken, dass ein spezifisches „Segment der Gesellschaft" von der Politik nicht mehr erreicht wird, sich den „Bemühungen" gesellschaftlicher Verantwortungsträger entziehen würde (Detjen 2007, S. 3). Innerhalb der Diskussion um sozial benachteiligte Milieus, häufig auch als soziale Unterschicht klassifiziert, wird der Zusammenhang von Bildungsniveau und politischem (Des-)Interesse dahingehend problematisiert, dass daraus eine Gefährdung für die Demokratie resultiere.[53] Es fällt dabei ins Auge, dass Politikdistanz und die (vermeintliche) Gefährdung des demokratischen Gemeinwesens in der gegenwärtigen Diskussion nur bei bestimmten sozialen Gruppen vermutet werden:

> „Die Angehörigen dieser Schichten verfügen in der Regel über niedrige Bildungsabschlüsse. Ihr Fernsehkonsum ist deutlich höher und deutlich weniger anspruchsvoll als der von Angehörigen höherer Schichten. Sie sind politisch uninformiert, sozial wenig engagiert, partizipatorisch passiv und deshalb für politische Bildung kaum ansprechbar." (ebd.)

Und es ist auffällig, dass die Defizite eher den betroffenen Individuen und Gruppen zugeschrieben werden, die aufgrund mangelnder Kompetenzen, Motivations-, Sprach-, Wissensdefizite entpolitisiert oder politisch desinteressiert und nicht mehr mit demokratischen Grundwerten vertraut seien.

> „Die politische Bildung muss sich auf die relativ geringe Informationsaufnahme und die mangelnden Informationsverarbeitungskapazitäten der Angehörigen bildungsferner Schichten einstellen. Sie muss einen Weg finden, der sowohl die Psychologik dieser Adressatengruppe als auch die Sachlogik der Politik berücksichtigt." (ebd., S. 7)

Zentrale Institutionen und Träger der politischen Bildung, etwa die Bundeszentrale und Landeszentralen für politische Bildung, aber auch kommunale Einrichtungen der Sozial- und Jugendarbeit (vgl. Sturzenhecker 2007, Ottersbach in diesem Band) versuchen Angebote und Veranstaltungsformate für diese neue ‚Zielgruppe' zu entwickeln, denn die bisherigen richteten sich eher an die bür-

---

53 „Zweifellos ist die politische Stabilität eines Landes gefährdet, wenn einem erheblichen Teil seiner Bürgerinnen und Bürger der Staat fremd bleibt und Apathie sowie antidemokratische Ressentiments verbreitet sind" (Detjen 2007, S. 4).

gerliche Mittelschicht, die bereits politisch interessiert ist und über höhere Bildungsabschlüsse verfügt. Bisherige politische Bildungsangebote zielten in der Regel auf diejenigen, die die repräsentativ-parlamentarische Demokratie anspricht und inkludiert. Die neuen Konzepte, Angebote und Formate sollen dagegen diejenigen erreichen, die als „bildungs- und politikferne Gruppen", „Bildungsbenachteiligte" oder „Jugendliche und junge Erwachsene aus benachteiligten Lebenssituationen" beschrieben werden (vgl. Scherr 2011, S. 7). Bei der Suche nach Angeboten und Formaten der politischen Bildung für so genannte bildungs- und politikferne Zielgruppen ist bemerkenswert, dass erkannt wurde, wie mittelschichtsorientiert das bisherige Angebot war. Albert Scherr kritisiert an dieser Diskussion jedoch, dass ihr zentraler Bezugspunkt der gesellschaftliche Auftrag der politischen Bildung sei, etwa zur Demokratie zu erziehen und zu ihrer Akzeptanz- und Legitimationsbeschaffung beizutragen. Im Vordergrund stehe nicht das Recht auf Bildung, das die UN-Kinderrechtskonvention allen Heranwachsenden zuspricht, oder das Recht auf politische Bildung, das im § 11 des Kinder- und Jugendhilfegesetzes festgeschrieben ist:

> „Es scheint in der Diskussion also stärker um die Frage nach den Erfordernissen und Möglichkeiten pädagogischer Einwirkungen, als um die Rechte und Interessen der Zielgruppe zu gehen." (Scherr 2011, S. 7)

Es reicht dahingehend nicht aus, Angebote und Formate politischer Bildungsarbeit zu verändern. Ausschlaggebend sind die Prämissen, die in der Diskussion zu Grunde gelegt werden. Es ist zu kurz gegriffen, den Jugendlichen und spezifischen gesellschaftlichen Milieus Bildungs- und Politikferne zuzuschreiben. Was sind die Mechanismen, die sie abschrecken und ausschließen?

*Bildungsferne Milieus und Jugendliche*

Als bildungsfern werden gemeinhin solche Jugendlichen bezeichnet, die einen geringen oder keinen Schulabschluss erzielt haben. Dieser Zuschreibung liegt ein Bildungsbegriff zu Grunde, der Bildung und den Bildungsgrad an formalen Kriterien wie Schulabschluss, Akkumulation schulisch relevanten Wissens, Leistungs- und Notenniveau festmacht (vgl. Ottersbach 2010, S. 339). Bei der umgekehrten Frage, wer denn bildungs*nah* ist, wird es nicht einfacher: Es müsste davon ausgegangen werden, dass alle Personen mit hohen Bildungsabschlüssen über eine umfassende (Allgemein-)Bildung verfügen. Das schließt auch ein reflexives und kritisches Wissen mit ein, d.h. in der Lage zu sein, durch lebensweltliches Wissen Krisen bewältigen zu können sowie Meinungen und Urteile eigenständig bilden und öffentliche Kontroversen kritisch einschätzen und vernünftig führen zu können. Wie Markus Ottersbach bemerkt, dürfte es selbst bei Erwachsenen schwierig sein, fündig zu werden, wenn man einen derart anspruchsvollen Bildungsbegriff anlegt, um damit Bildungs*nähe* festzustellen (vgl. ebd., S. 340).

In Deutschland korreliert der Grad des Bildungsabschlusses in der Regel mit der sozialen Herkunft bzw. dem sozialen (Herkunfts-)Milieu.[54] Dafür gibt es strukturelle Gründe wie das dreigliedrige Schulsystem und spezifische Formen institutioneller Diskriminierung (vgl. Gomolla/Radtke 2007). Der Terminus bildungsfern ist daher in vielerlei Hinsicht stigmatisierend und diskriminierend. Er unterstellt in der Regel ein Defizit und Versagen auf Seiten der Individuen, der als solche bezeichneten Bildungsfernen, und lässt die strukturellen, symbolischen und politik-ökonomischen Gründe für soziale Marginalisierung und institutionelle Diskriminierung, die den Zusammenhang von Bildung und sozialer Herkunft verfestigen, häufig außer Acht.[55] In der Diskussion wird meist ein Blick eingenommen, der die Betroffenen verobjektiviert, d.h. als Objekte betrachtet, die Maßnahmen der politischen Bildung oder der Jugendarbeit erreichen soll, anstatt von einer subjektorientierten Jugend- und politischen Bildungsarbeit auszugehen (vgl. Scherr 2010 und 2011, S. 8, Sturzenhecker 2007).

*Politikferne Jugendliche*

Während der Terminus bildungsfern einen formalen Bildungsbegriff zu Grunde legt, verweist der Begriff politikfern auf einen formalen, engen Politikbegriff. Beide Zuschreibungen unterstellen in der Regel Defizite bei den Betroffenen. Im Falle der Politikfernen sind es Kategorisierungen wie „kennen noch nicht einmal die Grundpfeiler der Demokratie, demokratische Institutionen und Prozedere, Parteien, Gewaltenteilung etc." (Walther Meier, Mitarbeiter einer Jugendeinrichtung). Legt man diese Kriterien an, ist wahrscheinlich jede/r zweite deutsche Staatsbürgerin und -bürger davon betroffen, politikfern zu sein. Imaginiert wird aber nur eine bestimmte Gruppe, ein bestimmtes soziales Milieu. Auch umgekehrt lässt sich nicht schlussfolgern, dass diejenigen, die ihr Wahlrecht ausüben, gleichermaßen politisch interessiert seien. Was ist mit Bildungsaffinen oder

---

54 Bildungsbenachteiligung und Bildungsferne ist historisch spezifisch: In den 1960er-Jahren stand hierfür „das katholische Arbeitermädchen vom Lande". In diesem Bild wurden vier Einflussfaktoren bzw. Kategorien vereint: die Konfession, das Geschlecht, die regionale Herkunft und der soziale Hintergrund (vgl. Loerwald 2007, S. 28).

55 Wie Ottersbach verwende ich den Begriff der sozialen Marginalisierung, da sie die Mechanismen und Strukturen, den Prozess der Benachteiligung hervorhebt: „Marginalisierung kennzeichnet die marginale Position einer Gruppe als Folge eines gesellschaftlich erzeugten, d.h. weitgehend unfreiwilligen und nicht selbstverschuldeten Prozesses" (Ottersbach 2010, S. 341).

Personen, die über einen hohen Bildungsabschluss verfügen, dementsprechend als bildungsnah gelten und dennoch kaum politisches Interesse oder gar Engagement aufweisen? (vgl. Scherr 2011, S. 7). Was ist mit Individuen und Gruppen, die als bildungs- und politikfern gelten, aber ihr gesellschaftliches Interesse nicht gemäß herkömmlicher politischer Spielregeln ausdrücken?

Die Bundeszentrale für politische Bildung beauftragte das Sinus-Institut, die Interessenlagen so genannter bildungsferner Jugendlicher sowie deren Interessen an gesellschaftspolitischen und sozialen Themen vor dem Hintergrund ihrer Lebenswelten über einen qualitativen Forschungsansatz zu untersuchen. Die Studie ergab, dass sich kein generelles Desinteresse für politische Themen, Inhalte und Ereignisse feststellen lasse (vgl. Calmbach/Borgstedt 2012). Mich interessiert im Folgenden weniger, dass sich die Studie auf bildungsferne Jugendliche gerichtet hat. Mich interessieren die Ergebnisse in Hinblick darauf, wann und wie sich Jugendliche politisch artikulieren und durch was sie von Politik abgeschreckt und ausgeschlossen werden.

Laut Sinus-Studie hängen das fehlende Interesse und die Politikdistanz von Jugendlichen mit den dominanten und etablierten Formen von Politik, von politischen Institutionen und Kommunikationsstilen zusammen (vgl. ebd., S. 62). Politik sei aus der Perspektive von Jugendlichen ein „sich selbst genügendes System, das keinerlei Bezugspunkte zum eigenen Leben aufweist" (ebd.). Politische Begriffe wirkten auf die Jugendlichen eher öde und unbeweglich, wobei nicht nur der Sprachduktus von Politikerinnen und Politikern Distanz bei den Jugendlichen erzeuge, sondern ebenso das Zeichensystem – Menschen bzw. Männer in Anzügen, die in Limousinen fahren, lange Debatten in Plenarsälen – sowie die Vermittlungsformen wie Fernsehnachrichten, Zeitungen etc. (vgl. ebd.). Die Kluft zwischen ihrem eigenen Leben, ihren Erfahrungen, ihrem Lebensstil und dem Feld der Politik bewegt die Jugendlichen zu der Einschätzung, dass sie unpolitisch seien, denn „Politik ist das, was Politiker in den Nachrichten sagen. Und wenn das, was Politikerinnen und Politiker in den Nachrichten sagen, Politik ist, interessiere ich mich nicht für Politik" (ebd.).

Die eigenen politischen Einflussmöglichkeiten werden als gering erachtet. Jugendliche fühlen sich häufig als Objekte institutioneller, gesellschaftlich-politischer Prozesse und Entscheidungen und nicht als selbstwirksame Subjekte (vgl. ebd. 65, vgl. Sturzenhecker 2007, S. 10). Das hat mehrere Gründe: Um sich gesellschaftspolitisch einzubringen und handlungsfähig zu sein, muss ich meine Interessen kennen und ich muss in der Lage sein, sie zu verallgemeinern bzw. sie in geläufigen politischen Begriffen auszudrücken und sie zu gemeinsamen und gängigen Themen in Beziehung zu setzen. Außerdem muss ich mich dazu berechtigt fühlen und den Eindruck haben, dass sich jemand für diese Themen und Probleme tatsächlich interessiert und etwas ändern will und kann. Diese Erfahrung haben Jugendliche in der Regel eher nicht:

„Es fällt ihnen schwer, eigene Interessen zu spüren, zu versprachlichen, sie als legitim anzusehen, öffentlich einzubringen und – gar gegen Widerstände – zu vertreten. Sie haben kaum Erfahrung/Kompetenz in kooperativer Aushandlung von Interessenkonflikten. Sie erfahren Defizitunterstellungen, Respektlosigkeit, Ignoranz und vielfache pädagogische Versuche, sie zu erziehen, zu domestizieren, zu verregeln oder zu kontrollieren." (Sturzenhecker 2007, S. 10)

Calmbach und Borgstedt belegen sehr eindrücklich, wie sehr in der Wahrnehmung der befragten Jugendlichen etablierte Politik in ihren Strukturen und Repräsentationsformen nichts mehr mit sozialen Verhältnissen und (allgemeinen) menschlichen Angelegenheiten zu tun hat:

„Politik interessiert mich nicht, weil es nichts mit Menschen zu tun hat. Ich interessiere mich mehr für so Sachen, wo es um die Menschen geht und was sie machen." (Calmbach/Borgstedt 2012, S. 63)

Aus Sicht der Jugendlichen ist Politik von den Menschen und Alltagsproblemen abgekoppelt. Calmbach/Borgstedt betonen, dass vor allem Jugendliche aus sozial marginalisierten Milieus in erster Linie mit der Bewältigung ihres Alltages kämpfen und deshalb Themen ihre Aufmerksamkeit finden, die damit in Zusammenhang stehen. Solche Themen sind: Gerechtigkeit, Zugang zum Arbeitsmarkt, Arbeitslosigkeit/Hartz IV, Restriktion und Diskriminierung, Gewalt, Zugehörigkeit, Drogen (vgl. Calmbach/Borgstedt 2012, S. 70ff.).

Die Sinus-Studie deckt in diesem Zusammenhang ein „unsichtbares Politikprogramm" und -interesse bei den befragten Jugendlichen auf. Das Bild vom politisch desinteressierten oder gar politikverdrossenen Jugendlichen wird laut dieser Erkenntnisse dann brüchig,

„wenn es darum geht, in der eigenen Lebenswelt etwas zu verändern. Sobald die Jugendlichen ihre Stärken einbringen können (Sensibilität für Missachtung und Ungerechtigkeit, Beobachtung der Umwelt, Lebensbewältigungsstrategien, Umgang mit knappen Ressourcen, Konfliktbereitschaft und Zusammenhalt), lassen sie sich auf politische Themen ein – aber eben nur auf solche, die ihnen interessant, bearbeitungswürdig und -bedürftig erscheinen." (Calmbach/Kohl 2011, S. 11; vgl. Sturzenhecker 2007)

Zusammenfassend weisen Calmbach/Kohl darauf hin, dass bildungsferne oder bildungsbenachteiligte Jugendliche dann als politikfern bezeichnet werden können, wenn man unter politisch sein versteht:

- „politische Themen und Politiker explizit benennen zu können,
- die politische Berichterstattung systematisch zu verfolgen,
- der Diskussion der politischen Kreise folgen,
- eine feste Parteipräferenz zu haben und zu begründen." (ebd.)

Ein anderes Bild der Jugendlichen entstehe, wenn unter Politik gefasst wird:

- „Interesse an Ungerechtigkeit im eigenen Umfeld und in der Gesellschaft zu haben;
- Interesse an Gestaltung von Lebensräumen zu haben;
- Sprachrohre zu suchen, die die eigenen Probleme, Sehnsüchte, aber auch (politischen und sozialen) Interessen artikulieren (können) – und zwar in ‚ihrer' Sprache und mit Bezug zu ‚ihren' Themen;
- Bereitschaft und Selbstverpflichtung zu zeigen, sich für andere einzusetzen, sich persönlich für eine konkrete soziale Sache im Nahumfeld zu engagieren." (ebd., S. 12)

Jugendliche, und da ist die Zuschreibung bildungsbenachteiligt oder bildungsfern irrelevant, interessieren sich für das Leben um sie herum und wenn ein Zusammenhang gesehen wird, dann auch für gesellschaftliche Entwicklungen. Sie artikulieren sich politisch und finden dafür alternative Ausdrucksformen in Musik und Sprache, sie engagieren sich vor Ort, fordern etwa Jugendzentren oder Freizeitmöglichkeiten für Jugendliche, sie nehmen soziale Diskriminierungen und Reglementierungen durchaus wahr, und in Gesprächen lässt sich feststellen, dass sie medial vermittelt auch so manches über das etablierte politische Feld und die so genannte Alltagspolitik aufschnappen. Dieses Wissen bleibt aber oftmals diffus und ist nicht immer weiterführend hinsichtlich der eigenen Probleme. Wenn sich ein generelles politisches Desinteresse kaum feststellen lässt, wenn das Defizit nicht bei den Jugendlichen vermutet wird, dann müssen strukturelle Rahmenbedingungen offensiver in den Blick genommen werden. Was sind die Ursachen, die politische Einflussnahme, Partizipation und Bildung für die einen ermöglichen und für die anderen erschweren und begrenzen. Wer partizipiert an Demokratie und wer ist berechtigt zur Politik?

## 3    Inklusion und Exklusion von Politik und politischer Bildung

Anstatt von politisierten oder politisch interessierten, entpolitisierten oder politikverdrossenen Individuen und Gruppen zu sprechen und diese gegenüberzustellen, möchte ich nach den vielschichtigen strukturellen Mechanismen fragen, die zur Inklusion oder zur Exklusion von Politik führen, die einen Rückzug von politischer Partizipation und Bildung bewirken. Dafür werde ich Widersprüche und Grenzen liberaler Demokratie benennen und dann auf symbolische Herrschaftsmechanismen eingehen, durch die „soziale und kulturelle Grenzen konstruiert werden, die in unterschiedlicher Weise durchlässig sind und die die Beteiligung am politischen Diskurs verhindern oder begünstigen." (Bremer 2008, S. 267)

*Widersprüche und Grenzen liberaler Demokratie*

Demokratie meint im klassischen und umfassenden Sinne die Selbstregierung der Bürgerinnen und Bürger und zielt auf die Kontrolle und den Abbau von Herrschaft. Gemeinhin wird hierzulande unter Demokratie allerdings eine nationalstaatlich verfasste, parlamentarisch-repräsentative Herrschafts- und Regierungsform verstanden, die über bestimmte politische Prozedere und Institutionen umgesetzt wird. Das heißt, in der gegenwärtigen realen Umsetzung der Demokratie verwirklicht sich nicht das Ideal der Beteiligung aller. Die liberale und repräsentativ-parlamentarische Demokratie ist durch einige Widersprüche und Grenzziehungen gekennzeichnet. Die Grenzziehungen führen dazu, dass die Strukturen liberaler Demokratie manche ein- und andere ausschließen, den einen politische Rechte und Beteiligungsmöglichkeiten gewähren, den anderen verwehren. Es hängt von ökonomischen Strukturen, formalen Rahmenbedingungen und symbolischen Mechanismen ab, wer an Demokratie partizipiert und partizipieren kann, wer dazu berechtigt ist und sich dazu berechtigt fühlt.

Welche Widersprüche und Grenzziehungen lassen sich aktuell ausfindig machen? Bürgerinnen und Bürger eines modernen Nationalstaates sind zunächst diejenigen, die einen Staatsbürgerstatus besitzen.[56] Während die nationalstaatlich eingebettete und repräsentativ-parlamentarische Demokratie für Staatsbürgerinnen und -bürger politische und soziale Rechte gewährleistet, bedeutet sie für einige soziale Gruppen und Individuen gleichzeitig eine materielle und symbolische Nicht-Berechtigung und einen Ausschluss von Teilnahme und Teilhabe. Konventionelle politische Beteiligungsformen wie das Wahlrecht können in der Regel nur Staatsbürgerinnen und -bürger ausüben;[57] Migrantinnen und Migran-

---

56  Die Staatszugehörigkeit und Staatsbürgerschaft ist in den europäischen Nationalstaaten unterschiedlich geregelt: In Deutschland gilt grundsätzlich das *ius sanguinis*, das Abstammungsprinzip, d.h. Kinder erwerben die Staatsangehörigkeit ihrer Eltern mit der Geburt. Seit der Staatsangehörigkeitsreform von 2000 wurde mit dem ‚Optionsmodell' ein ergänzendes *ius soli*, das Geburtsort- oder Territorialprinzip, für die zweite Einwanderergeneration eingeführt.

57  Das Recht und die Möglichkeit zur politischen Teilnahme sind nicht nur denjenigen vorenthalten, die einen Staatsbürgerstatus besitzen oder die über die nötigen Ressourcen verfügen. Operiert man mit einem engen Politikbegriff, der sich auf etablierte demokratische Institutionen, Prozedere und Strukturen bezieht, dann schränkt sich die Beteiligung auf konventionelle Partizipationsformen wie Wählen ein; diese sind an ein bestimmtes Alter gebunden, d.h. Kinder und Jugendliche bis 18 sind von diesem Recht weitestgehend ausgeschlossen.

ten oder Menschen ohne Staatsangehörigkcit sind von diesen politischen Rechten, Beteiligungsmöglichkeiten und Entscheidungsprozessen meist ausgeschlossen. Die nationalstaatliche Rahmung setzt der Demokratie und den demokratischen Partizipationsmöglichkeiten also Grenzen und führt zu – in der Regel rassistisch begründeten – Ausschlussmechanismen (vgl. Balibar 1993). Sie schließt durch die äußere Grenze diejenigen aus, die nicht zum politischen Gemeinwesen gehören. Sie hat aber auch innere Grenzen, die diejenigen exkludiert, die zwar im politischen Gemeinwesen leben, diesem aber nicht als gleichberechtigte Bürgerinnen und Bürger angehören.

Die Prozesse der Globalisierung und Europäisierung weichen diese Grenze teilweise auf, denn demokratische Prozedere und Akteure sind nicht mehr nur nationalstaatlich verortet, sondern Politik findet auf mehreren Ebenen statt und wird durch neue politische Akteure bestimmt (vgl. Lösch 2011). Darin könnte eine Chance für die Veränderung von Staatsbürgerschaftskonzepten und für eine Entgrenzung von Politik liegen (vgl. Balibar 2003).[58] Der globale Transformationsprozess bewirkt aber vorerst eine Entdemokratisierung. Politik wird im Zuge der Transformation von Nationalstaatlichkeit informalisiert, d.h. den formalen, demokratisch legitimierten und kontrollierbaren Strukturen entzogen sowie privatisiert, d.h. Öffentlichkeit eingeschränkt. Resultat ist, dass diejenigen Personen und Gruppen, die bereits an formalen demokratischen Strukturen kaum beteiligt waren, noch stärker ausgeschlossen werden. Das betrifft insbesondere Frauen, Menschen aus sozial marginalisierten Milieus und Jugendliche.

Es fehlt außerdem an Transparenz, wer wo welche politischen Entscheidungen trifft und an welcher Stelle des Mehrebenensystems demokratisch eingegriffen und partizipiert werden kann. Die repräsentativ-parlamentarische Demokratie, die in ihrer nationalstaatlich eingebetteten Form einen wenn auch formal eingeschränkten erkämpften Schutzraum politischer Rechte und demokratischer Kontrolle hatte, wird unterhöhlt. Das belegen derzeit politikwissenschaftliche Diagnosen zum Zustand der Demokratie wie Colin Crouchs These der „Postdemokratie" (Crouch 2008). Dieser Diskurs beschreibt allerdings eher die Symptome und weniger die Ursachen des Demokratieabbaus. Außerdem lässt er die politischen Auseinandersetzungen um Demokratie und vielfältigen Proteste für Demokratisierung außer Acht.

Im globalen Transformationsprozess äußert sich nämlich trotz oder gerade in Anbetracht strukturellen Demokratieabbaus ein Demokratie-Begehren in der Bevölkerung und die politische Partizipation auf kommunaler Ebene gewinnt an

---

58    Der Prozess der Europäisierung, genauer gesagt, die Herausbildung der Europäischen Union (EU), zeigt jedoch die erneute Abschottung und den Rassismus, der sich an den EU-Außengrenzen und mit der humanitären Katastrophe im Mittelmeer offenbart, aber auch in und zwischen den alten Nationalstaaten abspielt.

Bedeutung. Mit wachsender Intransparenz demokratischer Entscheidungsprozesse zweifeln Bürgerinnen und Bürger an der Wirksamkeit konventioneller demokratischer Beteiligungsformen wie Wahlen. Sie beklagen die Distanz der gewählten politischen Repräsentanten von den Vorstellungen, Lebenslagen und Bedürfnissen des breiten Spektrums der Bevölkerung. In den bürgerschaftlichen Protesten um mehr oder direkte Demokratie, die medial wahrgenommen und präsentiert werden, ist allerdings nur ein gewisser Teil der Bevölkerung aktiv und tritt mit seinen Forderungen auf. Empirische Studien zur politischen Partizipation belegen, dass die neuen Formen demokratischer Beteiligung eine soziale Schlagseite haben und eher von einer gut ausgebildeten Mittelschicht praktiziert werden, die sich dazu berechtigt fühlt und materiell dazu im Stande ist (vgl. Schäfer 2010).[59] Während bereits konventionelle Beteiligungsformen wie Wahlen sozial selektiv sind, trifft das noch stärker auf so genannte unkonventionelle politische Beteiligungsformen zu. Neue politische Beteiligungsformen werden von ressourcenstarken Milieus nicht als Ersatz von Wahlen betrachtet, sondern dienen als zusätzliche Möglichkeit, die eigenen Anliegen zu artikulieren und in den politischen Diskurs einzubringen (vgl. Schäfer 2010, S. 149).

Soziale und politische Auseinandersetzungen, die das Recht auf soziale Teilhabe und demokratische Teilnahme als solche einklagen, finden zwar statt, werden jedoch medial oder politisch weniger (re-)präsentiert (z.B. Jugendproteste, Montagsdemonstrationen gegen Arbeitslosigkeit). Das verdeutlicht, dass formale Gleichheit, wie sie im Grundgesetz festgeschrieben ist, zwar eine notwendige, aber keine hinreichende Bedingung für Demokratie ist. Ausschlaggebend ist die sozioökonomische Gleichheit. Diese war aber in der marktwirtschaftlich strukturierten liberalen Demokratie nie und ist immer weniger gewährleistet.

Während in Zeiten von Wohlfahrtstaatlichkeit, sozialer Marktwirtschaft und Demokratie noch ein Großteil der Gesellschaft inkludiert werden sollte, vergrößern sich im Zuge neoliberaler Politik und in Folge der Wirtschafts- und Finanzkrise ab 2008 die ökonomisch bedingten sozialen Ungleichheits- und Ausbeutungsverhältnisse. Die sozio-ökonomischen Ungleichheitsverhältnisse setzen den Möglichkeiten demokratischer Partizipation also eine weitere sichtbare Grenze. Zwar stehen konventionelle Partizipationsformen wie Wahlen einem Großteil der Bevölkerung offen (formal ausschlaggebend für die Inklusion ist die Staats-

---

59 Das Dilemma von demokratischer Teilnahme und sozialer Teilhabe zeigte sich insbesondere bei der Volksabstimmung zur Hamburger Schulreform im Jahr 2010. Dieser Abstimmung ist ein Großteil der eigentlichen Zielgruppe fern geblieben. Migrantinnen und Migranten ohne Staatsbürgerstatus durften gar nicht erst teilnehmen. An der Volksabstimmung beteiligten sich vor allem Bürgerinnen und Bürger der privilegierten Mittelschicht, die sich gegen das gemeinsame Lernen ihrer Kinder mit Kindern aus anderen sozialen Milieus an einer sechsjährigen Primarschule aussprachen, und damit für eine frühe soziale Selektion im Bildungsbereich votierten.

bürgerschaft, das Alter und die Mündigkeit), allerdings entscheidet die individuelle Ressourcenausstattung über die tatsächliche Beteiligung. Je besser die Ressourcen – ökonomisches Kapital wie Einkommen, Vermögen, aber auch soziales
und kulturelles Kapital wie Bildung und damit verbundene Arbeitsmarktchancen,
soziale Kontakte etc. – desto größer die Möglichkeiten und auch das Selbstvertrauen, sich politisch zu beteiligen und vor allem politisch Einfluss zu nehmen.

Aber nicht nur die Chancen politischer Beteiligung sind begrenzt. Sozial
marginalisierte und weniger ressourcenstarke Milieus verfügen in der Regel über
keine oder eine vergleichsweise geringe Repräsentation im politisch-öffentlichen
Raum:

> „Nicht sichtbar (und auch nicht hörbar, spürbar, wahrnehmbar) sind all diejenigen,
> die als Bedürfnissubjekte, Positionsinhaber und Interessenträger gesellschaftlich
> nicht vertreten sind, im Raum symbolischer Repräsentation (…) keine Zeichen set-
> zen können." (Lessenich/Nullmeier 2006, S. 14)

Um die Trennung des politischen Feldes in Repräsentierte und Nicht-Repräsen-
tierte besser verstehen zu können, ziehe ich im Folgenden die Arbeiten von Helmut Bremer heran, der aus der theoretischen Konzeption von Pierre Bourdieu
Gründe für die Inklusion und Exklusion im Bereich des Politischen und der politischen Bildung ableitet. Das normative Ideal der Gleichberechtigung und
gleichberechtigten Partizipation in der Demokratie wird sowohl durch sozio-
ökonomische Ungleichheiten behindert und begrenzt (vgl. Schiffer-Nasserie
2011) als auch durch Mechanismen symbolischer Herrschaft. Die symbolische
Herrschaft und Macht drückt sich etwa darin aus, dass bestimmtes politisches
Wissen und Artikulationsformen abgewertet werden. Gerade Menschen aus
sozial marginalisierten Milieus, Jugendliche oder Frauen, die seit langem mit
dem Stigma des vermeintlichen Unpolitisch-Seins behaftet sind, reagieren darauf
mit Selbstausschluss und Rückzug aus dem Feld des Politischen. Gehört werden
nur noch ihre Selbstbeschreibung „Politik, das ist nichts für mich", unsichtbar
bleiben die jeweils spezifischen eigenen und alternativen Formen politischer
Artikulation sowie die Gründe und Mechanismen der „Selbstausschließung
durch Fremdausschließung" (Bremer 2008, Bremer 2010, S. 187).[60]

---

60  Soziale Ungleichheitsverhältnisse hängen nach Bourdieu nicht nur mit der ungleichen Vertei-
    lung ökonomischen Kapitals zusammen, sondern resultieren aus der unterschiedlichen Ausstat-
    tung der Menschen mit sozialem, kulturellem oder symbolischem Kapital. Bourdieu und seine
    Kolleginnen und Kollegen haben mit der umfangreichen empirischen Studie über das „Elend
    der Welt" (1997) den an den gesellschaftlichen Verhältnissen Leidenden wieder eine hörbare
    Stimme und sichtbare Gegenwart zu geben versucht. Es kam ihnen darauf an, das subjektive
    Leiden und die jeweilige Wahrnehmung in einen Zusammenhang mit den gesellschaftlichen
    Verhältnissen zu stellen. Werden die größeren Zusammenhänge deutlich, kann es vielleicht ge-
    lingen, sich die eigene Handlungsfähigkeit zurückzuerobern anstatt in eigenverantwortlicher
    Ohnmacht die Verhältnisse unhinterfragt zu akzeptieren und für nicht veränderbar zu halten.

*Symbolische Herrschaft: die Grenzen des politischen Feldes*

Für Bourdieu ist das politische Feld eine Art Mikrokosmos mit eigenen Regeln, einer spezifischen Sprache und einer eigenen Kultur (vgl. Bremer 2010, S. 186). Das politische Feld ist stark arbeitsteilig angelegt zwischen Experten im weiten Sinne einerseits, dazu können Berufspolitikerinnen und -politiker sowie Journalisten gehören, und Laien andererseits. Laien sind nicht unbedingt diejenigen, die gar nichts mit politischen Aktivitäten oder politischer Bildung zu tun haben. Laien können z.b. im Bereich der Zivilgesellschaft, in Vereinen, Verbänden, Bildungseinrichtungen, Betrieben gesellschaftspolitisch aktiv sein. Aber sie verfügen nicht über den Code oder die ‚Eintrittskarte' zur großen Politik, zur offiziellen Bühne der Politik – im Sinne eines engen Politikverständnisses.

Eine Eintrittskarte für das politische Feld zu erwerben, setzt spezifische „Kompetenzen" voraus, die einigen zugeschrieben werden und bei anderen defizitär sind:

> „Zum einen bedarf es der Kompetenz als Fähigkeit, d.h., einen politischen Sinn bzw. eine politische Bildung zu haben, um ‚konkrete Probleme des Alltags in allgemeinen Begriffen auszudrücken'." (Bremer 2010, S. 186)

Hinzu kommt eine Kompetenz im Sinne von *Befugnis*, einem gesellschaftlich gebilligten und geförderten Gefühl berechtigt zu sein, sich mit Politik zu beschäftigen, politisch zu argumentieren, über die Autorität zu verfügen, um über Politisches in politischen Begriffen zu sprechen (vgl. ebd.). Bremer betont, dass zwischen beiden Kompetenzen quasi ein zirkuläres Verhältnis bestehe, denn nur wem es quasi gesellschaftlich symbolisch und materiell zusteht, neigt dazu, sich auch politische Sachkompetenzen anzueignen.

Laien verfügen durchaus über politisches Wissen, über Fragen von Gerechtigkeit, über Machtverhältnisse und haben eine Vorstellung, wie kollektive Angelegenheiten geregelt sein sollten. Dieses aus Alltagserfahrungen erworbene Wissen ist aber meist „keine explizit ausgearbeitete und reflexiv begründete Weltanschauung" (Bremer 2008, S. 268) und es fällt dem ein oder anderen möglicherweise schwer, von Alltagserfahrungen zu abstrahieren und Probleme verallgemeinerbar zu machen. Laien verfügen nicht über die elaborierte Sprache der sich selbst erklärten politischen Experten (oder der politischen Elite) und betrachten sich selbst eher als nicht berechtigt, am politischen Handeln und Sprechen, an Politik im engeren Sinne teilzunehmen.

Die Berechtigung im politischen Feld transportiert sich über Mechanismen symbolischer Herrschaft und Gewalt. Symbolische Herrschaft und Gewalt drückt sich dabei über Sprache und Kommunikationsformen aus:

„Den Akteuren des politischen Feldes im engeren Sinne ist es gelungen, die Herrschaft über das Denken und Sprechen über Politik zu erlangen. Sie beherrschen eine
Form des politischen Ausdrucks, der oft stumm anerkannt wird, sich als ‚legitim'
durchgesetzt hat und an dem sich andere Akteure messen lassen müssen." (ebd. 187;
vgl. Bourdieu 2001a, S. 218)

Die etablierten Institutionen der repräsentativ-parlamentarischen Demokratie sind
häufig für Fragestellungen, Sprachstile und Kommunikationsformen der meisten
Menschen und deren Alltagswelt nicht anschlussfähig. Bestimmte Artikulations-
und Ausdrucksformen werden durch Distinktion und soziale Grenzziehungen in
Wert gesetzt oder entwertet: „Wenn man einem einfachen Bürger sagt, er sei
politisch inkompetent, beschuldigt man ihn, unrechtmäßig Politik zu machen"
(Bourdieu 2001b, S. 44). In der zuvor genannten Sinus-Studie zum politischen
Interesse von bildungsfernen Jugendlichen wird diese Distanz folgendermaßen
auf den Punkt gebracht: Politik für bildungsferne Jugendliche finde „auf einem
anderen, uninteressanten Planeten statt – für viele sogar in einem anderen Son-
nensystem" (Calmbach/Borgstedt 2012, S. 76). Den Laien sowie den Jugendlichen wird der Eindruck vermittelt, dass sie die Eintrittskarte zu diesem Spiel nicht
haben: „Politik, das ist nichts für mich", „mit Politik kenne ich mich nicht aus".
Es kommt zu einer Selbstexklusion, durch eine vorweggenommene Fremdexklu-
sion (vgl. Bremer 2010, S. 186). Daraus resultiert das Dilemma, dass „gerade die
Gruppen und Milieus, die aufgrund ihrer Benachteiligung am stärksten daran
interessiert sein müssten, dass die allgemeinen Angelegenheiten anders geregelt
sind" (ebd., S. 187), sich dazu gesellschaftlich am wenigsten legitimiert fühlen.
      Mit symbolischer Herrschaft meint Bourdieu auch die implizite Anerken-
nung der Experten durch die Laien und die Anerkennung der Herrschaft durch
die Beherrschten. Aufgrund des Selbstausschlusses wird das politische Mandat
an Experten oder herrschende Institutionen abgegeben. Die symbolische Herrschaft zu durchbrechen bestünde insofern nicht darin, Laien zu Experten zu er-
heben, sondern die Arbeitsteilung und das damit verbundene Herrschaftsverhält-
nis generell in Frage zu stellen. Und es müssten die latenten und alternativen
Formen politischer Artikulation sichtbar und anerkannt werden, die sich in All-
tagsverhältnissen und sozialen Kämpfen ausdrücken.

## 4   Fazit

Politikskepsis und -distanz, geringes politisches Wissen oder mangelnde demokratische Partizipationsbereitschaft sind nicht auf Defizite und generelles Desinteresse einzelner Personen, spezifischer Gruppen oder Milieus zurückzuführen.
Die real existierende liberale und repräsentative Demokratie schließt nicht alle

Gesellschaftsmitglieder ein. Die Exklusion vollzieht sich über formale und materielle Bedingungen sowie über symbolische Machtmechanismen. Die wachsende soziale Ungleichheit (dazu gehört die sozio-ökonomische Ungleichheit ebenso wie andere Diskriminierungsformen) führt dazu, diese Exklusion von Demokratie und Politik zu verstärken.

Mit der Wahrnehmung, politisch nicht repräsentiert zu werden, liegen Personen aus sozial marginalisierten Milieus, Jugendliche, Migrantinnen und Migranten oder Frauen in der Regel nicht falsch. Das politische Personal, das in den klassischen politischen Institutionen vertreten ist und die Bevölkerung repräsentieren sollte, rekrutiert sich aus der gebildeten Mittel- und Oberschicht, ist männlich oder praktiziert einen maskulinen Politikstil (vgl. Sauer 2011, S. 56ff.) und ist weiß. Daher kommt es meist zu einem doppelten Ausschluss: weder von anderen, von den Verantwortlichen und Gewählten, politisch-öffentlich repräsentiert zu werden noch die eigene Stimme direkt einbringen zu können und sich selbst zu repräsentieren. Hierfür fehlt es häufig an formalen und sozio-ökonomischen Voraussetzungen und Rahmenbedingungen, aber auch an Formen und Instrumentarien (Begrifflichkeiten, Handhabungen etc.), Artikulationsräumen sowie symbolischer Macht und der damit verbundenen Selbstermächtigung. Dies zeigt sich meines Erachtens exemplarisch auch an den Ereignissen und Jugendprotesten in Köln-Kalk 2008. Dabei geht es nicht darum, ob die Jugendlichen in Köln-Kalk politisch *sind* oder nicht. Es geht um das Verstehen ihrer politischen Anliegen sowie der Bedingungen und Mechanismen, die sie politisch wirksam sein lassen oder nicht.

# Zivilgesellschaftliche Partizipation Jugendlicher – Eine Herausforderung für die Soziale Arbeit

*Markus Ottersbach*

## 1  Einleitung

Sowohl in den Politikwissenschaften als auch in der politischen Soziologie ist zivilgesellschaftliche Partizipation bereits ein traditionelles Thema. Zu unterscheiden sind zunächst zwei Arten zivilgesellschaftliche Partizipation oder zivilgesellschaftlichen Engagements: ein eher *soziales* Engagement, bei dem es um die Solidarität innerhalb der Community oder von Nachbarschaften geht und über das im Zuge der Entwicklung der Bürgergesellschaft bzw. der Bürgerarbeit viel debattiert wurde und wird, und ein eher *politisches* Engagement, das verstanden wird als eine Handlung mit dem Ziel, politische Prozesse zu beeinflussen. Diese Beeinflussung kann sowohl durch ein Engagement in Parteien bzw. durch eine Beteiligung an Wahlen als auch durch die Teilnahme an weniger stark institutionalisierten Formen der politischen Partizipation erfolgen. Hierbei geht es um eine außerparlamentarische, direkte politische Mitwirkung der Bevölkerung, wie z.B. durch Demonstrationen, Unterschriftensammlungen, Bürgerinitiativen, Besetzungsaktionen, Verkehrsblockaden oder – in neuerer Zeit in zunehmendem Maße – durch Online-Proteste, und die in modernen Demokratien inzwischen zu einem festen und zentralen Bestandteil der pluralistischen Demokratie (vgl. Ottersbach 2003) geworden ist.

Historisch verankert ist das politisch orientierte zivilgesellschaftliche Engagement bereits in der französischen Revolution bzw. dem Aufkommen einer bürgerlichen, politischen Öffentlichkeit (vgl. Raschke 1988, S. 22ff.). In Deutschland ist der Beginn solchen Engagements später, d.h. erst im 19. Jahrhundert zu datieren, als das städtische Bürgertum Themen wie Verfassungs- und Rechtsstaat, Nationalstaat und bürgerliche Beteiligung diskutierte. Soziale Bewegungen wie die Arbeiterbewegung oder die bürgerliche Bewegung werden in Deutschland erstmals in den Revolutionsjahren 1848/49 aktiv. Beide Bewegungen scheitern zunächst mit ihren Anliegen, indem die von diesen Bewegungen aufgeworfenen Themen von anderen Akteuren in deren Sinne gelöst werden. So setzt der preußische Staat die Idee des Nationalismus auf seine Art und Weise um und die Forderungen nach Demokratie und Arbeiterechten werden ignoriert. Dennoch gelten Soziale Bewegungen seitdem sowohl als Produkt als auch als ein möglicher Produzent Sozialen Wandels, sie sind sozusagen Indikatoren des Sozialen Wandels.

Eine Aufwertung erfuhr dieses zivilgesellschaftliche Engagement mit der Entstehung der so genannten Neuen Sozialen Bewegungen seit den siebziger Jahren des 20. Jahrhunderts. Die Studentenbewegung und später die Ökologie-, die Friedens- und die neue Frauenbewegung platzierten ihre Inhalte und Interessen immer stärker in der politischen Öffentlichkeit. Nicht nur die Inhalte, auch die Mittel und Methoden, den Protest zu artikulieren, wurden vielfältiger und unkonventioneller. Inzwischen weist das zivilgesellschaftliche Engagement stark institutionalisierte Formen auf. Der öffentliche Protest wird teils durch Organisationen wie Greenpeace oder Amnesty International institutionalisiert und professionalisiert. Sie übernehmen eine Art Stellvertreterrolle für das individuelle zivilgesellschaftliche Engagement. Daneben existieren jedoch weiterhin auch individuelle Protestformen, die inzwischen auch in konservativen Kreisen immer mehr Akzeptanz finden. Dies hat einmal mehr die Abstimmung über die Schulsystemreform in Hamburg im Jahr 2010 bewiesen. Diese allgemeine Akzeptanz des politisch orientierten zivilgesellschaftlichen Engagements gilt jedoch nicht für jede Art und auch nicht für jede Gruppe, die sich zivilgesellschaftlich einmischt. In breiten Teilen der Bevölkerung gibt es durchaus Bedenken gegenüber dem politisch motivierten zivilgesellschaftlichen Engagement, z.B. von Menschen mit Migrationshintergrund. Schon in den Anfängen der Gastarbeiterimmigration seit Mitte der 1950er bis Anfang der 1970er Jahre hat sich gezeigt, dass manche Art der Einmischung seitens der Menschen mit Migrationshintergrund nicht erwünscht ist. Zu erwähnen sind hier z.B. der Streik der FORD-Arbeiter in Köln oder die Demonstrationen kurdischer Immigrantinnen und Immigranten, die sich gegen die Unterdrückung ihrer Gruppe in der Türkei zur Wehr setzen wollte. Und auch heute erwecken Demonstrationen oder Proteste wie in Köln-Kalk, an denen überwiegend junge Menschen mit Migrationshintergrund teilnahmen, oder Demonstrationen, bei denen gegen Formen ethnischer oder gar rassistischer Diskriminierung protestiert wird, einen breiten Unmut in der Bevölkerung. Immer wieder scheint das Recht auf Partizipation bzw. Teilhabe an der Gesellschaft, das ja auch das Recht der freien Meinungsäußerung bzw. der Demonstration impliziert, auf die Probe gestellt zu werden. Dies wiegt umso schwerer, wenn man bedenkt, dass politische Partizipation im Grunde als ein wichtiges Zeichen der Integration zu werten ist.

Im Rahmen der wohlfahrtsstaatlichen Entwicklung und der Diskussion um *sozial* orientiertes zivilgesellschaftliches Engagement wird im Rahmen der Sozialen Arbeit schon seit längerer Zeit um Positionierungen gekämpft. Schließlich erhält die Zivilgesellschaft eine zentrale Rolle bei der Entfaltung der Demokratie und der Entwicklung des Sozialstaats. Nicht umsonst investiert die Bundesregierung deshalb seit Jahren enorme Summen in die sozialwissenschaftliche Erkundung und die Optimierung ehrenamtlichen bzw. bürgerschaftlichen Engagements (vgl. Enquete-Kommission „Zukunft der bürgerschaftlichen Engagements"

Deutscher Bundestag 2003). Bekannt ist, dass die Rolle der Sozialen Arbeit dabei durchaus ambivalent ist. Denn bei der Realisierung ihrer Aufgabe der Förderung des bürgerschaftlichen Engagements gerät sie zwischen den Anspruch der Stärkung der Bürgerrechte auf der einen und der Instrumentalisierung für Zwecke der Deregulierung, der Privatisierung und der Ökonomisierung („Aktivierung des Sozialstaats") auf der anderen Seite.

Weitaus unklarer ist jedoch, wie der Bezug der Sozialen Arbeit zum *politisch* orientierten zivilgesellschaftlichen Engagement aussieht. Kaum bekannt ist vor allem die Rolle der Sozialen Arbeit im Umgang mit politischer Partizipation marginalisierter Jugendlicher.

Um diese Themen zu diskutieren, soll zunächst nochmals der Bezug zur Empirie hergestellt werden. Rekonstruiert wird der Umgang der Vertreterinnen und Vertreter der Behörden und der Sozialen Arbeit mit den Protesten der Jugendlichen. Dies geschieht einerseits am Beispiel der Reaktionen dieser Vertreterinnen und Vertreter auf die Demonstrationen und andererseits am Beispiel der Einschätzungen der Interviewpartnerinnen und Interviewpartner zu den Angeboten der Stadt bzw. der Sozialen Arbeit als Reaktion auf diese Demonstrationen. Anschließend folgt ein Rekurs über das Verhältnis von Sozialer Arbeit und zivilgesellschaftlichem Engagement im Allgemeinen und eine Analyse des spezifischen Verhältnisses der Sozialen Arbeit und der politischen Partizipation marginalisierter Jugendlicher. Dabei werde ich wieder auf das empirische Material Bezug nehmen und den Umgang der Vertreterinnen und Vertreter der Sozialen Arbeit mit den Protesten der Jugendlichen in Köln-Kalk einschätzen. Darauf folgen eigene Empfehlungen zur Förderung der politischen Partizipation marginalisierter Jugendlicher durch die Soziale Arbeit, und ein Fazit, in dem vor den Gefahren einer entpolitisierten Sozialen Arbeit gewarnt und für die Förderung weiterer Studien zur politischen Partizipation marginalisierter Jugendlicher geworben wird.

## 2 Der Umgang der Vertreterinnen und Vertreter der Behörden und der Sozialen Arbeit mit den Protesten der Jugendlichen in Köln-Kalk

*Die Reaktionen auf die Demonstrationen*

Die Interviews mit Expertinnen und Experten haben verdeutlicht, dass der Umgang der Vertreterinnen und Vertreter der Behörden und der Sozialen Arbeit mit der politischen Partizipation der Jugendlichen sehr heterogen war. Er reichte von einer Solidarität mit den Jugendlichen bis hin zu einer kritischen Distanz zu ihnen. Sowohl die Behörden als auch die Soziale Arbeit wurden von den Jugendlichen als intermediäre Instanzen wahrgenommen, die sich auch noch zu einem dritten Partner, der Polizei, verhalten müssen. Da das Verhalten der Polizei bzw. der Staatsanwaltschaft eine der Gründe für den Protest darstellte, wurde das Verhalten der Vertreterinnen und Vertreter der Behörden und der Sozialen Arbeit gegenüber der Polizei von den Jugendlichen genau beobachtet. Auch bezüglich des Kontakts zwischen Behörden und Sozialer Arbeit auf der einen und der Polizei auf der anderen Seite konnte man nicht von einem einheitlichen Verhalten sprechen. Es reichte von einer Kooperationsbereitschaft der Behörden bzw. der Sozialen Arbeit mit der Polizei bis hin zu einer strikten Distanzierung zu ihr.

In Bezug auf die Reaktionen der Behördenvertreterinnen und -vertreter und der Vertreterinnen und Vertreter der Sozialen Arbeit auf die Demonstrationen der Jugendlichen lohnt es sich, einige Details näher zu beleuchten.

Sehr kritisch betrachtet ein Vertreter der Stadt Köln das Demonstrationsinteresse der Jugendlichen. Er beklagt ihr fehlendes Interesse an den bereits bestehenden Angeboten im Stadtteil und relativiert gleichzeitig – auf eine sehr zynische Art – die Motive der Jugendlichen für die Demonstrationen:

> „Ich bin nach wie vor der Überzeugung: Wir haben auch in Kalk ein breites Angebot für junge Leute mit vielfältigen Möglichkeiten. Das mag nicht ausreichend sein, ich werbe auch immer dafür, dass wir es noch weiter ausbauen und dennoch bin ich der Überzeugung, dass viele junge Leute überhaupt nicht auf dem Schirm haben, welche Möglichkeiten, welche Palette, welche Angebote da für sie bereit gehalten werden. Weil sie es nicht sehen wollen, weil es möglicherweise auch damit zu tun hat, dass man sich selbst ein Stückchen bewegen muss. Und an der Stelle ist dann schnell mal, ich sage mal in der großen Gruppe auch das Aufmotzen angebracht. Einen Teil sehe ich auch im Rahmen dieser Geschichten auch in diesen Demonstrationen. Man hat ein Ventil gefunden, um mal zu meckern." (H.B., Mitarbeiter Stadt Köln)

Besonders zynisch wird die Haltung spätestens dann, wenn Opfer zu Tätern stilisiert werden:

> „Eine andere Variante ist dann aber nochmals zu gucken, und dann wird es ein bisschen schwieriger im Gespräch oder im Filtern dann und dann sind sie vielleicht auch näher an ihrem Thema dran. Das ist das Thema ‚Nicht angenommen zu sein, diskriminiert zu werden, sich zurückgesetzt zu fühlen'. Ich plädiere immer dafür und sage, dieses Gefühl sollte man ernst nehmen. Das ist richtig. Aber der Mensch neigt auch manchmal dazu, sich selber Gefühle zu machen, die überhaupt nicht real notwendig wären. Wenn ich mich also selber so pole, dann mache ich mir dann Negativerlebnisse machen möchte. Dann mache ich die auch. Wenn ich mich aber so pole, dass ich auch andere Sachen sehe, dann erlebe ich die negativen vielleicht gar nicht mehr so stark. Ich denke, das ist ein Thema, was innerhalb von jungen Migrantenjugendlichen auch oft der Fall ist. Das man eher geneigt ist, sich gegenseitig runterzuziehen, was die gesellschaftliche Akzeptanz betrifft, als in die Richtung zu gehen zu sagen: ‚Mensch, wir haben viele Möglichkeiten auch. Jetzt versuchen wir die mal gemeinsam positiv anzugehen.'" (H.B.)

An anderer Stelle beklagt dieselbe Person die Rolle der Medien. Bezüglich der Frage nach den Hintergründen der Förderung des Hip-Hop Projekts „Kalk for Respect" und dem Zusammenhang mit den ‚Kalker Ereignissen' antwortet er:

> „Mit Sicherheit spielte das insofern eine Rolle, als durch die Ereignisse im Januar 2008 die Jugend in einer besonderen Form sensibilisiert war hier im Viertel. Sensibilisiert auf der einen Seite durch das immense Medienspektakel und die Plattform, die plötzlich da war. Die einige für ihre eigenen Sachen genutzt haben. Das Erlebnis, so in einer Menge doch einen Stadtteil ziemlich lahm legen zu können, oder auch das Erlebnis zu demonstrieren und in so einer Dichtheit auch zu einem größeren Polizeiaufkommen zu stehen, denke ich war für viele dieser jungen Leute doch ein relativ besonderes und einmaliges Erlebnis. In dieser Variante der besonderen Sensibilität und des hier und da individuell immer wieder mal aber medial breit getragenen Gedankens: ‚Hier passiert ja nichts für uns.' In diesem Rahmen war es an für sich notwendig zu schauen: ‚Wie kriegt man die Stimmung bei der Jugend einfach nochmal gegriffen.'" (H.B.)

Deutlich wird bei dieser Einstellung, dass die Verantwortlichen der Stadt die „medial hoch geschaukelte" Stimmung wieder „in den Griff kriegen muss". Ungerechtigkeit, Diskriminierung und Rassismus durch die Medien in die Öffentlichkeit zu transportieren, wird hier verunglimpft und investigativer Journalismus als Steilvorlage für Randale interpretiert.

Insgesamt gab es keine aktive Unterstützung der Vertreterinnen und Vertreter der Behörden bzw. der Sozialen Arbeit im Sinne einer „Fürsprache" für die Motive der Jugendlichen, obwohl eine solche auf der Seite der Jugendlichen durchaus eingefordert wurde:

> „Die meisten hatten keine Ahnung von Politik. Die saßen da rum und da nehmen die vielleicht mich und paar andere, wo die denken: ‚Ja, vielleicht kann die was sagen.' Und ich habe auch keine Ahnung von Politik. Ich saß da nur und habe meine Vorschläge gesagt. Und das war es. Aber da musste irgendjemand sein. Da war aber keiner, der das halt übernommen hat und für uns gesprochen hat in dem Sinne oder halt unsere Forderungen auch eingebracht hat (…) gesagt: ‚Ja, es müssen mehr Jugendzentren gebaut werden, es müssen, es muss eine Möglichkeit geben, wo man die Jugendlichen fördern kann. Das muss geändert werden, dies muss geändert werden.' Aber dann gab es niemanden. Weil wir hatten ja Einfluss. Die Politiker kamen ja auf einmal und wollten alle irgendwas ändern. Alle. Aber da gab es niemanden, der das alles genutzt hat. Meiner Meinung nach." (N.A.)

Manche Expertinnen und Experten deuteten das Verhalten der Jugendlichen als Hilflosigkeit, das auf fehlendem Wissen um Politik bzw. politische Ausdrucksformen basiert. Ein Experte argumentiert wie folgt:

„Und wir waren eben davon überzeugt, dass wir unsere Jugendlichen auch begleiten müssen, weil die sehr aufgebracht waren. Weil sie sehr, sehr viel Unverständnis gezeigt haben. Und dann, was so im Nachklang wirklich deutlich geworden ist, bei ganz vielen Gesprächen, auch mit Kollegen aus anderen Jugendeinrichtungen. Viele der Menschen, die dort protestiert haben, überwiegend junge Leute, haben wirklich erschreckend wenig Informationen über unsere Verfassung. Über unser Justizwesen. Was ist der Unterschied zwischen Legislative, Judikative und Exekutive? Das kennen sie gar nicht. (…). Die Jugendlichen sind da sehr unbedarft. Auch heute noch. Ich glaube nicht, dass viele Menschen, viele junge Leute, viele Migranten darüber genau Bescheid wissen. Und das war sehr erschreckend, damals festzustellen. Was da für Wissenslücken herrschen." (W.M., Mitarbeiter einer Jugendeinrichtung)

Auch andere stellten das Unwissen der Jugendlichen in den Vordergrund, machten jedoch dafür eher die fehlende politische Bildung (durch Schule oder Jugendhilfe) verantwortlich:

„Eine ziemliche Unfähigkeit, mit den Jugendlichen zu reden. Weil die Jugendlichen hatten ein Problem. Die haben einfach das System von Rechtsprechung und solchen Sachen, das haben die überhaupt nicht verstanden. Da haben die in der Schule geschnarcht, ich meine, das ist ja auch total Trist und langweilig, wenn man erklärt, wie Gewaltenteilung im Staat funktioniert. Ich glaube, das hat mich in dem Alter auch nicht so besonders interessiert. Die haben das einfach nicht gepeilt. Dass jemand wegen Notwehr entlassen wird. (…) Das wäre so einfach gewesen, wenn die Polizei einfach mal mit den Jugendlichen geredet hätte. Die hätten einfach mal mit denen reden müssen. Nicht wie diese ganzen Sozialarbeiter von der Stadt, die sich in der Entfernung weit weg von der Polizei irgendwie rumgedruckst haben und dann geguckt haben, was mit den Jugendlichen passiert. Die sind erst am Donnerstag gekommen, glaube ich." (P. B., Sozialarbeiter)

*Die Einschätzungen zu den Angeboten der Stadt bzw. der Sozialen Arbeit als Reaktion auf die Demonstrationen*

Noch im selben Monat, also kurz nach dem Ereignis und den ersten Demonstrationen gab es in Köln ein Treffen zwischen dem Kölner Oberbürgermeister und dem marokkanischen Generalkonsul. Später gab es auch noch ein weiteres Treffen der beiden Personen, an dem auch die Familienangehörigen des Getöteten, Jugendliche, die Sozialdezernentin, die Jugenddezernentin, weiter Vertreterinnen und Vertreter der Stadt Köln, ein Schulleiter aus Kalk, Mitarbeiterinnen und Mitarbeiter von Jugendeinrichtungen, ein Vertreter der Polizei und ein Vertreter der Islamischen Vereinigung teilgenommen haben.

Neben diesen eher repräsentativen Treffen gab es auch Versuche seitens der Stadt und der Sozialen Arbeit, sich inhaltlich mit dem Ereignis und den Demonstrationen auseinander zu setzen. So wurde z.b. seitens der städtischen Verantwortlichen zunächst ein Arbeitskreis gegründet, der AK „Dialog der Kulturen – Für ein friedliches Zusammenleben". Es war eine top-down-Initiative, die vom damaligen Jugendamtsaußenstellenleiter, dem damaligen Bürgeramtsleiter und der Polizei ins Leben gerufen wurde. Der Kreis ist später um andere Vertreterinnen und Vertreter des Jugendamts, des Interkulturellen Dienstes, der Sozialraumkoordination des Stadtteils, einige Jugendvereine, Moscheenvereine, Kirchen und weitere Einzelpersonen ergänzt worden. Ziel des Arbeitskreises ist es, den Dialog zwischen den Bewohnerinnen und Bewohnern Kalks zu verbessern und eine Vernetzung der Angebote der Stadt bzw. der Sozialen Arbeit herzustellen bzw. zu sichern (vgl. hierzu den Beitrag von Sonja Preissing).

In den Interviews werden die Reaktionen der Verantwortlichen auf die Demonstrationen ebenfalls sehr unterschiedlich bewertet. Es gibt moderate Stimmen, die versuchen, die Angebote eher neutral darzustellen:

> „Da hat es inzwischen einige Veranstaltungen gegeben. Unter anderem ein Fußballturnier. Dann hat es jetzt vor kurzem im Rahmen der interkulturellen Woche auch vom „Dialog der Kulturen" einen interkulturellen Spaziergang durch Kalk gegeben, wo man Kirchen, Jugendeinrichtungen und Moscheen besuchen konnte. Innerhalb von zweieinhalb Stunden oder so. Ja was hat der ‚Dialog der Kulturen' noch alles auf die Beine gestellt? Es hat hier das Projekt ‚Kalk4Respect' gegeben. Ein HipHop Projekt, wo dann auch in verschiedenen Jugendeinrichtungen das Thema Gewaltbereitschaft thematisiert wurde und halt diesen sorgsamen Umgang miteinander, dass das gefördert wurde. Da hat es inzwischen auch eine Projektschiene an zwei Schulen hier, an drei Schulen sogar, insgesamt gegeben. Das heißt, es hat sich schon was getan, ich kann aber nicht sagen, ob sich das bei den Jugendlichen so eins zu eins wiederspiegelt in der Wahrnehmung. Also es gibt immer noch dann bei Jugendlichen die Forderung, ein Jugendzentrum, mehr Öffnungszeiten, einen Raum, wo man sich dann auch regelmäßig aufhalten kann und dass sind dann natürlich die Dinge, die da nicht so auf die Schnelle gewährleistet werden konnten. Interviewpartnerin: Ne eben, sonst wüsste ich auch nicht was sich da nachhaltig raus entwickelt hat (…). Würde ich jetzt mal behaupten, dass da nichts passiert. (…) Weiß ich nicht. Also, ich kenn auch nicht alles was hier läuft in Kalk-Nord, aber außer diesem „Dialog der Kulturen" ist mir nachhaltig eigentlich nichts bekannt, was sich raus entwickelt hat." (B. M., Sozialarbeiter)

Viel Lob für die Angebote bringt ein Vertreter der Stadt auf: Er hebt vor allem den AK und die Förderung des Dialogs sowie auch die vereinzelten Projekte hervor:

> „In dem Rahmen ist ja dann ganz viel passiert hier. Es sind ja die Moscheeverbände aufgesucht worden, man hat diesen Arbeitskreis „Dialog der Kulturen' gegründet,

der sich ja erstmal aus interessierten und engagierten Leuten zusammengesetzt hat. Nachdem er dann in die Konstituierung gegangen ist. Es war ein längerer Prozess einfach an der Stelle sich zusammenzufinden und ein Gespräch aufzubauen. Denn dieser Arbeitskreis ist nicht hierarchisch organisiert. Er wird wohl durch den Interkulturellen Dienst und die Jugendpflege organisiert, aber inhaltlich bestückt er sich selber. Ich denke, das ist schon eine wichtige Geschichte. Man kann Anregungen, jeder kann Anregungen und Ideen reingeben und dann schaut man, wie die sich weiter entwickeln. Was passiert. Aber über diese Ebene ist eine Menge Vertrauen entstanden und so ist auch Kontakt, ich sage mal zu diesem HipHopper entstanden auch und in den Gesprächen mit ihm mit den Leuten aus dem Moscheebereich, mit der Polizei wurde dann mehr und mehr so die Idee geboren, das in der Richtung zu projektieren. Also nicht nur aus dem Stand der Einrichtungen. Wie das immer mit Projekten ist, einiges funktioniert, so wie man sich das wünscht (...). Anderes muss man nachsteuern. Das mit dem mobilen Fremdbewerben hat nicht so riesig gut geklappt. Es hat sich dann irgendwie alles über Mund zu Mund Propaganda weiter entwickelt. So dass die Einheiten im Prinzip alle recht gut belegt waren immer. Standortmäßig hat sich dann die Jugendeinrichtung in Humboldt/Gremberg weiter herausentwickelt, sage ich mal. Weil da auch räumliche Kapazitäten eher vorhanden sind als in den anderen Bereichen. Aber so ist diese Variante entstanden. Halt aus dem ‚Dialog der Kulturen‘. Es ist auch immer wieder zurückgekoppelt worden in den Arbeitskreis ‚Dialog der Kulturen‘.“ (H. B.)

Es gibt aber auch kritische Stimmen, mit denen zunächst die Reaktionen der Sozialen Arbeit bzw. der Behörden auf die Demonstrationen kritisiert werden:

„Die ganzen anderen Sozialarbeiter, die weit entfernt von den Jugendlichen standen, die haben sowas von versagt. (...) Das möchte ich auch, dass das wirklich irgendwo steht. Das ist mir wirklich wichtig. So ein existentielles Versagen von Leuten, die beruflich das machen und machen müssen und sich um diese Jugendlichen kümmern müssen, das war wirklich (...). Ich war wirklich empört und so wütend. Das ist wirklich (...). Das wäre gut, wenn ihr das aufnehmt. Also die werden auch ihre Sachen erzählen, was sie da im Umfeld alles gerissen und gemacht haben. Und ich sage Dir, die haben nichts gerissen und nichts gemacht. Bis auf die die, die in den Basissachen gearbeitet haben, wie im Jugendzentrum, evangelische Kirche. Die haben schon Kontakt gehabt. Aber die Leute, die es hätten machen müssen vom Amt. Kannst du richtig mit der Pfeife rauchen.“ (P. B.)

Später wird er noch deutlicher:

„Da sind natürlich immer irgendwelche Leute zusammengekommen und die haben dann geguckt: Wie können wir das hier beruhigen? Also die sind natürlich mit dem Interesse, jetzt nicht die Bedürfnisse der Jugendlichen zu befriedigen, sondern mit dem Interesse: „Wie kriegen sie den Stadtteil ruhig?“. Aber wenn du den Stadtteil ruhig kriegen willst, musst du dich mit den Problemen auseinandersetzen. Das heißt, die gucken da schon drauf. Ich kann das, ich bin mit ganz sicher, dass wenn wir da in das Detail gehen würden, dass es tatsächlich so ist, dass das die pure Befriedigungsmaßnahme war. Alles was danach passiert ist. Dass da überhaupt kein bisschen tatsächlich die Interessen der Jugendlichen und die Probleme der Jugendlichen aufgegriffen wurden, außer sie wurden sowieso schon aufgegriffen. Und das findet in Kalk real ja statt." (P. B.)

Kritik wird auch an den Angeboten der Stadt als Reaktion auf die Proteste formuliert. So wird z.b. als problematisch erachtet, dass der AK auf Amtsebene bzw. von außen gebildet wurde und die Jugendlichen, die im Viertel demonstriert haben, nicht oder äußerst gering eingebunden werden. Außerdem erachten sie es als problematisch, dass der AK gegründet wurde, um die Situation zu befrieden:

„Nein, also ich habe nicht den Eindruck, dass das ernst genommen worden ist, sondern dass das von den Leuten, die die Aufgabe gekriegt haben, das zu managen. Das im Wesentlichen über das Stadtjugendamt wohl gelaufen ist. Dass die die Aufgabe gekriegt haben oder sich die Aufgabe selber. Ich weiß noch gar nicht mal, ob das eine politische Idee war, die dann in das Stadtjugendamt so kommuniziert worden ist oder ob sie sich selber das zur Idee gemacht haben. Einfach den Stadtteil wirklich ruhig zu halten. Vorschläge, die so ein bisschen mehr nach Leben aussahen, wurden in diesem Gremium „Dialog der Kulturen" systematisch unterlaufen. Und zwar explizit von denen, die vom Jugendamt dafür vorgesehen waren. Also der Stadtjugendpfleger. Ganz klar, wirklich bis hin, dass der Vertreter der marokkanischen Gemeinde und ich und andere gesagt haben: ‚Das ist hier eine Verarsche'. Das haben wir wirklich gesagt. Ich bin irgendwann raus gegangen. Ich habe gesagt: ‚Ich lass mich hier nicht am Ring, durch den Nasenring durch den Raum führen. Das ist ja lächerlich'. Da hat einer von den Polizisten, die da in der Runde beteiligt sind, hat dem zugestimmt. Also das war erkennbar, dass das eine reine Blöff-Veranstaltung ist, um so zu tun, als wenn man hier was im Stadtteil erreichen (…) wollte." (P. B.)

Neben der Ignoranz der städtischen Vertreterinnen und Vertreter gegenüber den Interessen der Jugendlichen beklagt er auch die fehlende Teilnahme der Jugendlichen an den als top-down-Initiative gestarteten Angeboten:

„Der (‚Der Dialog der Kulturen', M.O.) ist da drüber gestülpt worden von sozusagen. Das ist nämlich genau. Das ist eine Idee, die sie genau, die sie verkaufen wollen. Das wäre entstanden. Das hat nichts mit Jugendlichen, die auf der Straße (…). Da ist nicht ein einziges Mal ein Jugendlicher, wenn ich da war und war schon ein paar Mal, die ersten Male war ich immer da. Da war nicht ein einziger der Jugendlichen, die auf der Straße waren. Da waren Jugendliche, aber das waren die Jugendlichen aus den Gemeinden oder aus der Kirche oder aus irgendwas. Aber niemals war einer der Jugendlichen, die richtig auf der Straße mit dabei gewesen sind, ernsthaft dabei gewesen sind, vielleicht hat einer mal am Rand gestanden. Kann sein. Aber das hat nichts damit zu tun gehabt. Gar nichts. Den Eindruck versucht aber die Verwaltung zu erwecken. Dass das sozusagen mit diesen Leuten was zu tun gehabt hätte. Das hat es aber nicht." (P. B.)

Allerdings sind die Bemühungen der Stadt von den Jugendlichen nicht nur kritisiert, sondern teilweise auch gelobt worden:

„Dann gab es auch verschiedene Aktionen, die daraus entstanden sind. Ich hatte verschiedene Aktionen zum Beispiel. Das Jugendamt hatte so einen Workshop in der Kuba Moschee und hat dort erzählt: Welche Pflichten, welche Rechte habe ich? Das kam sehr gut an. War sehr gut. Dann gab es zum Beispiel, gibt es diesen Spaziergang, interkulturellen Spaziergang, der gemacht wird in der interkulturellen Woche. Dann geht man zu verschiedenen Stationen, sieht die verschiedenen Institutionen. Das ist auch so eine gute Sache. Aber auch eine Sache, die natürlich auch den Arbeitskreis nach außen hin trägt. Dass jetzt Bürger mitmachen. Also inwieweit man sie mobilisieren kann ist eine andere Sache, aber es kommen halt welche und dann lernen die den halt kennen (…). Was zum Beispiel gemacht wurde, woran kann ich mich erinnern? Es wurden auch Probleme angesprochen. Das ist ganz zentral." (K.B.)

Vertreterinnen und Verteter des Arbeitskreises haben später Kontakte zu Jugendlichen aufgebaut, die bereits institutionell eingebunden waren bzw. die bereits Projektideen entwickelt hatten. Diese Jugendlichen wurden in die Arbeit des Arbeitskreises „Dialog der Kulturen" eingebunden. Ihre Projektideen wurden übernommen bzw. weiter ausgebaut und über kommunale finanzielle Mittel finanziert und mit den Jugendlichen durchgeführt. In diesem Zusammenhang sind hauptsächlich zwei Projekte entstanden: ein Hip-Hop Projekt (durchgeführt an verschiedenen Orten im Stadtteil) und ein „Anti-Gewalt-Training". Darüber hinaus fand nach den ‚Kalker Ereignissen' ein internationales Fußballturnier statt, das als Kooperation zwischen den Stadtteilen Kalk und Vingst – geleitet über eine Jugendeinrichtung in Vingst – durchgeführt wurde. Die Jugendlichen haben sich auf verschiedenen Ebenen, beispielsweise über die Teilnahme an Gesprächsrunden (Runde Tische), dem Halten von Reden, dem Gründen einer eigenen Homepage, dem Texten von Liedern in Gedenken an den verstorbenen Jugendlichen eingebracht und engagiert. Ein Jahr später, im Januar 2009, fand eine öffentliche Gedenkfeier der Jugendlichen statt, die offiziell angemeldet wurde. Auf kommunaler Ebene wurde überlegt, den Termin von „offizieller Seite" nochmals aufzugreifen. Jedoch wurde diese Überlegung wieder verworfen (vgl. hierzu den Beitrag von Sonja Preissing):

„Es hat ein Jahr später zum Jahrestag hat es nochmal einen Aufruf wieder zu einer Demonstration gegeben. Der hat aber nicht sehr viel Resonanz gehabt hat. Wir haben auch in diesem Kontext darüber nachgedacht ob man, jetzt wenn man so will von offizieller Seite diesen Termin nochmal in irgendeiner Form aufgreift, bewusst aufgreift. Wir haben das so bewusst nicht getan, weil wir gesagt haben, das ist nicht, als Jahrestag ist das nicht geeignet. Es geht darum, dass hier letztendlich ein Straftäter bei der Verübung seiner Straftat zu Tode gekommen ist. Das ist nichts, was man heroisieren sollte in dieser Form. Und eben dort wäre möglicherweise, wenn man so will, auch da nochmal wieder ein neuer Anlass zu den Demonstrationen gegeben worden. Was in keinem Interesse lag, das wieder aufleben zu lassen. Nichtsdestotrotz haben wir uns gerade wiederum mit dem Gesprächskreis ‚Dialog der Kulturen' bewusst um diesen Zeitraum herum getroffen, um dann auch genauso diese Dinge in diesem Kreis miteinander zu besprechen und in den betroffenen Institutionen, wenn man so will, das zu thematisieren und bewusst zu machen, dass man eben. Und das war ja auch ein, eine Idee und ein Ziel, dieses Dialogs der Kulturen. Das man sagt: Lass uns miteinander in das Gespräch kommen. Lass uns einander bekannt machen und bekannt werden, damit wir, eben solche Fragen oder solche Konflikte miteinander besprechen können und nicht überrascht oder ohne Kommunikationsmöglichkeiten uns wieder auf der Straße treffen. Denn das war ja die Grundidee dieses Dialogs der Kulturen eben. Diese Gruppen, die sich hier jetzt auf der Straße getroffen haben letztendlich im Vorfeld ansprechen zu können. Im Vorfeld Menschen, Personen zu kennen, die in dieser Gruppe etwas bewirken können, die etwas zu sagen haben, um im Falle, dass es irgendwo wieder ein Konflikt gibt, Ansprechpartner zu haben, die man dann ansprechen kann und sagen kann: ‚Nimm doch mal Einfluss, Steuer das doch mal in eine friedliche Richtung. In eine konstruktive Richtung'. Oder wie auch immer." (B. W., Polizei NRW)

Auf medialer Seite berichtete der WDR im Rahmen des Fernsehformats Cosmo TV mit dem Titel „Kalk – Ein Stadtteil nach dem Aufruhr". Im Stadtteil organisierte die Stadtteilgruppe SOMOST eine Diskussionsrunde um das Thema „Pariser Verhältnisse und Kalker Jugendliche?".

Ferner ist als Reaktion der Polizei die Erhöhung der Polizeikräfte im Viertel zu erwähnen. Während der Ereignisse stellte die Polizei im Viertel eine höhere Anzahl von Straffällen fest. Nach dem Programm seien die Zahlen jedoch wieder gesunken.

Dennoch haben letztendlich an den Treffen des AK kaum die Jugendlichen teilgenommen, die für ihre Anliegen demonstriert hatten. Aus dem AK entstanden zwar ein Hip-Hop-Projekt, ein „Anti-Gewalt-Training" und andere kleinere temporäre Angebote (vgl. hierzu den Beitrag von Sonja Preissing). Runde Tische und Projekte sind nach kurzer Zeit bereits mehr oder weniger „eingeschlafen", haben auf jeden Fall keine nachhaltige Wirkung entfalten können. Auch die Moscheen und andere Migrantenselbstorganisationen (MSO) konnten die Jugendlichen nicht erreichen bzw. in ihren Belangen nicht ‚vertreten'.

Zurück bleibt deshalb bei vielen Jugendlichen ein ungutes Gefühl der Machtlosigkeit. Sie sind einerseits konfrontiert mit einer fehlenden Ernsthaftigkeit der Verantwortlichen gegenüber ihren jugendlichen Interessen und auf der anderen Seite mit wenig oder kaum Partizipations- und Gestaltungsspielraum. Ein Jugendlicher kommentiert die Folgen des politischen Handelns seitens der Verantwortlichen wie folgt:

> „Keiner hat mit uns gesprochen. Die Polizei stand halt da. Ok, die haben uns bewacht. Sie haben zugesehen, dass wir da keine Randale machen. Aber keiner hat mit uns gesprochen. Das ist der Fehler. Es gab auch keinen Vertreter von uns. Was heißt Vertreter. Sagen wir mal einer von der Moschee oder einer von den Migranten, der da Stellung genommen hat. Und da was gemacht hat. Diese Machtlosigkeit ‚Man kann nichts machen. Man ist nichts'." (M.E.)

Dieses Fazit wird von einer Sozialarbeiterin und einem Sozialarbeiter bestätigt:

> „So glaube ich auch, dass das mit den Jugendlichen, also es gab ja kein Sprachrohr für die Jugendlichen. Oder es wurde nichts geschaffen. Hinterher im Nachhinein, wo Jugendliche sich irgendwie Gehör verschaffen konnten. Das gab es ja nicht. Wirklich. Deswegen würde ich sagen, ist da nichts daraus entstanden nachhaltig. (…). Inwiefern die Politik sich überhaupt das angehört hat, weiß ich gar nicht, ob die aktiv sich jetzt auch mal in einer Bezirksvertretungssitzung auseinandergesetzt haben. Ich weiß, dass die Verwaltung dann halt die Aufträge bekommen hat. (…). Ich glaube die Schulklasse hier von der Albermannschule, die waren beim Oberbürgermeister eingeladen. Dann hat es auch 2008 im April, wenn ich mich recht entsinne, hat es so ein Schülerparlament gegeben, wo Schüler eine Sitzung des Stadtrates nachgestellt haben. Wo dann aber auch die Beschlüsse, die in dieser Sitzung gefasst worden sind in der Verwaltung nachher auch geprüft werden mussten. Das heißt, so wie das der Stadtrat normalerweise beschließt und dann diese Aufgaben in die Verwaltung übertragen werden, so haben das dann halt an diesem Tag die Schüler auch in Gang gesetzt. Ich glaube aus dieser Sitzung ist auch hervorgegangen, eine Anfrage, ob es für Kalk nicht auch eine Jugendeinrichtung geben kann. Das heißt, also nicht nur eine Einrichtung wie wir es sind, die als Projekt gefördert wird mit einem Betriebskostenzuschuss. Sondern dann wirklich eine Einrichtung, wo Personal auch zur Verfügung gestellt wird und so weiter und so fort. Ja, aber wenn ich mir so vorstelle, wenn ich mich in die Jugendlichen hineinversetzen würde, dann würde ich jetzt glaube ich nicht wirklich was davon spüren. Dass da nachhaltig was, also wo ich denke: Ach ja, nach der Demonstration da ist was passiert." (E. S., B.M.)

Berücksichtigen muss man bei einer Einschätzung der Reaktionen jedoch, dass die Situation für alle Beteiligten relativ neu war. Die Soziale Arbeit respektive die Jugendarbeit reagierte während der Demonstrationen ebenfalls eher „hilflos". Diese Hilflosigkeit hat – so meine These – nichts mit Personen, sondern einerseits eher mit fehlenden Konzepten der Sozialen Arbeit in Bezug auf die Förderung politischer Partizipation von Jugendlichen (mit und auch ohne Migrationshintergrund) und andererseits mit fehlenden Ressourcen der Sozialen Arbeit zu tun. Allerdings ist hier nicht nur die Soziale Arbeit, sondern auch die Schule gefragt.

## 3 Soziale Arbeit und zivilgesellschaftliches Engagement im Allgemeinen

Neben der Steuerung der finanziellen Transferleistungen hat die Sozialpolitik auch die eher indirekte Aufgabe der Sozialfürsorge. Diese zweite Säule der Sozialpolitik wird durch die Soziale Arbeit realisiert, deren Funktion die Organisation konkreter Hilfemaßnahmen ist.

Der fürsorgende Wohlfahrtsstaat der Bundesrepublik zielte bis in die 80er Jahre auf eine finanzielle Kompensation sozialer Ungleichheit, die zentral durch den Staat geregelt wurde (vgl. hierzu und im Folgenden: Galuske 2004). Gerechtigkeit wurde vor allem unter materiellen Gesichtspunkten interpretiert, d.h. Gerechtigkeit sollte durch finanzielle Umverteilung erzeugt werden. Die erste Ölkrise im Jahr 1973 symbolisierte zunächst neben der starken Abhängigkeit der Industrieländer von fossilen Brennstoffen die temporäre Begrenzung eines stetig zunehmenden Wirtschaftswachstums, der Vollbeschäftigung, des steigenden Konsums für die große Mehrheit der Bevölkerung und des wohlfahrtsstaatlichen Denkens. Vor dem Hintergrund der Krise dieses fordistischen Modells des Kapitalismus kam es zu einer grundlegenden Neuausrichtung des Kapitalismus. Die Anfang der 1980er Jahre einsetzenden Schübe der Globalisierung und der Rationalisierung bewirkten eine rasant steigende Arbeitslosigkeit in den Zentren des Kapitalismus und führten gleichzeitig zu einer Reduktion sozial- und wohlfahrtsstaatlicher Leistungen. In den 1990er Jahren sorgten politische Entscheidungen wie die Abschaffung der Kapitalertragssteuer und der radikalen Einschränkung der Vermögenssteuer zu weiteren Einbußen bei den Steuereinnahmen. Die mit dieser politischen Regulierung bewirkte Produktions- und Umsatzsteigerung führte jedoch nicht zu einer erhofften Re-Investition in die Produktion der Betriebe, sondern ließ stattdessen die betriebliche Investition in Kapitalanleihen wie Aktien u.ä. aufblühen. Derartige betriebliche Aktionen sind jedoch volkswirtschaftlich nur von geringem Nutzen, weil sie den Konsum nicht anregen bzw. fördern und somit auch keinen Rücklauf des Kapitals in die Steuersysteme bewirken. Auf zurückgehende staatliche Steuereinnahmen bei gleichzeitig höheren Sozialausgaben durch vermehrte Arbeitslosigkeit musste schließlich politisch reagiert werden. Es folgte Anfang des neuen Jahrtausends die Agenda 2010, eine Reduzierung der Staatsaufgaben und -ausgaben durch die Hartz-Reformen, der

Inbegriff des so genannten „Dritten Wegs", der die Neudefinition des Gerechtig-
keitsprinzips weg von der Verteilungs- und hin zur Chancengerechtigkeit bzw.
den Wechsel vom „aktiven" zum „aktivierenden Staat" implizierte. Partizipation
sollte nicht weiterhin in Form der „Teilhabe", sondern als „Teilnahme" organisiert werden. Nur über die Teilnahme sei schließlich eine nachhaltige Teilhabe
möglich, so die neue Ideologie staatlicher Intervention. Dem Staat fiel somit die
Aufgabe der Aktivierung der Bürgerinnen und Bürger zu, die er seitdem durch
das Motto „Fördern" und „Fordern" zu realisieren versucht. Implizit ist damit
aber auch gemeint: Wer nicht teilnehmen will, dem droht Druck, eventuell
Zwang und Ausschluss (z.B. von Sozialhilfe) durch den aktivierenden Staat. Der
durch Globalisierung und Rationalisierung bewirkten Abnahme der produktions-
orientierten Lohnarbeit sollte durch eine stärkere Verpflichtung der Arbeitneh-
merinnen und Arbeitsnehmer zur Aufnahme einer (auch minderwertigen oder
schlecht bezahlten) Arbeit begegnet werden. Die seitdem gültigen Stellschrauben
für diese Neuausrichtung sind eine verstärkte Überprüfung und Kontrolle der
Berechtigung zur Sozialhilfe (Hartz I), die Förderung so genannter prekärer
Beschäftigungsverhältnisse wie „Ich"- und „Familien-AG'en und Mini-Jobs
(Hartz II), die Umstrukturierung und partielle Privatisierung der Arbeitsagentur
(Hartz III) und eine Minderung der Lohnersatzleistungen (Abschaffung der Ar-
beitslosenhilfe) bzw. die Zusammenlegung der Arbeitslosenhilfe und der Sozial-
hilfe zu ALG II (Hartz VI). Legitimiert wurden die Reformen vor allem vor dem
Hintergrund eines zu teuren, ineffektiven und die Zielgruppen paralysierenden
Sozialstaats.

Auch auf die Soziale Arbeit kommen seit der Agenda 2010 neue Aufgaben
zu, da sie nun stärker als zuvor staatliche Aufgaben der Arbeitsvermittlung (z.B.
als Job-Center) übernehmen muss. Für die Soziale Arbeit sind damit bestimmte
Folgen verbunden, die Galuske (2002, S. 10f.) als Unterwerfung der Sozialen
Arbeit unter eine ökonomische, auf Effektivität und Effizienz basierende Sachzwangideologie, eine Unterstützung der Sozialen Arbeit bei der Individualisie-
rung der Schuldzuweisung der Arbeitslosigkeit und der Stigmatisierung der Ar-
beitslosen, eine Verschiebung der Balance der Sozialen Arbeit von Hilfe und
Kontrolle zugunsten der Kontrolle und eine Entprofessionalisierung der Sozialen
Arbeit durch Ökonomisierung und Privatisierung beschrieben hat. Auch methodisch und sprachlich hatte die Umstellung Folgen für die Soziale Arbeit. Prozesse wie Analyse, Planung, Durchführung und Qualitätssicherung haben Einzug in
die Methodik der Sozialen Arbeit gefunden, genauso wie Begriffe wie Kun-
denorientierung, Coaching, Aktivierung, Effizienz und Outputorientierung ihr
modernes Vokabular prägen (vgl. Kurzke-Maasmeier 2006, S 114). Zudem soll
Soziale Arbeit von nun an (wieder) stärker Hilfe zur Selbsthilfe leisten, die Fä-
higkeiten zur Selbstsorge, zur Selbstbestimmung und zur Selbstveränderung
stärken und Menschen dazu bewegen, ihre und auch die Probleme Anderer (z.B.

durch Familieneinsatz, Nachbarschafts- oder Stadtteilhilfe) eigenständig zu beheben oder sich mit ihnen zu arrangieren. Eng verknüpft mit der Ausrichtung dieser aktivierungspolitischen und -pädagogischen Umprogrammierung (Heite 2008, S. 192) ist die Förderung bzw. der Ausbau des sozial orientierten, ehrenamtlichen zivilgesellschaftlichen Engagements im Kontext der Bürgergesellschaft. Ehemals sozialstaatliche, auf Recht basierende und einklagbare Leistungen sollen somit durch eine auf „Selbstverantwortung der Einzelnen" oder auf „Abhängigkeit von partikularen, etwa familialen oder nachbarschaftlichen Gemeinschaften" (ebd.) basierende und an Sympathie geknüpfte Angebote ersetzt werden, für die vor allem karitativ orientierte Frauen begeistert werden sollen.

Nun beschäftigt sich die Soziale Arbeit schon seit längerer Zeit mit Konzepten, Programmen und Maßnahmen des *Empowerments*, des sozial orientierten, ehrenamtlichen zivilgesellschaftlichen Engagements. Allerdings ist die Rolle der Sozialen Arbeit dabei zwiespältig. Auf der einen Seite soll sie der Förderung des bürgerschaftlichen Engagements und dem Anspruch der Stärkung der Bürgerrechte dienen und auf der anderen Seite soll sie professionell, reflexiv und kritisch agieren. Besonders deutlich wird diese Zwitterposition im Konzept der Aktivierung des Sozialstaats. Problematisch ist diese neue Funktion der Sozialen Arbeit zunächst vor dem Hintergrund, dass die Förderung des bürgerschaftlichen Engagements unter dem Diktat des Sparzwangs erfolgt und nicht unter dem Gesichtspunkt der Hilfe. Zudem wird die Funktion der „verordneten Solidarität" (Kurzke-Maasmeier 2006, S. 116) im Kontext der Sachzwangideologie eingeführt und erhält dadurch den Charakter einer von außen oktroyierten Alternativlosigkeit bzw. eines externen Zwangs. Besonders problematisch ist es zudem, wenn Menschen, deren Bedürftigkeit sich gerade durch den Verlust ihrer Autonomie kennzeichnen, zu einer solchen angeregt oder gar angehalten werden sollen. Zynisch wird es dann, gerade von den Menschen Selbstregulierung zu verlangen, die gar nicht die Chancen dazu hatten, diese zu erlangen oder diese aufgrund eines besonderen Lebensereignisses (z.B. durch Krankheit oder Behinderung) verloren haben. Die mit dem Ansatz des *Empowerments* assoziierte Gerechtigkeitsvorstellung kann eben nur erfolgreich realisiert werden, wenn die Grundrechte und vor allem die wesentlichen materiellen Voraussetzungen und die entsprechend hohe Bildungsqualifikation für alle Beteiligten erfüllt sind[61]. Mit anderen Worten: *Empowerment* setzt ein gewisses Maß an materiellem und immateriellem Wohlergehen voraus, ohne das es gar nicht realisiert werden kann bzw. ohne das es zynisch wäre, es einzufordern:

---

61 Dies zeigt sich im Übrigen empirisch schon daran, dass es meist Angehörige bürgerlicher Schichten sind, die ehrenamtlich aktiv sind.

„Ethisch problematisch ist im Zusammenhang mit den Zielen der Aktivierung nicht das Fördern von Gemeinschaftssolidarität im prinzipiellen Sinne, sondern vielmehr eine moralisch überspannte Erwartung in die Solidaritätsressourcen und die Gemeinwohlpflichten unter den Bedingungen von sozialer Benachteiligung. Beistandssolidarität lässt sich schlechterdings nicht verordnen, sondern kann nur auf hinreichenden verlässlichen zwangssolidarischen, also sozialrechtlichen Fundamenten aufbauen." (Kurzke-Maasmeier 2006, S. 120)

Die positive Wirkung des *Empowerments* setzt somit ein gewisses Maß an sozialer Sicherheit bei den Klientinnen und Klienten voraus. Erst wenn dieses Mindestmaß an sozialer Sicherheit vorhanden ist, kann *Empowerment* diese dann auch fördern.

## 4    Soziale Arbeit und politische Partizipation marginalisierter Jugendlicher

*Politische Partizipation marginalisierter Jugendlicher*

Auf der einen Seite ist die politische Partizipation von Angehörigen der sozialen Unterschicht bisher nur selten empirisch untersucht worden[62]. Auf der anderen Seite gibt es zwar inzwischen einige Studien über die politische Partizipation von Jugendlichen[63], jedoch wiederum keine systematisch angelegte Studie zur Zielgruppe der marginalisierten Jugendlichen.

In Verbindung mit sozialer Ungleichheit wird politische Partizipation zu einer sehr brisanten politischen Angelegenheit. Seit langem ist bekannt, dass politische Partizipation eine erhebliche soziale Bedingtheit bzw. Selektivität impliziert (vgl. Bödeker 2012, S. 6ff.). Die wesentlichen Ressourcen politischer Partizipation sind Zeit, Einkommen, Bildung und soziale Kompetenz, wobei ökonomisches, kulturelles und soziales Kapital sich zudem gegenseitig ergänzen und verstärken (vgl. Bourdieu). Alle diese Ressourcen entscheiden über den Grad der politischen Partizipation und sind auch in demokratischen, auf Chancengleichheit bedachten Gesellschaften sehr unterschiedlich in der Bevölkerung verteilt. Erkennbar wird dieser Umstand auch an der Tatsache, dass Angehörige der Mit-

---

[62]    Neuere Ausnahmen bilden hier die Studien von Böhnke 2011, Klatt und Walter 2011, Bödeker 2012. Schon Munsch (2003, S. 8) hat jedoch schon darauf verwiesen, dass in Bezug auf die Untersuchung des Engagements ein Perspektivwechsel erforderlich sei. Gegenstand von neuen Untersuchungen müssten die Akteure der in der Unterschicht angesiedelten Milieus sein. Dabei ginge es vor allem darum zu erkunden, warum das Engagement dieser Bevölkerungsgruppen ausbleibt oder besser: verhindert wird (vgl. auch Klatt und Walter 2011, S. 35ff.).

[63]    Vgl. z.B. die Publikationen von Roth/Rucht 2000, Burdewick 2003 oder Schneekloth 2006.

tel- und Oberschicht ihre Einflussmöglichkeit bzw. ihre Wirksamkeit auf das politische Geschehen weitaus größer einschätzen als Angehörige aus der Unterschicht (vgl. Bödeker ebd., S. 9ff.). Umgekehrt führen hohes Einkommen, hoher Bildungsgrad und hohe soziale Kompetenz wiederum zu einem verstärkten politischen Interesse. Vom politischen Interesse ist es – je nach Notwendigkeit und Dringlichkeit – dann häufig nur noch ein kleiner Schritt bis zum politischen Engagement. Entwicklung und Förderung des politischen Interesses und die Chancen auf Realisierung bzw. Umsetzung der Interessen dieser Personen basieren offensichtlich auf denselben Kapitalformen und bedingen sich gegenseitig.

Empirisch belegt ist, dass das politische Interesse, die Wirksamkeitsüberzeugung und die Bereitschaft zur politischen Partizipation bei Angehörigen der Unterschicht deutlich geringer sind als bei denjenigen der Mittel- und Oberschicht (Bödeker ebd., S. 37; auch Böhnke 2011, S. 21). In Bezug auf die politische Partizipation gilt dies sowohl für Wahlen als auch für die außerparlamentarischen, direkten Formen der Beteiligung. Wer nur einen Hauptschulabschluss hat, nur über ein geringes Einkommen verfügt und sich in sozialen Netzwerken der eigenen Schicht bewegt, hat in der Regel nur wenig Interesse an politischen Prozessen, glaubt nicht, dass er/sie wirklich Einfluss auf das politische Geschehen nehmen kann, und nimmt signifikant seltener an Wahlen und direkten Formen der Meinungsäußerung teil. Dies gilt sogar für das Thema der sozialen Ungleichheit bzw. sozialen Ungerechtigkeit selbst. Auch an Protesten gegen das Auseinanderdriften der Schere zwischen Arm und Reich nehmen überwiegend einkommensstarke und gut ausgebildete Angehörige der Mittelschichten teil (vgl. Rucht und Yang 2004).

Besonders heikel wird das Verhältnis von sozialer Ungleichheit und politischer Partizipation, wenn man die Korrelation zunehmender sozialer Ungleichheit und zunehmender politischer Ungleichheit berücksichtigt (vgl. Bödeker 2012, S. 40f.). Angesichts der vor allem durch die Hartz-IV-Reformen konkretisierten Entwicklung des aktiven zum aktivierenden Sozialstaats einerseits und der starken Einkommens- und Vermögensgewinne der Angehörigen der oberen Schicht hat die soziale Ungleichheit in Deutschland in der letzten Dekade deutlich zugenommen. Zudem ist die Chancengleichheit, das heißt, die Möglichkeit für Angehörige unterer Schichten durch Bildung aufzusteigen, gerade in Deutschland weiterhin extrem gering ausgeprägt. In einem Staat, in dem Bildung zu den begehrten Gütern gehört, müsste diese Entwicklung im Grunde zu einer größeren staatlichen Umverteilung von oben nach unten und zumindest zu einer deutlichen Investition in Bildung und zum Abbau von Selektionsmechanismen des Schulsystems führen. Beides ist jedoch nicht der Fall. Und obwohl, wie in Demokratien eigentlich zu erwarten, die Mehrheit der Wählerinnen und Wähler mit kleinen und mittleren Einkommen eine Allianz gegen diese Entwicklung bilden könnten, kommt es nicht zu einer Verbesserung der politischen Partizipation dieser Bevölkerungsgruppen, sondern sogar zu einer Verschlechterung. Zu vermuten ist deshalb, dass mit

> „(…) steigender Ungleichheit (…) gleichzeitig die relative Macht einkommensstarker Teile der Bevölkerung (steigt, M.O.), da das politische Engagement sozial Schwacher geringer wird. Somit kann es zu einer Situation kommen, in der die Interessen der einkommensschwächeren Mehrheit immer weniger Berücksichtigung finden und bestimmte politische Lösungswege nicht einmal den Weg in den politischen Entscheidungsprozess finden (…). Soziale Ungleichheit untergräbt somit das Ziel politischer Gleichheit." (Bödeker 2012, S. 41)

In ihrer Eindeutigkeit eingeschränkt werden müssen diese Ergebnisse jedoch vor dem Hintergrund qualitativer Studien (Klatt und Walter 2011, S. 196, Munsch 2003), in denen aufgezeigt wird, dass Angehörige der Unterschicht zumindest ehrenamtliches bzw. soziales Engagement teilweise gar nicht als solches interpretieren. Man dürfe angesichts der Ausdifferenzierung des Schichtengefüges und der Milieus heute nicht ohne Weiteres von der sozialen Lage auf politische Einstellungen, soziales Engagement oder den Charakter alltagsorientierter Deutungsmuster schließen (Klatt und Walter 2011, S. 18). Insofern kann vermutet werden, dass das Engagement von marginalisierten Bevölkerungsgruppen unterschätzt wird. Vergleichbar sind diese Ergebnisse mit den hier vorliegenden Resultaten zu den Protesten marginalisierter Jugendlicher in Köln-Kalk. Auch hier handelt es sich um eine Form politischer Partizipation von Jugendlichen, die einerseits unterschätzt und nicht als eine solche interpretiert wird und andererseits aber offensichtlich auch unbedingt "in den Griff bekommen werden muss", wie manche der befragten Expertinnen und Experten betonen. Dies verweist wiederum auf die Rolle der Expertinnen und Experten und hier insbesondere auf diejenige der Sozialen Arbeit.

*Die Rolle der Sozialen Arbeit im Umgang mit politischer Partizipation marginalisierter Jugendlicher*

Soziale Arbeit war lange Zeit auf die Behandlung, respektive Versorgung „armer Bevölkerungsschichten" spezialisiert. Die mittelalterliche „Armutsfürsorge" ist die historische Quelle der modernen Sozialen Arbeit, zunächst in Mitteleuropa, in England und später auch in Deutschland. Erst seit der Nachkriegszeit beschäftigt sie sich auch mit den Problemen von Angehörigen der Mittelschichten. Heute lautet ihr gesellschaftlicher Hauptauftrag, in Kooperation mit der Sozialpolitik ‚bedürftige' Klientinnen und Klienten unterstützen. In Bezug auf Jugendliche bedeutet dies konkret:

- Jede/r Jugendliche soll sein/ihr „Recht auf Förderung seiner (ihrer) Entwicklung und auf Erziehung zu einer eigenverantwortlichen und gemein-
schaftsfähigen Persönlichkeit" mit Unterstützung der Jugendhilfe verwirkli-
chen können (§ 1 SGB VIII)

- „Kinder und Jugendliche sind entsprechend ihrem Entwicklungsstand an
allen sie betreffenden Entscheidungen der öffentlichen Jugendhilfe zu beteiligen." (§ 8 SGB VIII)

- „Jungen Menschen sind die zur Förderung ihrer Entwicklung erforderlichen
Angebote der Jugendarbeit zur Verfügung zu stellen. Sie sollen an den Interessen junger Menschen anknüpfen und von ihnen mitbestimmt und mitge-
staltet werden, sie zur Selbstbestimmung befähigen und zu gesellschaftlicher Mitverantwortung und zu sozialem Engagement anregen und hinfüh-
ren" (§ 11 SGB VIII)[64].

Der Umgang der Sozialen Arbeit mit politischer Partizipation von Jugendlichen
ist jedoch sehr unterschiedlich. In Bezug auf Jugendliche aus der Mittelschicht
gibt es eine breite Palette an Angeboten zur politischen Partizipation wie z.B. die
Internationale Jugendarbeit und die Jugendverbandsarbeit. „Durch Jugendverbände und ihre Zusammenschlüsse werden Anliegen und Interessen junger Menschen zum Ausdruck gebracht und vertreten" (§ 12 SGB VIII). Jugendliche werden auch explizit z.B. durch parteinahe Jugendorganisationen oder überparteili-
che Jugendverbände „politisch" gefördert und vertreten. Auch für Jugendliche
aus der Unterschicht gibt es eine breite Palette an Angeboten, wie z.B. die Jugendsozialarbeit, die Offene Jugendarbeit, die Gemeinwesenarbeit oder die
Schulsozialarbeit. Jugendliche werden in diesen Angeboten jedoch nicht oder
zumindest zu wenig „politisch" gefördert. Dieses Manko wurde im Umgang der
Sozialen Arbeit mit den Protesten der Kalker Jugendlichen sehr deutlich.

Hilflosigkeit und Bedürftigkeit werden auf der Seite der Jugendlichen vor
allem durch fehlende Transparenz sichtbar. Unklar war für die Jugendlichen, wie
es zu diesem Urteil der Justiz kommen konnte. Vor dem Hintergrund dieses
Unverständnisses entwickelte sich ein starker Unmut bei den Jugendlichen. Ein
Problem waren auch ihre fehlenden Kenntnisse darüber, wie man Öffentlichkeit
herstellt bzw. wie man politische Forderungen so aufstellt, dass sie bei der Bevölkerung und bei Politikerinnen und Politikern Gehör finden. Deshalb konnten
sie ihre Interessen und Anliegen nicht in die Öffentlichkeit transportieren. Es
entstand eine Art Hilflosigkeit, die sich schnell zu Resignation („Politiker tun
nichts für uns") entwickelte und das Bewusstsein um Chancenlosigkeit aufgrund

---

64  Auch in der Kinderrechtskonvention der Vereinten Nationen (vgl. Artikel 12) wird gefordert,
dass die Meinung des Kindes angemessen und entsprechend seinem Alter und seiner Reife zu
berücksichtigen ist.

geringer Bildungsqualifikation, um fehlende Ausbildungs- und Arbeitsplätze, um fehlende Bildung, vor allem um fehlende politische Bildung verstärkte. Zudem mangelte es an den entsprechenden Kompetenzen in Bezug auf die Organisation einer Demonstration.

Auf der Seite der Sozialen Arbeit existierte Hilflosigkeit vor dem Hintergrund einer relativ neuen, unbekannten Situation, wegen zu großer Distanz zum Klientel, fehlendem Vertrauen, fehlender professioneller Konzepte in Bezug auf den Anspruch der politischen Partizipation seitens der Jugendlichen und wegen der Haltung, politische Bildung sei „Sache der Schule". Gründe dafür sind lange Zeit die Orientierung der Sozialen Arbeit an Defizit orientierten, kompensatorischen und paternalistischen Konzepten (Ausländerpädagogik), Entpolitisierungstendenzen der Sozialen Arbeit, Instrumentalisierung der Sozialen Arbeit (Privatisierung, Ökonomisierung durch Managementkonzepte etc.) und eben der fehlende Bezug zur (politischen) Bildung.

## 5    Ansätze der Förderung der politischen Partizipation marginalisierter Jugendlicher durch die Soziale Arbeit

Vor dem Hintergrund der empirischen Ergebnisse liegt ein Plädoyer für eine Qualifizierung Sozialer Arbeit in Bezug auf die Unterstützung der politischen Partizipation marginalisierter Jugendlicher mit und ohne Migrationshintergrund nahe. Es muss eine *(Re-)Politisierung Sozialer Arbeit* stattfinden, die mit einer verstärkten Orientierung an (politischer) Bildung bzw. mit einer stärkeren Bereitschaft zur Kooperation mit Schule einhergehen muss. Bestandteil dieser Repolitisierung der Sozialen Arbeit sollte auch eine offensive Kritik an Institutionen, die Chancengleichheit verhindern, sein.

Für die Soziale Arbeit als Profession sind zunächst die Grund- und Menschenrechte handlungsleitend. Im Kontext aktueller gesellschaftlicher Veränderungen ergibt sich daraus zunächst die Forderung nach gleichberechtigter Partizipation aller Menschen, d.h. die Möglichkeit der Teilnahme an Entscheidungsprozessen und die Möglichkeit der Teilhabe in Bezug auf gesellschaftliche Güter und Ressourcen.

Im Folgenden werden exemplarisch einige Arbeitsfelder der Sozialen Arbeit näher beleuchtet und ihr möglicher Beitrag zu einer aktiven Förderung der politischen Partizipation der Jugendlichen verdeutlicht.

*Gemeinwesenarbeit*

Als Import aus den USA und den Niederlanden ist die Gemeinwesenarbeit (GWA) in Deutschland in den siebziger Jahren etabliert und weiterentwickelt worden. Seitdem spielt sie eine wichtige, aber zugleich auch umstrittene Rolle in der Sozialen Arbeit (vgl. ausführlich Blandow/Knabe/Ottersbach 2012). Ein wichtiger Verdienst der Gemeinwesenarbeit liegt z.b. darin, das Augenmerk sowohl der Vertreterinnen und Vertreter der Sozialen Arbeit als auch der Politik für die Lebenswelt bzw. den Sozialraum der Menschen in sozial benachteiligten bzw. marginalisierten Quartieren geschärft zu haben. In keinem anderen Arbeitsprinzip der Sozialen Arbeit wird die notwendige Hervorhebung der Sozialstruktur eines Quartiers bei der Ursachenforschung individueller sozialer Problemlagen in dieser Form sichtbar. Sie hat eigene Methoden, wie z.b. die aktivierende Befragung entwickelt, um Betroffenen geeignete Hilfe (zur Selbsthilfe) zukommen zu lassen. Die Gemeinwesenarbeit hat sich in Deutschland als „dritte Methode" der Sozialen Arbeit etabliert und die Gründung von Bürgerinitiativen und anderen Formen sozialer Bewegungen unterstützt.

Da sich die Gemeinwesenarbeit jedoch vornehmlich an Bewohnerinnen und Bewohner marginalisierter Quartiere richtet, muss neben dem migrationsspezifischen Kontext vor allem der soziale Kontext des Quartiers berücksichtigt werden (vgl. Ottersbach 2012). In Bezug auf sozialarbeiterische *Kenntnisse* ist deshalb zunächst das Wissen um die Lebenslage von Menschen mit und ohne Migrationshintergrund relevant. Kenntnisse aller Kapitalarten (ökonomisch, politisch/rechtlich, sozial, kulturell) und eine konkrete Erkundung (z.B. durch aktivierende Befragung) und Analyse des sozialen Umfelds bzw. des Milieus (Familie, Kindergarten, Schule, Ausbildungsstätte, Arbeitsplatz, Peer group etc.), die Entstehung und Ausformung indirekter und direkter Diskriminierung und Stigmatisierung und – bei Flüchtlingen – die Kenntnis von Flucht- und Traumatisierungserfahrungen stehen dabei im Vordergrund.

Auch wenn die Lebenslagen der Bewohnerinnen und Bewohner in marginalisierten Quartieren tendenziell ähnlich sind, differieren jedoch ihre subjektiven Verarbeitungsformen dieser Lebenslagen. Zur Erkundung des individuellen bzw. subjektiven Umgangs mit der Lebenslage ist die Kenntnis geeigneter qualitativer, respektive biografischer Methoden und entsprechender Auswertungsverfahren unerlässlich. Zudem ist die Reflexion sozialarbeiterischer Praxis (Stigmatisierung bzw. Klientelisierung), die Kenntnis europäischer/nationaler/regionaler Förderprogramme, Möglichkeiten der Kooperation und Vernetzung, aber auch die grundlegenden Methoden der Sozialen Arbeit wie Einzelhilfe, Gruppenarbeit (Schulsozialarbeit) von Bedeutung.

Konzentriert man sich auf *Arbeitsbereiche* der Sozialen Arbeit, ist eine zentrale Voraussetzung zunächst die Kenntnis sowohl der Möglichkeiten als

auch der Grenzen der Sozialen Arbeit. Grenzen bilden vor allem die Einwanderungspolitik bzw. die politisch-rechtliche Situation der Menschen mit Migrationshintergrund, die Konjunktur- bzw. Arbeitsmarktentwicklung, die Sozialpolitik und die Integrationspolitik. Allerdings impliziert ein offensives Berufsver-
ständnis von Sozialer Arbeit eine Kritik dieser Politiken in der Öffentlichkeit.

Mögliche Arbeitsbereiche der Gemeinwesenarbeit sind die Beratung bei so-
zialen Problemen (Arbeit, Wohnen, Ämterkontakte, ethnischer und rassistischer
Diskriminierung etc.), die Schulsozialarbeit bzw. die Kooperation zwischen
Jugendhilfe und Schule, Hilfen im Übergang Schule/Beruf (Kooperation mit
Jugendsozialarbeit), die Offene Jugendarbeit, eine Kooperation mit der Kultur-
politik („Dialog der Kulturen" bzw. „Interreligiöser Dialog"), eine Beteiligung
am Interkulturellen Gesamtkonzept in Kommunen, die Förderung der politischen
Partizipation durch eine Kooperation mit den Integrationsräten NRW, die Kooperation mit der Jugendverbandsarbeit und der Internationalen Jugendarbeit und
vor allem eine Kooperation mit Migrantenselbstorganisationen. Diese sind eine
enorm wichtige Schnittstelle zwischen den Bewohnerinnen und Bewohnern mit
Migrationshintergrund und Vereinen, Verbänden und staatlichen Institutionen.


*Schulsozialarbeit*

Jugendliche aus marginalisierten Quartieren sind häufig die ersten Adressaten
der Schulsozialarbeit (SSA). Ihre Eltern sind meist nicht in der Lage, ihren Kindern selbst bei den Schulaufgaben zu helfen oder ihnen relativ teure Nachhilfe-
stunden zu finanzieren. Zwar ist es im Prinzip zunächst eine Aufgabe der Schule
selbst, Bildungsdefizite der Schülerinnen und Schüler zu kompensieren und
Chancengleichheit zu ermöglichen. Dennoch kann der Sozialen Arbeit bzw. der
Jugendhilfe das Thema Chancengleichheit nicht gleichgültig sein (vgl. Radema-
cker 2011, S. S.19). Die Schulsozialarbeit ist durchaus ein sehr geeignetes Angebot, die schulischen Defizite teils zu kompensieren und die Chancengleichheit
wenn nicht herzustellen, dann aber zumindest zu fördern. Als kritische Methode
der Sozialen Arbeit orientiert sie sich nicht nur an den potenziellen Defiziten der
Schülerinnen und Schüler, sondern auch an denen der Schule bzw. des Schulsystems. Formen institutioneller Diskriminierung, wie sie für die Schule empirisch
nachgewiesen wurden (vgl. Gomolla/Radtke 2007), sollten auch im Zentrum der
Kritik einer offensiv orientierten, kritischen Schulsozialarbeit stehen (vgl. Baier
2011, S. 90). Allerdings lässt sich Schulsozialarbeit nicht auf diese defizitorien-
tierte Rolle reduzieren. Als Methode der Sozialen Arbeit hat sie zudem einen
eigenständigen, außerschulischen Bildungsauftrag, den sie im Rahmen lebens-
weltorientierter Projekte z.B. zur Stadtteil- oder Freizeiterkundung oder zu musi-
schen oder künstlerischen Themen realisiert. Ihre sozialpädagogischen bzw.

sozialarbeiterischen Angebote orientieren sich in der Regel an der (Bildungs-) biographie und der Lebenswelt von Kindern und Jugendlichen (vgl. auch Geisen 2011, S. 269) und reichen von der frühen Förderung über die Schule bis zum Übergang in Ausbildung oder Studium. Eine solche Bildungsarbeit setzt deshalb an der Lebenslage der Nutzerinnen und Nutzer an und berücksichtigt Interessen und Kommunikationsformen der Angehörigen der sozialen Unterschicht. Die Konzepte der Sprachförderung sind meist mehrsprachig, gehen also nicht einfach von Defiziten in der deutschen Sprache aus, sondern setzten bei der Ressource einer lebendigen Familiensprache an, um von hier aus Deutsch als Zweitsprache zu lehren und lernen.

Ein kritischer Ansatz der Schulsozialarbeit sollte jedoch nicht nur für eine Kompensation schulischer Defizite eintreten oder sozialpädagogische Angebote durchführen, sondern auch politische Bildung zum Programm machen. Zudem müssen die diskriminierenden Folgen einer Sonderbehandlung der Zielgruppe aufmerksam beobachtet und wo möglich vermieden werden, d.h. Schulsozialarbeiterinnen und -sozialarbeiter sollten nicht *für* eingewanderte Kinder, Jugendliche und ihre Eltern, sondern *mit* ihnen arbeiten.

## *Politische Bildung*

Nicht nur die Schule, auch die außerschulische (politische) Bildung hat häufig große Schwierigkeiten, die Gruppe der marginalisierten Jugendlichen zu erreichen. Zweifellos hat dies auch mit dem, sich hinter den Bildungskonzepten der Institutionen verbergenden, formellen Bildungsverständnis zu tun, das von den Inhalten her sehr stark mittelschicht- und wenig oder kaum lebenslage- und milieuorientiert ist und den Prozess der gesellschaftlichen Konstruktion ‚bildungsferner' Jugendlicher[65] inklusive dessen negative Konsequenzen reflektiert. ‚Bildungsferne' oder ‚Bildungsverweigerung' werden bestenfalls als Folge einer gescheiterten Sozialisation und schlimmstenfalls als individuell verschuldetes Versagen interpretiert. Verkannt werden in beiden Fällen die Sinnhaftigkeit einer solchen Verweigerung (vgl. Bolder 2008) und die Ressourcen und Kompetenzen, die durch die Wirkung des Konstrukts (Rückzug, Resignation, Krankheit etc.) verschüttet werden. Solange man ‚Bildungsverweigerung' lediglich als eine Variante abweichenden Verhaltens interpretiert, verkennt man das Potenzial, das sich hinter dieser Verweigerung verbirgt. Zumindest müsste man – wie Werner Schreiber (2004) vorgeschlagen hat – „Devianz als Bildungsfigur" auffassen,

---

65  Der Begriff ist problematisch, weil er Jugendlichen das Defizit anlastet. Besser ist es, von sozial benachteiligten oder marginalisierten Jugendlichen zu sprechen (vgl. hierzu ausführlicher Ottersbach 2010).

d.h. Verweigerung als eine Form eines autonomen und aktiven Protests interpretieren, mit dem eine schwierige Situation bewältigt werden soll. Strategien der Krisenbewältigung sind – wie anfangs schon angedeutet – durchaus als Ausdruck von ‚Selbst-Bildung' zu deuten. Statt diesen Jugendlichen immer nur und immer wieder dieselben wissenschaftlich fundierten Leistungsinhalte abzuverlangen oder ihren Bezug zur Politik vor dem Hintergrund eines engen Politikverständnisses als gering zu dequalifizieren (vgl. Roth/Rucht 2000, Ottersbach 2007), ginge es darum, sie dabei zu unterstützen, die bisher in der Regel erfolgte ‚sprachlose' Verweigerung mit vielfältigen Methoden zu erkennen und zu artikulieren, d.h. sie öffentlich zu machen (vgl. Sturzenhecker 2007). Da ihre Bewältigungsstrategien gesellschaftlich nicht oder kaum anerkannt sind, wären zunächst vertrauensbildende und Selbstbewusstsein steigernde Maßnahmen erforderlich, um die Bereitschaft der Jugendlichen zu fördern, wieder lernen zu wollen und im Lernen einen positiven Wert und einen Nutzen sehen zu können. Solche Ansätze werden im sozialpädagogischen Bereich seit langem bereits umgesetzt, zum größten Teil mit beachtlichem Erfolg. Sie implizieren Methoden, die an der Lebenssituation und an den Milieus der Jugendlichen andocken und vor allem auf die Förderung so genannter non-formaler Bildungsinhalte zielen. Die wissenschaftliche Evaluation eines internationalen Kulturprojekts hat gezeigt (vgl. Ottersbach 2008, Ottersbach 2010), dass mit einer Vielzahl an künstlerischen Methoden wie Comic-Kunst im Internet, Malen, Glasarbeiten, Skulpturen, Fotografiekurse und artistische Aktivitäten sehr unterschiedliche Zielgruppen erreicht werden können. Eine im Rahmen dieser Evaluation durchgeführte qualitative Untersuchung hat verdeutlicht, dass sowohl die befragten Projektleiterinnen als auch die interviewten Teilnehmerinnen und Teilnehmer im Grunde keine Probleme darin sahen, ein bestimmtes Angebot mit verschiedenen Zielgruppen durchzuführen. ‚Bildungsferne' Gruppen wie Punks oder junge, alleinerziehende und arbeitslose Frauen könnten prinzipiell genauso für die neuen Informations- und Kommunikationstechnologien, für kreatives Zeichnen, Musik oder Pantomime begeistert werden wie andere Zielgruppen. Auch der Aspekt der Nationalität spiele im Grunde keine Rolle. Jedes Angebot könne auch in jedem beteiligten Land und unabhängig von der Herkunft durchgeführt werden. Bei internationalen Angeboten müsse man nur darauf achten, dass die Übersetzung gelinge, damit alle möglichst alles verstehen. Achten müsse man jedoch darauf – und dieser Aspekt sei ganz zentral –, dass man die Methodik an die Zielgruppe anpasse, d.h. man müsse sich bei dem Angebot am jeweiligen Kenntnisstand, ggf. an den Lebensumständen und vor allem an der Lebenswelt der Beteiligten orientieren. So wird berichtet, dass einige Teilnehmerinnen und Teilnehmer Angst vor der Technik hatten, die nur langsam abgebaut werden konnte. Behutsamkeit und eine ‚Schritt-für-Schritt-Didaktik' seien erforderlich, um diese Zielgruppen mit den neuen Technologien vertraut zu machen. Zudem könne es nicht darum gehen, irgendwelche lebensweltfremden Kenntnisse oder Programme einzuüben. Das Gelernte müsse am Alltagswissen der Beteiligten anknüpfen. Ginge es um die Arbeit am PC, könnten Fotos aus dem eigenen Stadtteil bearbeitet oder dokumentiert oder Graffitis gezeichnet werden. Auch Pantomime oder Theaterstücke müssten stets an den realen Lebensumständen, Problemen und Konflikten der Menschen ansetzen. Von allen Leiterinnen wird berichtet, dass die Zielgruppen durch den Einsatz unterschiedlicher Methoden Vorurteile und Angstgefühle abbauen konnten. Einerseits konnte eine gewisse Vertrautheit im Umgang mit dem PC und dem Internet erreicht, andererseits konnte durch die Darstellung von Kunst, Theater und Pantomime in der Öffentlichkeit das Selbstbewusstsein der Teilnehmerinnen und Teilnehmer verbessert werden. Alle hätten wichtige Erfahrungen während des Projekts gemacht, sei es gegenseitige Hilfe zu erfahren bzw. zu erproben, Reisen in fremde Länder zu unternehmen oder neue Fertigkeiten in Bezug auf PC und Internet erlernt zu haben. Diese neuen Erfahrungen seien für die zukünftige Bewältigung ihrer Lebenssituation durchaus von Bedeutung. Für die weitere Planung wünschten sich die Teilnehmerinnen und Teilnehmer allerdings mehr Partizipation bei der Entwicklung von Projektideen. Wenn es um die Planung weiterer Projekte ginge, sollte aus Sicht der Teilnehmerinnen und Teilnehmer hierauf in Zukunft stärker geachtet werden. Denn Partizipation sei ein entscheidender Baustein für ein erfolgreiches gemeinsames Projekt. Würde sie missachtet, dann entsprächen die Angebote häufig nicht der Lebenswelt der Beteiligten. Das Angebot wirke dann aufgesetzt und eine ausreichende und nachhaltige Motivation der Teilnehmerinnen und Teilnehmer sei nur schwer zu erzielen.

## 6 Fazit

Im Zuge der Krise der repräsentativen Demokratie wird es immer wichtiger, über Alternativen der demokratischen Mitbestimmung nachzudenken. Dies gilt insbesondere für die politische Partizipation marginalisierter Jugendlicher mit oder ohne Migrationshintergrund. Sie zu initialisieren, ist primär eine politische Aufgabe bzw. eine Aufgabe der politischen Bildung. Die Soziale Arbeit kann aber als außerschulisches Bildungsangebot dazu beitragen, durch Angebote der Gemeinwesenarbeit (GWA), der Schulsozialarbeit (SSA) und durch Politische Bildung in Angeboten der offenen Jugendarbeit und der Jugendsozialarbeit (JSA) das zivilgesellschaftliche Engagement und somit die politische Partizipation von Jugendlichen mit Migrationshintergrund zu erhöhen. Synergieeffekte treten vor allem dann ein, wenn diese häufig immer noch getrennt stattfindenden Angebote in Form sozialräumlich bzw. quartiersorientierter und schulbezogener und politisch gerahmter Bildungsangebote durchgeführt werden (vgl. Reutlinger/Sommer 2011, S. 369). Soziale Arbeit sollte sich deshalb als Teil eines Gesamtkonzepts öffentlicher Bildung und Erziehung präsentieren (vgl. auch Rademaker 2011, S. 37ff.) und in diesem Rahmen auch Verantwortung übernehmen. Jugendliche müssen in ihrem, im Artikel 29 der UN-Kinderrechtskonvention dargestellten, Recht auf Bildung ernst genommen werden. Dieses Recht auf Bildung beinhaltet nicht nur schulische, sondern eben auch non-formale und informelle Bildungsinhalte, d.h. ein Recht auf Entfaltung der Persönlichkeit und auf ein Leben in Freiheit und sozialer Verantwortung (vgl. auch Baier 2011, S. 95).

In bestimmten Angeboten der Jugendhilfe (internationale Jugendarbeit, Jugendverbandsarbeit) gelingt die Realisierung dieser Ziele schon sehr gut, das heißt: Das Rad muss nicht erfunden werden, sondern das bestehende Engagementpotenzial sollte auch bei marginalisierten Jugendlichen gefördert und eine kritische politische (Jugend-)Bildung darf nicht nur bestimmten Gruppen in unserer Gesellschaft vorbehalten bleiben, sondern muss Allgemeingut werden.

Vor allem aber ist die Soziale Arbeit aufgefordert, ihr Berufsprofil zu überprüfen. Die entscheidende Frage ist, ob die Entpolitisierung der Sozialen Arbeit fortgesetzt wird, indem Aspekte des Sozialmanagements, die Psychologisierung der Ausbildung und die Reduzierung des Klientels auf „Fälle" und individuelle Trainings forciert werden, oder ob dieser Entpolitisierung begegnet wird, d.h. marginalisierte Jugendliche in ihren Anliegen ernst genommen, ihre Probleme im gesellschaftspolitischen Kontext gesehen, ihre Ressourcen angemessen berücksichtigt bzw. erkundigt und die politische Partizipation der Jugendlichen gefördert werden.

Auf der Seite der Wissenschaft ist in den erwähnten Studien mehrmals darauf hingewiesen worden, dass systematische quantitative und vor allem qualitative Untersuchungen zur politischen Partizipation von Angehörigen der unteren sozialen Schicht fehlen. In Bezug auf marginalisierte Jugendliche fehlen sie gänzlich. Hier ist die Wissenschaft aufgerufen, Abhilfe zu schaffen, indem vor allem Studien zur politischen Partizipation Jugendlicher in marginalisierten Quartieren gefördert werden.

# Verpasste Chancen? Diskussion zu den ‚Kalker Ereignissen'

*Wolf-D. Bukow, Bettina Lösch, Markus Ottersbach und Sonja Preissing*

**Sonja Preissing:** Nochmal als Zusammenfassung, was wir im Projekt als ‚Kalker Ereignisse' bezeichnet haben: Damit gemeint sind die Proteste Jugendlicher und junger Erwachsener auf der Kalker Hauptstraße im Stadtteil Köln-Kalk. Ein wichtiges Merkmal ist, dass diese nicht geplant waren, sondern spontan als Reaktion auf einen Vorfall im Stadtteil entstanden sind.

Es ging um den Tod eines Jugendlichen, ein 19-jähriger Jugendlicher mit marokkanischem Migrationshintergrund. Ausgegangen sind diese Proteste von kleineren Treffen der Freunde und Freundinnen, die sich nach wenigen Tagen zu größeren Treffen von über hundert Jugendlichen aus Kalk und ganz Köln entwickelt haben.

Ich möchte zuerst kurz auf die Reaktion der Medien eingehen, die sehr stark auf den Diskurs ‚Kalk als Problemviertel', ,sozialer Brennpunkt' und auch auf die Kriminalisierung von Jugendlichen sowie auf den ‚Ausländerinnen- und Ausländerdiskurs' aufgestiegen sind. Es gab wenig kritische Berichte zu dem, was im Januar 2008 den Stadtteil bewegt hat. Außerdem ist wichtig, dass diese Debatten zum einen an die Diskussion über ‚Ausländerkriminalität', damals unter anderem durch Robert Koch angestoßen, und auch an die Ausschreitungen Jugendlicher in den Pariser Vorstädten in Frankreich im Jahr 2005 und 2007 anknüpften. Diese Bezugnahme wurde von den Gesprächspartnern sehr stark kritisiert. Insbesondere die verzerrte Darstellung und auch die Verzerrung der eigenen Beiträge durch Medienvertreterinnen und -vertreter wurden kritisiert.

Dann möchte ich auf die Reaktion der kommunalen Verwaltung zu sprechen kommen. Zum einen knüpft meine Diskussions-Frage an die Fragestellung an, inwieweit die Bildung des Arbeitskreises „Dialog der Kulturen" eine passende Antwort bzw. Reaktion auf die Geschehnisse im Stadtteil und die Forderung nach Gerechtigkeit wie auch gesellschaftspolitischer Teilhabe darstellt. Zum anderen stellt sich mir die Frage, warum in Zusammenhang mit dem Vorfall – in Zusammenhang mit Jugendlichen mit Migrationshintergrund – als pädagogische Antwort *Hip-Hop-Projekte* mit Jugendlichen durchgeführt werden. Was ich nicht bezweifeln möchte ist, dass Hip-Hop-Projekte im Einzelnen wichtig für die Jugendarbeit sein können. Jedoch stellt sich hier die Frage, inwieweit Hip-Hop-Projekte und auch Anti-Gewalt-Trainings, wie sie ja auch gefördert wurden, eine passende Antwort auf die Forderung nach gesellschaftspolitischer Beteiligung Jugendlicher und auf die Kritik der Diskriminierung im Alltag sind. In diesem Kontext lässt sich die These formulieren, dass im Zusammenhang mit Migration, insbesondere Jugend und Migration, aus pädagogischer Richtung sehr stark Hip-Hop-Projekte und Antigewalttrainings durchgeführt werden.

Die Basisarbeiten im Stadtteil wurden in den Interviews sehr gelobt. Das heißt, dass Jugendzentren, Sozialarbeiter und Sozialarbeiterinnen, Pädagoginnen und Pädagogen, die sehr starken Kontakt mit Jugendlichen haben, vor Ort waren und Unterstützung gaben.

**Wolf-D. Bukow:** Was mich interessiert und was ich sehr wichtig finde, ist deine Aussage, dass da spontane Aktionen entstanden sind. Das ist auch bei meinen Überlegungen entscheidend. Da war nichts, was langfristig vorbereitet war. Das sind keine Ereignisse, die so erwartet worden sind. Sondern da passiert etwas, da ist diese ‚Abzocke' gewesen, und daraufhin entstehen spontane Reaktionen. Das heißt, es erwischt gewissermaßen die Leute unvorbereitet. Die Stadt hat im Vorhinein nicht genau darüber nachgedacht, sondern sie reagiert spontan. Ebenso reagieren die Polizei spontan und auch die Jugendlichen. Dadurch bekommt man einen relativ guten Eindruck von dem, wie gerade in diesem Stadtteil gedacht und argumentiert wird. Sie schauen nicht in Gesetzbüchern nach, sie schauen nicht im Integrationskonzept der Stadt Köln nach, was zu der Situation sicherlich etwas anderes nahegelegt hatte. Auch die Jugendlichen schauen nicht danach, was die Schule oder die Eltern sagen, sondern es findet eine sehr spontane Reaktion statt. Und das finde ich auch aus wissenschaftlicher Sicht sehr gut und sehr aussagekräftig. Man kann sich jetzt überlegen, was passiert, kann das jetzt einschätzen und kann sagen, wir haben ein relativ klares, in sich tragfähiges konsistentes Ereignis mit relativ klaren und spontanen, nicht weiter durchdachten Reaktionen, die einfach spiegeln, wie man hier und heute denkt. Das ist für mich deswegen ganz wichtig weil ich ja behaupte, dass die Jugendlichen und die Stadt von Anfang an aneinander vorbeireden. Wenn das von Anfang an so gewesen ist, ist dies eine sehr starke Aussage über die Situation im Quartier: dass es nämlich in diesem Quartier ‚normal' ist, dass man aneinander vorbeiredet. Die Vorfälle sind nur ein Auslöser, der etwas signalisiert, was schon vorher da war und was sich dann auch in dem gesamten Umgang mit der Situation weiter bestätigt und offensichtlich auch auf Grund dieser Diskussion gar nicht ohne weiteres korrigierbar ist. Deshalb finde ich es sehr wichtig, darauf hinzuweisen.

**Markus Ottersbach:** Man kann ergänzen, dass auch die Soziale Arbeit spontan darauf reagiert hat.

**Bettina Lösch:** Einerseits reagiert die Soziale Arbeit spontan, aber auch die Stadt. Und dann gibt es wiederum die Maßnahmen, die Sonja vorher genannt hat, wie der „Dialog der Kulturen", die nicht spontan sind, sondern bewusst institutionalisiert werden. Das kann man voneinander trennen: Was sind einerseits spontane Reaktionen, auch von Seiten der Polizei und von Seiten der Medien, in denen meist eine rassistische Darstellung und eine Kriminalisierung von Jugendlichen und jungen Migrantinnen und Migranten stattgefunden hat. Und was sind andererseits bewusste Maßnahmen in Folge der Ereignisse, die auch genauer zu betrachten sind.

**S. P.:** Als kurze Ergänzung zu dem „AK Dialog der Kulturen". In den Interviews wurde zu dem Ziel des AK das Stichwort Vernetzung genannt. Der Gedanke lag darin, dass wenn noch einmal so etwas im Stadtteil passiert, sie dadurch die Möglichkeit haben, sich besser zu vernetzen und zu kontaktieren.

**W.-D. B.:** Ja, das ist wichtig. Es ist sicherlich nicht falsch, wenn ein „Dialog der Kulturen" organisiert wird. Das Problem ist nur, dass dies in Reaktion auf die ‚Kalker Ereignisse' passiert und dass die Stadt Köln, indem sie den „Dialog der Kulturen" langfristig organisiert, nicht von ihrer ersten falschen Deutung der Situation auch nur einen Deut abzuweichen beabsichtigt. Sie organisiert noch manche andere Maßnahmen, die an sich – wie Hip-Hop-Projekte auch – nett sind und für Jugendliche durchaus spannend sein können. Jedoch baut sie dies als Unterfütterung ihrer ersten Deutung ein. Und ihre erste Deutung heißt ja nicht: Die Jugendlichen treten hier gegen Diskriminierung und Rassismus auf. Vielmehr ist ihre erste Deutung: „typisch Ausländer-Jugendliche", „Ausländer-Jugendliche sind gewalttätig" und sind in Köln-Kalk „noch nicht angekommen". Die Kommune hat von der Situation keine Ahnung.

**S. P.:** Ein kritischer Hinweis – warum heißt dieser Arbeitskreis „Dialog der Kulturen".

**B. L.:** Genau. Das ist quasi eine Kulturalisierung des Problems, als ob es um unterschiedliche Kulturen ginge, die ein Kommunikationsproblem hätten. Das war ja nicht das Problem oder Auslöser der Ereignisse. Es gab weder einen Kulturkonflikt noch ein riesiges Gewaltproblem, zumindest nicht bei den Protesten. „Dialog der Kulturen" hört sich an, als handele es sich um ein Problem verschiedener Kulturen.

**W.-D. B.:** Und es ist sicherlich interessant, wer in diesem Arbeitskreis mitarbeitet. Es sind nämliche Kirchenvertreter, Moscheevertreter – also lauter Leute aus dem religiösen Segment, die ja mit den Ereignissen per se eigentlich gar nichts zu tun gehabt haben. Und es sind keine Jugendlichen dabei. Der einzige Jugendliche, den ich gesehen habe, war der Jugend-Vertreter einer religiösen Gemeinschaft. Also von daher ist es eigentlich ganz eindeutig, da kann ich dir nur zustimmen. Das ist eine total abgehobene Sache, um diese kulturellen Differenzen zu untermauern, die angeblich am Anfang gestanden hätten.

**B. L.:** Was mich generell interessiert, ist der Blick auf die Jugendlichen. Wolf hat ja gesagt: Die reden alle aneinander vorbei und wir können uns anschauen, wie die Kommune und die Stadt handeln, wie die Sozialarbeit spontan reagiert und vielleicht auch versucht, etwas zu institutionalisieren, aber mich interessiert auch, wie ist der generelle Blick auf diese Jugendlichen? Werden sie als Subjekte gesehen? Oder werden sie verobjektiviert? Werden sie als migrantische Jugendliche und gar mit rassistischen Vorurteilen betrachtet? Oder werden sie als Köln-Kalker Jugendliche gesehen? Wird eigentlich wahrgenommen, was die Jugendlichen fordern und was sie wollen?

**W.-D. B.:** Wenn ich eine Antwort darauf geben würde, dann würde ich darauf verweisen, dass die Stadt Köln sofort nach den Vorfällen Kontakt mit dem marokkanischen Generalkonsul aufgenommen hat, da einige Jugendliche eine marokkanische Herkunft haben. Das heißt, sie haben den Jugendlichen sofort als Marokkaner gesehen – als jemand, der nicht in Kalk lebt, sondern der fremd ist und für den im Grunde ein Experte, ein ,Dolmetscher' nötig ist, nämlich der marokkanische Generalkonsul. Und er wurde ja sogar zweimal eingeladen. Man redet mit ihm über Integrationsmaßnahmen – ich meine, klarer kann eine Antwort nicht sein: „Wir können mit den Jugendlichen gar nicht reden, die sind nicht von dieser Welt, die kommen aus Marokko und dafür ist der marokkanische Konsul zuständig, der stellvertretend ist für die Position der Jugendlichen", die ja offensichtlich als Fremde wahrgenommen werden. Das ist in meinen Augen ein klarer Hinweis dafür, dass sie weder als Jugendliche noch als Mündige wahrgenommen werden, sondern als Fremde und jemand, die Fürsprecher brauchen. Also, sie können selber gar nichts sagen, es wird ihnen gar nicht zugebilligt, dass sie selber etwas sagen können. Man braucht ein marokkanisches Sprachrohr für sie.

**M. O.:** Tendenziell sehe ich das genauso. Wenn man sich jedoch die Interviews oder empirischen Ergebnisse vergegenwärtigt, da erkennt man schon, dass sowohl die kommunale Verwaltung als auch die Soziale Arbeit nicht vollkommen einheitlich reagiert haben. Also es gab schon sehr heterogene Reaktionen sowohl auf die Demonstrationen also auch auf die Angebote der Stadt. Tendenziell gebe ich dir Recht, Wolf, die Vertreterinnen und Vertreter der Kommune reagieren spontan, wissen nicht genau, wie sie reagieren sollen, kriminalisieren v.a. mit Unterstützung der Medien. Aber es gab, auch bei den Vertretern der Sozialen Arbeit zum Beispiel, das ist ja auch schon öfter zitiert worden, auch einige, die die Jugendlichen ernst genommen haben. Die also schon gesehen haben, dass die Anliegen berechtigt sind, dass auch die Art und Weise des Protests ernst zu nehmen sei, und auch die Angebote der Stadt wurden nicht alle positiv gesehen. Der eine Vertreter, hat die Art, wie sich die Jugendlichen präsentiert haben, befürwortet, aber vor allen Dingen hat er die Angebote der Stadt sehr kritisch gesehen. Er hat gesagt, dass es lächerlich ist, wie die Stadt sich hier aufführt, dass sie die Jugendlichen in ihren Anliegen nicht ernst nimmt. Es gab also schon unterschiedliche Reaktionen, gleichwohl tendenziell Strukturen festzustellen sind, die aber auch Ausnahmen haben. Ich denke, diese Ausnahmen sollte man auch erwähnen, nicht nur aus Fairness gegenüber dem empirischen Material, sondern eben auch, weil es tatsächlich auch Möglichkeiten gibt, innerhalb der Sozialen Arbeit oder auch der Kommune eben auch anders damit umzugehen. Sozusagen könnte man solche Haltungen als Wissenschaftler oder Wissenschaftlerin in einer politischen Empfehlung auch aufwerten.

**B. L.:** Es war aber nur eine Position innerhalb der Sozialen Arbeit, also eine Minderheitenposition. Aber wenn wir tatsächlich daran anknüpfen und fragen, was hat diese Person anders gemacht, dann hat diese Person die Jugendlichen in ihren weiteren Schritten unterstützt. Weil die spontane Reaktion der Jugendlichen war ja erst mal Trauer, sie machen eine Mahnwache, um ihre Trauer zum Ausdruck zu bringen. Als sich das Ganze dann politisiert, als es auch darum geht, auf der Kalker Hauptstraße eine kleine Kundgebung zu machen, die dann zu einer Demonstration wurde, brauchte es ja jemanden, der diese Demonstration anmeldet. Also, dieses Vorbeischrammen von der Stadt an den Jugendlichen liegt ja auch manchmal daran, dass vielleicht Jugendliche gar nicht so genau wissen, was eigentlich ihre politischen Rechte sind, welche kommunalen Einrichtungen es gibt, an die sie sich wenden können.

**M. O.:** Was nicht typisch ist für marginalisierte Jugendliche. Das ist bei den andern ja genauso.

**B. L.:** Ja genau. Das würde ich genauso sehen. Politische Rechte und Strukturen nicht zu kennen, ist ein milieuübergreifendes Problem. Das trifft auch nicht nur auf Jugendliche, sondern auch auf Erwachsene zu. Es war trotzdem so, dass aus der Sozialen Arbeit heraus – wenn man sich das positiv anschaut – es auch ein wenig Unterstützung darin gab, dass sie eine Öffentlichkeit herstellen konnten,

wie zum Beispiel die Versammlung anzumelden und das Ganze auch rechtsstaat-
lich abzusichern. Ich denke, das ist auch ganz wichtig. Aber dann geht die Sozialarbeit – und das wäre eine Frage an dich, Markus – ein bisschen über ihre eigene Funktion hinaus, nämlich Lebensbewältigung, Lebenshilfe anzubieten. Also,
wo sind da die Möglichkeiten und Grenzen von Sozialarbeit in solch einem Fall?

**W.-D. B.**: Vielleicht noch bevor du das beantwortest, ist es wichtig genauer zu
differenzieren, welche Gruppen waren kritisch und welche waren auf der Seite
der Stadt. Ich meine nämlich – und das ist ja vorher auch schon deutlich geworden, dass es eine ganz klare Übereinstimmung gibt in dem, was in den Medien
zu dem Vorfall gesagt wurde und was die Stadtverwaltung sagt. Ich habe oft
auch schon an anderen Stellen beobachtet, dass Medien und Kommune sich
gegenseitig aufschaukeln. Die Verwaltung sagt „So ist es und das machen wir",
dann sagen die Medien „Das ist richtig" und dann liefern sie weitere Argumente
nach. Die Gruppe, die kritisch war, also gerade die Leute, die die Jugendlichen
unterstützt haben – das waren keine Experten im Dienst der Stadt. Das waren
Experten im Rahmen von überregionalen Organisationen, die aus irgendwelchen
Gründen noch immer hier in diesem Stadtteil vertreten sind. Sie waren völlig
unabhängig von den lokalen Mitteln und auch unabhängig vom lokalen Diskurs.
Sie legitimierten sich völlig anders. Also gerade die Leute, die hier Sozialarbeit
gemacht haben, die von solchen überregionalen Organisationen kamen und seit
langem in dem Quartier arbeiten, haben schon lange das Bewusstsein gehabt,
dass sie sich auf die Kommune nicht verlassen können. Wenn sie mit den Jugendlichen arbeiten, geraten sie leicht in Konflikt mit der Kommune und mit der
Öffentlichkeit. Ich glaube, dass ist wieder deutlich geworden. Und auch da sind
die spontanen Reaktionen sehr gut, weil sie nochmal zeigen können, dass man
sehr wohl als Sozialpädagoge und Sozialarbeiter durchaus kritisch arbeiten kann.

**M. O.**: Ja, das war ein Vertreter eines freien Trägers der Jugendarbeit, der sich
kritisch geäußert hat und der eben auch ein politisches Verständnis von Sozialer
Arbeit hat. Und das, denke ich, ist auch gleichzeitig die Antwort auf deine Frage,
Bettina. Wie müsste Soziale Arbeit sich ausrichten? Meines Erachtens nämlich
politisch, um mit solchen Situationen angemessen umgehen zu können. Denn
wenn man nur auf dieser engen, sozialarbeiterischen, möglicherweise auch noch
helferischen und caritativen Ebene bleibt, dann kann man eigentlich auf so eine
Situation, die ja eine explosiv politische ist, nicht angemessen reagieren. Das ist
wie, als würde man auf die Demonstrationen hinweisen, aber überhaupt nicht
darauf eingehen, was gefordert wird.

**B. L.**: Genau. Also die Lebensbewältigung mit der gesamtgesellschaftlichen
Situation zu verbinden, gesellschaftliche und politische Zusammenhänge herstel-

len können, aber auch subjekt- und dialogorientiert zu sein. Das heißt, was sind eigentlich die Anliegen der Betroffenen und derjenigen, die da protestieren? Dafür sollten die anderen Beteiligten sensibilisiert und dialogbereit sein.

**M. O.:** Das heißt, die Leute ernst zu nehmen, sie nicht als Objekte zu betrachten, sondern als Subjekte, als politische Subjekte, die eine Meinung haben, wie alle anderen auch, die man erst mal respektieren muss und nicht direkt in den Boden stampfen darf. Nach dem Motto: „Das sind diejenigen, die immer nur Krach schlagen oder immer nur kriminell sind".

**S. P.:** Eine Nachfrage: Welche Akteure gehören zur Sozialen Arbeit oder was wird als Soziale Arbeit gefasst? Es wurde ja bereits angesprochen, dass die Reaktionen sehr unterschiedlich waren, auch je nach Perspektive, aber auch innerhalb der in Anführungszeichen „Sozialen Arbeit" gab es ja auch nochmal unterschiedliche Positionen, wie ihr es ebenfalls beschrieben habt. Aus dem Bereich der Jugendarbeit kamen Vorwürfe, dass die Jugendlichen und die jungen Leute eigentlich keine Ahnung hätten von Rechtsprechung. Das hätte aber ein anderer Akteur der Sozialen Arbeit so gar nicht vertreten.

**W.-D. B.:** Hier geht es ja nicht um die Qualität der Sozialen Arbeit, sondern hier geht es darum, wenn das Sozialpädagogen, Pädagogen oder Sozialarbeiter sind – in welchem Kontext sie tätig sind. Wenn sie im Auftrag der Stadt handeln, dann orientieren sie sich anders, dann argumentieren sie anders und dann schätzen sie die Situation auch anders ein, als wenn sie unabhängig arbeiten. Ich glaube, die Frage, die hier entscheidend ist: Arbeiten sie unabhängig, sind sie einem überregionalen Träger angeschlossen, der sich seiner gesamtgesellschaftlichen Verantwortung stellt und sieht, dass man es hier mit einem politischen und nicht mit einem privaten Problem zu tun hat. Das ist der entscheidende Punkt. Und das sind natürlich wenige in einem solchen Quartier. Es ist vielmehr ein Zufall, dass es überhaupt solchen Leute im Quartier gibt, die nicht im kommunalen Bereich arbeiten. Also ich glaube nicht, dass man sagen kann, Soziale Arbeit ist kritisch. Sondern ich glaube, hier hat die Soziale Arbeit die Chance kritisch zu sein, weil die Leute, die dort tätig sind in diesem Falle unabhängig arbeiten.

**B. L.:** Ja, das ist ganz wichtig.

**W.-D. B.:** Was mich mehr erschüttert, ist, dass die Leute, sobald sie im Zusammenhang der Kommune arbeiten, ganz anders argumentieren. Obwohl sie vielleicht gute Sachen machen, wie der Kinderschutzbund. Jedoch gerät deren Arbeit in diesem Zusammenhang in einen rassistischen Begründungszusammenhang. Das ist das Ärgerliche daran.

**M. O.:** Und dann wird sie sogar kontraproduktiv.

**B. L.:** Aber wisst ihr – meiner Ansicht nach müsste die Wahrnehmung auf die Jugendlichen nicht anders sein. Da ist es doch egal, ob du für die Kommune arbeitest oder nicht. Indem, was jemand zur Verfügung stellen kann, welche Grenzen und Möglichkeiten Soziale Arbeit hat, darin kann ein Unterschied liegen. Aber der Blick auf die Jugendlichen, der müsste sich nicht unterscheiden. Und es ist problematisch, dass der Eindruck meist ist, dass die Defizite bei den Jugendlichen liegen würden und diese entpolitisiert oder gar kriminell seien.

**M. O.:** So müsste es sein. Aber die institutionelle Einbettung des Sozialarbeiters und der Sozialarbeiterin dominiert und verstellt wahrscheinlich auch den Blick auf die Lebenslagen und Lebenswelt der Jugendlichen. Fürchte ich.

**W.-D. B.:** Das würde ich als hermeneutischen Nationalismus bezeichnen: Die Angestellten der Verwaltung verinnerlichen die dominierende nationalistisch geprägte Perspektive und machen daraus eine Art Erkenntnistheorie. Und wenn etwas Neues passiert, interpretieren sie dies nach dieser Logik ohne Rücksicht auf Verluste. Das heißt, es braucht nur irgendwie jemand als Jugendlicher dort aufzutreten, dann schauen sie, ob er Kalker ist oder nicht und schon wissen sie alles. Das heißt, sie brauchen gar keine weiteren Informationen, sie brauchen nur noch einen Auslöser. Was die Stadt in den Integrationsplan geschrieben hat, ist in der konkreten Situation völlig gleichgültig. Der Integrationsplan ist sicherlich nicht extrem fortschrittlich, aber jedenfalls ist er besser gewesen, als das, was die Stadt hier unternommen hat. Im Integrationsplan werden die Einwanderer als Bürger der Stadt bezeichnet. Und hier werden sie als Fremde, als Ausländer, als unmündig, naiv und dumm eingeschätzt, als Jugendliche, die zu Gewalt und Kriminalität neigen und die allenfalls sportlich und künstlerisch begabt sind. Es sind die alten klassischen Rassismen, die sich hier erneut manifestieren.

**M. O.:** Das ist allerdings auch ein Grundproblem sozialarbeiterischen Handelns. Man spricht ja vom doppelten Mandat, also auf der einen Seite geht es immer um angemessene Unterstützung von Jugendlichen, aber auf der anderen Seite geht es auch immer um Kontrolle. Und diese Kontrollfunktion wird auch sichtbar, wenn es darum geht, bestimmte Angebote aus Sicht der Sozialen Arbeit zu entwickeln. Ich habe den schweren Verdacht, dass sich solche entwickelten Angebote, wie der „Dialog der Kulturen", eben vor allen Dingen aus diesem Kontroll- und aus diesem Befriedungsaspekt her entwickelt haben. Und eben nicht aus dem erstem Mandat, dem angemessenen Unterstützungskonzept für Jugendliche. Dieses angemessene Unterstützungskonzept für Jugendliche müsste vielmehr die Jugendliche als Subjekte aufwerten. Das heißt nicht, dass bestimmte Unterstützungsleistungen nicht geboten werden sollten. Also da glaube ich schon, dass es auch sinnvolle Sachen gibt, wie politische Bildung oder Gemeinwesenarbeit, auch Schulsozialarbeit. Jedoch geht es vor allen Dingen darum, die Jugendlichen ernst zu nehmen. Sie eben auch als mündige Bürger und Bürgerinnen aufzufassen und nicht als reines Objekt sozialarbeiterischer Maßnahmen.

**B. L.:** Wichtig ist meiner Ansicht nach, auch zu hören, was sie eigentlich sagen. Auch wenn sie es in einer anderen Sprache oder in einer anderen Form ausdrücken, in Jugendsprache oder ganz anderen Artikulationsformen wählen. Ich glaube, das ist für viele schwierig, das ist auch für Wissenschaft insgesamt schwierig, das ist für etablierte Politik und Sozialarbeit schwierig, sich auf etwas einzulassen, was vielleicht nicht so zum „Etablierten", zur etablierten Sprache und Ausdrucksweise gehört. Dass man so wie die Jugendlichen über Politik und die sozialen Verhältnisse sprechen auch anerkennt wird, ihre Forderungen ernst genommen werden und auch zugehört wird.

**W.-D. B.:** Ich finde, die Form, die sie gewählt haben – Demonstrationen und Plakate – sind eher traditionelle Mittel der öffentlichen Meinungsbildung. Ich würde sagen, sie haben sich recht professionell ausgedrückt. Sie waren insgesamt gesehen eher auf den traditionellen symbolischen Ebenen aktiv. Ich würde nicht sagen, dass sie schwer zu verstehen waren. Umso mehr erstaunt es mich, dass man das, was sie gesagt haben und so, wie sie agiert haben, nicht als eine öffentliche Kundgabe akzeptiert hat. Es ist schon seltsam, dass man ihnen gesagt hat, sie müssten erst einmal einen Sprecher wählen, sie müssten erst einmal schreiben lernen. Man hat sie einfach auflaufen lassen. Man hat ihnen unterstellt, dass das, was sie tun, nichts ist. Sie seien irgendwie ‚nicht existent' mit dem was sie getan haben.. Du hast vorher so passend formuliert Markus, dass man sie als unmündige Bürger, als ein Nichts bezeichnet. Das, was sie gesagt haben, können sie nicht gesagt haben.

**B. L.:** Ja, es wird entwertet und es wird nicht sichtbar gemacht. Ich finde den Punkt gut, dass du gesagt hast, sie hätten ganz klassische Formen gewählt. Sie haben zwar ganz klassische Protest- und Partizipationsformen gewählt, aber selbst das wird nicht anerkannt.

**M. O.:** Es gab doch aber auch ein Forum im Internet, oder?

**S. P.:** Eine Website, die sich auf die Trauer der Freundinnen und Freunde sowie der Bekannte bezogen hat.

**M. O.:** Also nicht auf die Demos.

**S. P.:** Das Ganze steckt ja in einem Gesamtkontext und gerade diese mangelnde gesamtpolitische Teilhabe taucht  auf. Da müssten wir aber nochmal genauer hinschauen.

**M. O.:** Ich meine, was schon ein Problem ist und wenn ich das mit anderen Demos vergleiche, also nehmen wir mal solche Organisationen wie *Arsch huh* oder *Greenpeace* oder so – die werden in der Regel professionell organisiert, die werden unterstützt und medial begleitet. Die Leute, die das organisieren, haben hervorragende Beziehungen zu Medienvertretern und -vertreterinnen, die verfügen über hervorragende Netzwerke und wissen eben auch, wie man die Anliegen auch über die Medien in die Öffentlichkeit transportiert. Also quasi für das Publikum noch verbreitet. In unserem Fall gibt es logischerweise weniger Kontakte zu solchen Vertretern der Medien-Branche, die nötig wären, um deren Anliegen angemessen in die Öffentlichkeit zu transportieren.

**W.-D. B.:** Sie haben ja nicht nur ihr Anliegen nicht vermitteln können, ihre Anliegen wurden schlicht sabotiert. Wenn du eine Demonstration organisierst, dann nutzt du einen bestimmte Form, die bestimmte Demonstrationsform oder z.B. ein Protest-Konzert, und wenn du dann *Arsch huh* sagst, dann sprichst du einen Inhalt an. Auf diese Weise entsteht eine Botschaft: Form und Inhalt zusammen genommen bedeuten eben, dass die Stadt Köln gegen Rechts ist. Form und Inhalt kombinieren sich zu einer Botschaft und diese Botschaft wird dann von den Medien vermittelt. Hier haben wir auch eine Form: Sie demonstrieren, und wir haben auch einen Inhalt: mehr Gerechtigkeit, faire Behandlung und dass diese Sache korrekt untersucht wird, und wir haben eine Botschaft: „Wir wollen als Kalker Bürgerinnen und Bürger ernstgenommen werden". Diese Botschaft wird dadurch sabotiert, dass Form und Inhalt der Aktion in ihre Bestandteile zerlegt werden. Das ist so, wie wenn man ein Haus betrachtet und sagt, das Haus bestünde nur aus Sand. Damit ist der Sinn des Hauses natürlich ignoriert. So ist es hier auch: Der Sinn der Demonstration wird einfach ignoriert, indem man sagt, dass die Leute da zusammengekommen und gewalttätig sind und die Polizei Angst gehabt hat, dass sie den Stadtteil in seine Bestandteile zerlegen. Niemand hat sich die Mühe gemacht, die Botschaft der Jugendlichen ernst zu nehmen und weiterzutragen. Diese Reaktion ist unglaublich und nicht nur ein Symptom für politische Schwerhörigkeit, sondern bezeugt eine gewisse Boshaftigkeit.

**M. O.:** Ja. Von der Medien-Branche gab es keine kritischen Vertreter oder Vertreterinnen, die die Anliegen der Jugendlichen positiv aufgewertet haben. Das muss man noch dazu sagen. Die Medien-Branche hat eigentlich auch diesbezüglich versagt.

**B. L.:** Und es gab eine starke Polizeipräsenz. Die Kundgebungen und Demos waren stets von viel Polizei begleitet. Man kann sich eigentlich wundern, dass die Jugendlichen das so gut und friedlich gemacht haben. Weil die Atmosphäre war eher unangenehm.

**M. O.:** Sie haben sich nicht instrumentalisieren lassen.

**B. L.:** Ja. Und sie haben sich auch von Parteien oder politischen Vertretern nicht instrumentalisieren lassen.

**S. P.:** Wie könnte aus eurer Sicht die Partizipation, auch auf kommunaler Ebene, gestärkt werden, wenn ein Stadtteil durch einen solches Ereignis oder durch einen tragischen Vorfall bewegt wird? Aber vorher wollte ich noch etwas zu Markus Beitrag ergänzen. Im Vergleich zu anderen Protestbewegungen war bei den ‚Kalker Ereignissen' keine Lobby dahinter, auf die sie zurückgreifen konnten. Ich möchte davor warnen, den gleichen Fehler wie auf kommunaler Ebene zu machen und nicht das ernst zu nehmen, was die jugendlichen Akteurinnen und Akteure gemacht haben. Beispielsweise lassen sich Strategien und soziale Praktiken in diesem Zusammenhang herausarbeiten. Und natürlich ist es auch, was Wolf ganz zu Beginn gesagt hat, etwas ganz Spontanes gewesen. Das heißt, dass im Vorfeld nicht viel organisiert werden konnte. Strategien gab es, wie zum Beispiel sich erst mal zu vernetzen, wobei das Handy eine sehr starke Rolle spielte, insofern, da über SMS die Info weitergegeben wurde und darüber am Ende 300 bis 400 Jugendliche auf der Kalker Hauptstraße versammelt waren. Es gab auch Sprecher, die durch das Megafon gesprochen haben, Botschaften versendet haben und zu Frieden aufriefen. Und auch Unterstützung von Personen aus dem Stadtteil, wie zum Beispiel bei dem Anfertigen von Plakaten, Strategien im Umgang mit der hohen Polizeipräsenz lassen sich auch ablesen. Hier beispielsweise den Bericht eines Interviewpartners darüber, dass die Polizei den Stadtteil und die Versammlungen zunehmend abgeriegelt und umzingelt hat, um Druck auszuüben und einzukesseln. Daraufhin hätten sich die Jugendlichen und jungen Erwachsenen auf den Straßenboden gesetzt, um Gegendruck aufzubringen. Verhindert werden sollte die weitere Einkesselung. Das sind Beispiele für Strategien, die in diesem Zusammenhang angewandt worden sind.

**B. L.:** Das Megafon konnte doch wandern, das konnte jede und jeder nehmen, oder?

**S. P.:** Genau. Es gab nicht *einen* festgelegten Sprecher. Ich möchte deutlich machen, dass es Personen gab, die das Megafon in die Hand genommen und gesprochen haben.

**W.-D. B.:** Was hier praktiziert wurde, war im Kern das, was ich unter Zivilgesellschaft verstehen würde. Nichts fertig Etabliertes. Es werden Meinungen ausgetauscht, es werden Positionen formuliert, kundgetan und der Öffentlichkeit präsentiert. Man erwartet eigentlich, dass die Öffentlichkeit darauf eingeht und diese Botschaft und Information aufgreift. Und genau das ist nicht passiert.

**B. L.:** Ich würde da den Akzent etwas anders setzen und sagen, sie fordern Teilnahme erst mal ein. Sie sind noch nicht per se Teil der etablierten Zivilgesellschaft, sonst würden sie so nicht behandelt werden. Wir können ja auch nochmal fragen, wie die Zivilgesellschaft darauf insgesamt reagiert hat. Aber das, was die Jugendlichen in meinen Augen tun, ist erst mal zu sagen: „Wir gehören nicht mit dazu und wir kriegen es immer wieder gesagt und auch wie ihr jetzt auf unsere spontane Sache hier antwortet, die ja erst mal nur Trauer war, darin erfahren wir wieder Ausschluss und Nicht-Gesehen-werden, Ent-nennung und Entwertung unserer eigenen Anliegen." Insofern diese Einforderung: „Wir wollen sichtbar sein und wir wollen als Teil der Zivilgesellschaft wahrgenommen werden, weil wir hier in Köln-Kalk leben."

**M. O.:** Das Stichwort „etablierte Zivilgesellschaft" ist glaube ich ganz wichtig in diesem Kontext. Denn wir stellen uns mittlerweile unter Zivilgesellschaft eine ganz bestimmte Form von bürgerlicher Zivilgesellschaft vor, die also mit bürgerlichen Normen operiert. Ein Beispiel für diese Entwicklung sind die Ereignisse in Hamburg, als es um die Schulreform ging. Politische Partizipation von Menschen aus unteren sozialen Schichten wird bei uns vor dem Hintergrund der bürgerlichen Normen der Zivilgesellschaft nicht ernst genommen und nicht als zivilgesellschaftlicher Beitrag interpretiert. Das sind irgendwelche ‚chaotischen, wirren, kriminellen Leute' – Beispiel Banlieues, dass lässt sich, glaube ich, sehr gut vergleichen, die keine richtige Ausbildung haben, die sich nicht richtig artikulieren können und insofern eben auch nicht unter dem inzwischen positiv besetzten Stichwort „Zivilgesellschaft" agieren dürfen.

**W.-D. B.:** Ja, das muss man bedenken. Ich meine, wenn ich von Zivilgesellschaft spreche, dann meine ich Zivilgesellschaft im Sinne der Frankfurter Schule, im Sinn von Gegenöffentlichkeit, einer Öffentlichkeit, die kritisch gegenüber der bürgerlichen Öffentlichkeit und dem politischen System ist, d.h. gewissermaßen außerhalb des politischen Systems agiert. Früher hieß das mal so nett außerparlamentarisch, aber damit ist ja mehr gemeint, wie du auch schon gesagt hast. Es geht darum, dass unterprivilegierte soziale Schichten und andere Bevölkerungsgruppen, die normalerweise nicht zum Zug kommen, hier das Wort ergreifen und sich auch gleichzeitig darüber vernetzen. Sie orientieren sich von lokal bis global und der Nationalstaat ist nicht mehr der authentische Adressat, sondern es ist die globale Wirklichkeit. Klar ist natürlich, dass sie hinein wollen in die Gesellschaft, sie wollen anerkannt werden. Insofern hast du recht mit deinem Verweis auf die bürgerliche Zivilgesellschaft – sie wollen dort hinein.

**B. L.:** Ich weiß gar nicht, ob man sagen kann: „Die wollen rein." Das wäre ja auch schon wieder eine Verobjektivierug. Ich kann nur feststellen, dass sie sagen: „Wir erfahren Rassismus und Diskriminierung." Das kann ich hören. Ich kann hören, wie die Wahrnehmung der Jugendlichen in den Interviews ist. Es gibt einige Zitate in den Interviews, in denen Jugendliche beanstanden, wie die Gesellschaft sie eigentlich wahrnimmt. Aber wie sind denn die Reaktionen im Kalker Stadtteil?

**S. P.:** Hier möchte ich ergänzen, dass die Kritik an einer sehr ‚bürgerlichen Zivilgesellschaft' in Kalk besteht. Außerdem bestand die Kritik, dass das ‚bürgerliche Kalk' darauf nicht reagiert habe, bis auf wenige Ausnahmen.

**W.-D. B.:** Es gibt in Kalk ohnehin einen generellen Konflikt zwischen dem, was die Kommune macht und dem, was die Bürger wollen. Wir haben zu einer ganzen Reihe Leute Kontakt gehabt, die kritisiert haben, dass die Kommune, die Stadtverwaltung in Kalk überhaupt nicht mit den Leuten kooperiert, sondern eigentlich ihre eigene Kiste fährt. Sie behauptet, sie täte nur Gutes, sie mache lauter hilfreiche Sachen für den Stadtteil, bloß der Stadtteil selbst sieht das völlig anders. Also die Siedlungspolitik der Stadt zum Beispiel: Man hat in Kalk einiges an Verwaltungen angesiedelt, hat den Bau des Odysseums gefördert. Und man hat dann behauptet, damit würden Arbeitsplätze geschaffen. In Wirklichkeit ist aber kein einziger Arbeitsplatz geschaffen worden, sondern es wurden nur Strukturen samt Arbeitsplätzen von wo anders nach Kalk verlagert und das Gelände hat der Stadtteil Kalk dann billig zur Verfügung gestellt. Im Grunde ist auch da der Stadtteil gelinkt worden. In diesem Chor der Kritik passt natürlich auch die Situation der Jugendlichen gut hinein, weil die Jugendlichen ja immerhin ein Drittel des Stadtteils repräsentieren. Aber es sind nicht nur die Menschen, deren Eltern oder Großeltern eingewandert sind, die hier kritisch sind, es sind auch kleine Unternehmer, die Kritik üben. Die ärgert das, wie die Stadt Köln mit diesem Quartier umgeht. Handwerker, Geschäfte und ähnliches, die sich hier sehr kritisch geäußert haben gegenüber der Verwaltung und im Grunde genau das sagen, was die Jugendlichen auch sagen, nämlich: „Wir werden nicht ernst genommen."

**B. L.:** Ja, das entspricht dem, wie du am Anfang unseres Gesprächs eingestiegen bist, mit der Frage: Was zeigt sich in so einer spontanen Situation? Die Frage ist, was ist vorher institutionalisiert oder was gibt es bereits an Strukturen? Und wenn es einen Mangel an Strukturen gibt oder vorher schon Probleme vorliegen, dass z.b. viele aneinander vorbeisprechen oder die Stadtentwicklung nicht so richtig läuft, dann läuft es ja in so einer spontanen Situation erst recht schief. Mich interessiert in dieser Hinsicht der Integrationsplan der Stadt Köln: Warum wird so etwas verfasst, kommt aber nicht in den Köpfen derjenigen an, die mit Integration in der Stadt zu tun haben. Wenn das nicht umgesetzt wird, ist es reine Technokratie oder Bürokratie, dass solche Papiere geschrieben werden. Wenn ein solcher Plan nicht ins alltägliche Handeln von Leuten übergeht, die mit der Stadt zusammenarbeiten, die in der Stadt arbeiten, sozialarbeiterisch und auf Stadtteilebene tätig sind, wenn das nicht in deren Bewusstsein und Handeln, in deren berufliche Professionalität übergeht, dann bleibt alles nur ein bürokratischer Akt.

**W.-D. B.:** Das Problem solcher Pläne wie sie die Stadt entwickelt hat, ist ihre Vieldeutigkeit. Auch der Integrationsplan der Stadt Köln ist nicht eindeutig. Das heißt, dass sich im Grunde jeder aus dem Plan das heraus nimmt, was er will. Deswegen ist der Plan zum Handeln ungeeignet. Er enthält zwar Operationalisierungsschritte, aber die Schritte sind Papier. Eigentlich käme es auf die Idee an, die dahinter steckt. Aber diese Idee ist diffus. Die Idee ist zum Teil: Die Stadt Köln ist ein kleiner Nationalstaat, zum Teil: „Wir sind eine eigenständige Stadtgesellschaft". Das heißt, im Grunde kann man mit dem Plan in einer konkreten Situation nicht arbeiten, weil er vieldeutig ist. Tatsächlich stehen in dem Integrationsplanwichtige Forderungen, an die man sich hätte halten können, aber sie nötigen einen nicht, es zu tun. Weil eben auch anders drin steht.

**M. O.:** Und sie haben ein seltsames Konzept von Partizipation. Häufig sind es top-down, paternalistische Konzepte. Ich bin mir sicher, dass im Integrationsplan der Stadt kein Kalker Jugendlicher nach seiner Meinung gefragt worden ist, was denn eigentlich aus seiner Sicht in den Integrationsplan hinein gehören sollte.

**B. L.:** Ja aber der „Dialog der Kulturen", um nochmal konkret zu werden, ist ja auch ein *Top-down-Prozess*. Und auch Hip-Hop und Anti-Gewalt-Trainings, ich weiß jetzt nicht wie die Bewertungen dazu ausgefallen sind, setzen wieder an den Defiziten der Jugendlichen an. Bei vermeintlichen Defiziten.

**W.-D. B.**: Also gerade wenn du sagst, der „Dialog der Kulturen" ist ein *Top-down-Prozess*, das ist ganz klar. Es werden aber auch die religiösen Gemeinschaften gezwungen, von oben nach unten zu denken. Deswegen kommen die Vertreter der Gemeinden, aber nicht die Gemeindemitglieder. Deswegen kommen die Vertreter der Moschee, aber nicht die einfachen Menschen, die in die Moschee gehen. Die kommen gar nicht erst, sondern es ist ein Bündnis der Herrschenden.

**S. P.**: Ein Punkt, den wir im Kontext der Zivilgesellschaft diskutiert haben, wäre von meiner Seite noch ein Hinweis auf diese Asymmetrie oder das Machtgefälle im Stadtteil. Ich sagte ja bereits, dass die Zivilgesellschaft sehr durch das ‚bürgerliche Kalk', also Vertreter der Mehrheitsgesellschaft, repräsentiert ist. Hier tauchte in den Interviews die Kritik auf, ohne jetzt selbst Kategorien in den Raum werfen zu wollen, dass ‚Kalker mit Migrationshintergrund' gar nicht oder nicht ausreichend repräsentiert sind.

**W.-D. B.**: Das ist ein Gedanke, der mir zum Schluss gekommen und den ich auch in meinem Text formuliert habe: Es gibt wirkliche Chancen in so einer Situation. Du hast ja schon von Chancen gesprochen. Ich finde, das ganz Entscheidende ist ja auch, dass man so ein Ereignis als Anlass nehmen kann, um nochmal neu nachzudenken. Normalerweise bewegen wir uns in einem Trott. Aber gerade solche doch ungewöhnlichen Ereignisse können dazu Anlass sein, dass man nochmal nachdenkt, dass man darauf gestoßen wird: Leute, hier ist ein Problem. Aber wir haben ja faktisch die Reaktion der Stadt über anderthalb Jahre hinweg betrachtet. Und wir haben nicht erkennen können, dass die Stadt nochmal nachgedacht hat und gesagt hat: „Schauen wir es uns nochmal an, vielleicht liegen wir doch nicht richtig." Im Gegenteil, es ging alles weiter wie gewohnt. Und nach anderthalb Jahre ist von den Protesten nichts mehr übrig. Dass es wieder ruhig ist und alle Störungen beseitigt sind, scheint die Stadt darin zu bestärken, zu sagen: „Wir haben es ja schon immer gewusst. Wir liegen richtig."

**B. L.**: Also Chance verpasst.

**W.-D. B.**: Das ist aber sozusagen die Faktizität des Alterns eines jeden Protestes. Das ist natürlich immer so. Das wird aber als Bestätigung dafür genommen, dass man sich richtig verhalten hat. Indem der Protest niedergeschlagen worden ist, wird man in seiner Auffassung bestätigt. Die Gewalt und die Macht, die man ausgeübt hat, sie bewirkt eine Art *self-fulfilling Prophecy*.

**M. O.**: Ich fürchte, es hängt auch ein bisschen mit dem Thema zusammen, auf das sich die bürgerliche Zivilgesellschaft nicht einlassen würde. Denn bei sol-

chen Themen, die die Jugendlichen angesprochen haben, geht es ja um Umverteilung, um Anerkennung, gleiche Rechte, also Dinge, die wirklich ins Mark der
Politik gehen. So was wie Rechtsradikalismus, Anti-Atomkraft, ist inzwischen
alles gesellschaftsfähig und kann sozialdemokratisch instrumentalisiert werden.
Wenn es jedoch um Umverteilung geht, wenn es um Anerkennung und politische
Rechte von Ausländerinnen und Ausländern geht, da geht es wirklich so weit,
dass das nicht mehr mehrheitsfähig ist. Das geht wirklich ins Mark der Macht-
und Herrschaftsverhältnisse, die eben auch umstrukturiert werden müssten, wenn
man die Forderungen der Jugendlichen mit Migrationshintergrund ernstnehmen
würde. Zum Beispiel im Bildungsbereich, wenn es um Schulreformen geht oder
dergleichen. Und das wird schlichtweg von der breiten Mitte der Gesellschaft
boykottiert.

**W.-D. B.:** Das ist eben kein volkswirtschaftliches Problem, sondern das ist ein
Machtproblem. Es ist ja nicht so, dass das nützlich ist, Kalker Jugendliche unmündig zu halten, dass es nützlich ist, ein Drittel der Bevölkerung ohne Wahlrecht zu halten. Nützlich ist das überhaupt nicht, es ist vielmehr destruktiv, weil
die Stimmung, die Mobilität und die Motivation der Leute desavouiert werden.
Aber es stabilisiert die Machtverteilung. Es geht eigentlich nur darum, dass die
bestehende Machtverteilung, so wie sich entwickelt hat, erhalten bleibt. Das sehe
ich auch so. Gerechtigkeit hört offenbar da auf, wo Macht anfängt.

**B. L.:** Und wo Privilegien verteilt sind. Macht und Privilegien werden gesichert.
Ich habe sofort auch an Bildungsfragen gedacht: Wie sehr das Bildungssystem
ungleich strukturiert ist und soziale Herkunft den Bildungserfolg bestimmt. Und
auch die Chancen auf dem Arbeitsmarkt. Das steckt ja mit drin, wenn wir fragen:
„Was haben wir denn für gesellschaftliche Chancen, wenn wir in einem bestimmten Stadtteil aufwachsen, wenn wir immer bestimmte Zuschreibungen
erfahren. Wie sieht unser Bildungserfolg und später dann unsere Chance aus,
Arbeit zu bekommen." Das trifft Jugendliche im Allgemeinen, aber migrantische
Jugendliche besonders.

**W.-D. B.:** Ironischerweise wurde ja auch in Köln-Kalk die erste Realschule nicht
von der Stadt Köln gegründet, sondern vom Staat Preußen erzwungen. Also
schon Anfang des 20. Jahrhunderts ist Kalk ein kommunal vernachlässigtes
Quartier gewesen, mit einer minimalen Ausbildung. Und von außen musste man
der Stadt Köln klar machen, dass sie Arbeiterbildung betreiben muss. Sie brauchen qualifizierte Leute und es reicht nicht aus, nur Handlanger zu haben. Jetzt
haben wir nicht mehr Preußen, jetzt müssen wir das schon selber tun.

**S. P.:** Interessant finde ich, das Projekt unter der Fragestellung nach Macht und Kontrolle anzugehen. Seitens der Verwaltung ging es sofort darum, die Situation unter Kontrolle zu bringen, das Ganze zu beruhigen und die Leute ruhig zu kriegen. Das war erst mal die größte Sorge seitens der Vertreterinnen und Vertreter der Ämter der Stadt Köln und der Polizei. Es ging darum, dass man wieder Ruhe in den Stadtteil kriegt und bloß nicht sowas entsteht, wie im Nachbarland Frankreich. Also da war diese ganz große Angst. An dieser Stelle nochmal die Frage nach der Nachhaltigkeit. Wir haben das verfolgt und soweit ich das rausfinden konnte, ist nachhaltig nichts Großartiges passiert.

Im Allgemeinen ist im Stadtteil besorgniserregend, dass in Köln-Kalk als ein Stadtteil, in dem viel passiert, also was Gentrifizierung angeht – es gibt ja verschiedenste Projekte und Prozesse, die in Gang gebracht werden und wo sich schon Tendenzen abzeichnen – dass in Kalk zunehmend Menschen aus der Mittelschicht, sich niederlassen und dies zu Verdrängungsprozessen ärmerer Bevölkerungsgruppen führt.

**M. O.:** Es geht einmal um Kontrolle und es geht um die Verbesserung der Thematik.

**W.-D. B.:** Kalk ist eines der großen Zentren der Kölner Integrationsindustrie, wenn man es etwas böse formulieren will. In Kalk gibt es unglaublich viele Initiativen, die freilich niemand kennt, die selten Sprechstunden haben, die kaum Kontakt mit den Jugendlichen und der Öffentlichkeit halten. Wir sind auf über 80 Initiativen in Kalk gekommen, die aber fast alle nicht angekommen sind. Da wird viel gemacht, da wird Integration betrieben, aber dabei oft völlig unsinnige und unadressierte Konzepte entwickelt. Und die Jugendlichen selber kommen in den Konzepten logischerweise meist gar nicht vor. Wie will man auch jemanden, der in Kalk geboren ist, nach Kalk integrieren?

**B. L.:** Markus sagte, es gehe um „Kontrolle" und um „Verbesserung", vorher hatten wir den Punkt „Chance verpasst" und da stellt sich für mich die Frage: Wenn die Entwicklung so weiter läuft, dann ist das ja das Gegenteil von Nachhaltigkeit oder gar Verbesserung, sondern *laissez faire*. Man lässt es einfach so laufen. Das nennt man mangelnde stadtplanerische Entwicklung, oder? Wie schätzt ihr das aus stadtsoziologischer Sicht ein? Ich denke, es ist sogar noch mehr. Man lässt die Dinge ja einfach so aufeinander prallen. Also Kontrolle, aber gleichzeitig auch Nicht-Steuerung. Das ist weder gelungene Kontrolle noch eine sinnvolle Steuerung und Stadtentwicklung.

**W.-D. B.:** Ja, das kommt daher, weil die Stadt für dieses Quartier gar kein umfassendes Entwicklungs- und Strukturkonzept hat. Sie hat viel leeren Raum, sie hat viel desolate Industrie und jetzt macht sie das, was sie immer macht: Sie versucht, Investoren herbeizulocken. Damit bekommt sie die Grundstücke los, zwar billig, aber verdient trotzdem noch etwas daran. Jedoch ist kein Konzept dahinter, was Leben in der Stadt organisiert. Das ist auch in anderen Stadtteilen, in der Innenstadt, zu beklagen, dass man Dinge anrichtet, teuer anrichtet, Generationen müssen nachher zahlen und kein Mensch weiß, was das überhaupt sollte.

**S. P.:** Ich wollte nochmal auf Kontrolle zurückkommen. Kontrolle, nicht in dem Sinne verstanden, wie man das jetzt besser in das Stadtgeschehen einbinden kann, sondern Kontrolle darüber, dass alles so bleibt wie es ist, Privilegien sicher gestellt werden und dass sich bloß nichts verschiebt.

**M. O.:** Ja das ist das Ziel: Legitimation der bestehenden Verhältnisse.

**W.-D. B.:** Aber es wird auch die Wirklichkeit nicht wahrgenommen. Wir haben bei dem zweiten Workshop im Bürgerzentrum getagt und haben über die Situation im Quartier diskutiert. Wenn man aus dem Fenster schaute, sah man unten zwei Geschäfte mit einer ‚ausländischen' Beschriftung, eines mit einer türkischen und eines mit einer koreanischen Beschriftung. Die Leute oben wussten das gar nicht, obwohl sie in den Büros des Bürgerzentrums tagaus tagein sind. Sie wissen nicht wirklich, wie ihr Quartier aussieht und wie vielfältig ihr Quartier ist. Also, wenn solche Leute Kommunalpolitik und Stadtentwicklung machen, kann ich mir vorstellen, dass da nicht viel dabei herauskommt.

**S. P.:** Als abschließende Frage, vielleicht auch aus verschiedenen Perspektiven: Wie hätte man, wie hätte die Stadt oder verschiedene Akteurinnen und Akteure angemessen darauf reagieren können? Wie könnte ‚man' anders mit einem Geschehen im Stadtteil umgehen?

**W.-D. B.:** Aus meiner Perspektive wäre es relativ einfach gewesen. Man hätte nicht nur mit den Jugendlichen das Gespräch suchen müssen, sondern man hätte auch versuchen müssen, ihre Positionen öffentlich kundzutun. Also sie bei der Organisation einer Internetplattform, von Diskussionen, offiziell unterstützen müssen, anstatt Polizei zu schicken. Vielleicht hätte man Moderatoren nutzen können. Es hätten Kommunalpolitiker kommen können. Kommunalpolitik hat ja quasi nicht stattgefunden, sondern man hat alles der Verwaltung überlassen. Da wäre unheimlich viel möglich gewesen und der Kreativität wären kaum Grenzen gesetzt worden. Die Jugendlichen hätten sicherlich mitgemacht.

**M. O.:** Ich denke, egal ob von Medien, von Verwaltung, Stadt Köln oder von der sozialarbeiterischen Seite: Wenn es wirklich in diesen Institutionen Vertreterin-

nen und Vertreter gegeben hätten, die die Anliegen der Jugendlichen ernst genommen hätten und das auch innerhalb ihrer jeweiligen Zirkel publik gemacht
hätten, dann wäre ein guter Anknüpfungspunkt da gewesen. Beispielsweise,
wenn es einen Artikel im Stadtanzeiger kurz nach den ersten Demonstrationen
gegeben hätte, in dem irgendein Reporter oder eine Reporterin auf die echte
Legitimation dieser Forderungen hingewiesen hätte, ich glaube, dann wäre vielleicht schon einiges anders gelaufen. Und wenn das dann zusätzlich noch in der
Sozialen Arbeit und bei der Stadt Köln auf positive Resonanz gestoßen wäre,
dann hätte man wirklich etwas daraus machen können. Aber da alle einzelnen
Institutionen sozusagen blockiert und sie die Forderungen abgewehrt haben,
teilweise in Richtung Kulturalisierung umgedeutet haben, ist das Ganze letztendlich leer gelaufen. Erforderlich wäre, dass es in diesen Institutionen kritische
Leute gibt, die die Anliegen ernst nehmen und in die Öffentlichkeit transportieren. So wie der eine Vertreter der Sozialen Arbeit das auch versucht hat. Aber
das war zu wenig, der ist dann ständig auf Granit gestoßen und dann funktioniert
das Ganze nicht, dann ist die Chance verpasst.

**B. L.:** Auf längere Zeit betrachtet, wäre es wichtig, Räume zu schaffen, in denen
die Jugendlichen auch weiterhin machen können, woran sie Interesse haben, wo
sie eigene Sprach- und Handlungsräume für sich finden. Also zum Beispiel Jugendzentren. Ich weiß nicht im Konkreten, was das Angemessene wäre. Aber ich
würde erst mal schauen, was wären Räume, in denen sich Jugendliche in Köln-
Kalk treffen und was gemeinsam machen können, wozu sie Lust haben. Das
wäre auf den Stadtteil direkt bezogen. Doch ich fände es auch auf einer höheren
politischen Ebene, auf einer Makroebene oder strukturellen Ebene, wichtig, dass
tatsächlich mal in den Blick genommen wird: Wer hat denn hierzulande eine
Staatsbürgerschaft, wer hat sie nicht? Wer wird aufgrund mangelnder Staatsbürgerschaft von sozialer und politischer Teilhabe ausgeschlossen? Das ist ja auch
unter anderem ein Anliegen des Projekts „Partizipation in der Einwanderungsgesellschaft" gewesen. Was heißt heute Einwanderungsgesellschaft, was heißt es
an diesem konkreten Beispiel, den Ereignissen 2008 in Köln-Kalk. Selbst dann,
wenn Jugendliche über die hiesige Staatsbürgerschaft verfügen, fühlen sie sich
trotzdem nicht unbedingt gleichberechtigt. Was sind die Gründe dafür? Auch auf
dieser Ebene hätte ich mir gewünscht, dass die etablierte Politik stärker darauf
eingeht, wer eigentlich in der Stadt lebt, wer sich berechtigt fühlt zu partizipieren
und wer in welcher Form Partizipation einfordert.

# Literatur

Arnold, Markus (2010): Öffentlichkeitsregime. Über Macht, Wissen und narrative Diskurse. In: Arnold, Markus/Dressel, Gert/Viehöver, Willy (Hg.): Erzählungen im Öffentlichen. Über die Wirkung narrativer Diskurse. Wiesbaden, S. 331-393.

Arnold, Markus/Dressel, Gert/Viehöver, Willy (Hg.) (2010): Erzählungen im Öffentlichen. Über die Wirkung narrativer Diskurse. Wiesbaden.

Baier, Florian (2011): Warum Schulsozialarbeit? Fachliche Begründungen der Rolle von Schulsozialarbeit im Kontext von Bildung und Gerechtigkeit. In: Baier, Florian/Deinet, Ulrich (Hg.): Praxisbuch Schulsozialarbeit. Methoden, Haltungen und Handlungsorientierungen für eine professionelle Praxis. Opladen/Farmington Hills, S. 85-96.

Balibar, Étienne (1993): Die Grenzen der Demokratie. Hamburg.

Balibar, Étienne (2003): Sind wir Bürger Europas? Politische Integration, soziale Ausgrenzung und die Zukunft des Nationalen. Hamburg.

Barthes, Roland (2012): Mythen des Alltags. Berlin.

Beck, Ulrich (2008): Weltrisikogesellschaft. Auf der Suche nach der verlorenen Sicherheit. Frankfurt am Main.

Behrens, Heidi/Motte, Jan (Hg.) (2006): Politische Bildung in der Einwanderungsgesellschaft. Zugänge, Konzepte, Erfahrungen. Schwalbach/Ts.

Bertelsmann-Stiftung (Hg.) (2004): Politische Partizipation in Deutschland. Ergebnisse einer repräsentativen Umfrage. Gütersloh.

Bertelsmann-Stiftung (Hg.) (2007): Kinder und Jugendbeteiligung in Deutschland. Entwicklungsstand und Handlungsansätze. Gütersloh.

Bertelsmann-Stiftung (2009): Demokratie und Integration in Deutschland. Politische Führung und Partizipation aus Sicht von Menschen mit Migrationshintergrund. Gütersloh.

Betz, Tanja/Gaiser, Wolfgang/Pluto, Liane (Hg.) (2010): Partizipation von Kindern und Jugendlichen. Forschungsergebnisse, Bewertungen, Handlungsmöglichkeiten. Bonn.

Binder, Beate/Hess, Sabine (2011): Intersektionalität aus der Perspektive der europäischen Ethnologie. In: Hess, Sabine (Hg.): Intersektionalität revisited. Empirische, theoretische und methodische Erkundungen. Bielefeld, S. 15-54.

Blandow, Rolf/Knabe, Judith/Ottersbach, Markus (2012): Gemeinwesenarbeit: Renaissance oder Verabschiedung eines Arbeitsprinzips der Sozialen Arbeit? In: Blandow, Rolf/Knabe, Judith/Ottersbach, Markus (Hg.): Die Zukunft der Gemeinwesenarbeit. Von der Revolte zur Steuerung und zurück? Wiesbaden, S. 7-12.

Boban, Ines (2008): Bürgerzentrierte Zukunftsplanung in Unterstützerkreisen. Inklusiver Schlüssel zu Partizipation und Empowerment pur. In: Hinz, Andreas/Körner, Ingrid/Niehoff, Ulrich: Von der Integration zur Inklusion. Grundlagen – Perspektiven – Praxis. Marburg, 230-247.

Bödeker, Sebastian (2012): Soziale Ungleichheit und politische Partizipation in Deutschland. Grenzen politischer Gleichheit in der Bürgergesellschaft. Frankfurt am Main.

Böhnke, Petra (2011): Ungleiche Verteilung politischer und zivilgesellschaftlicher Partizipation. In: Aus Politik und Zeitgeschichte, Heft 1-2/2011, S. 18-25.

Bogdal, Klaus-Michael (2011): Europa erfindet die Zigeuner. Eine Geschichte von Faszination und Verachtung. Lizenzausg. Bonn.

Bolder, Axel (2008): Bildungsverweigerung als Lebensstil? Sozialstrukturelle Kontexte des Widerstands gegen Bildung. In: kursiv, Journal für Politische Bildung, Heft 2/2008, S. 38-46.

Bourdieu, Pierre (2001a): Meditationen. Zur Kritik der scholastischen Vernunft. Frankfurt am Main.

Bourdieu, Pierre (2001b): Das politische Feld. Kritik der politischen Vernunft. Konstanz.

Bremer, Helmut (2008): Das „politische Spiel" zwischen Selbstausschließung und Fremdausschließung. In: Außerschulische Bildung, Heft 3/2008, S. 266-272.

Bremer, Helmut (2010): Symbolische Macht und politisches Feld. Der Beitrag Pierre Bourdieus für die politische Bildung. In: Lösch, Bettina/Thimmel, Andreas (Hg.): Kritische politische Bildung. Ein Handbuch. Schwalbach/Ts., S. 181-192.

Bucher, Ulrike/ Finka, Maroš (Hg.) (2008): The electronic city. International Conference "The Electronic City". Berlin.

Bukow, Wolf-Dietrich/Llaryora, Roberto (1998): Mitbürger aus der Fremde. Soziogenese ethnischer Minoritäten. Opladen.

Bukow, Wolf-Dietrich/Spindler, Susanne (Hg.) (2000): Die Demokratie entdeckt ihre Kinder. Politische Partizipation durch Kinder- und Jugendforen. Wiesbaden.

Bukow, Wolf-Dietrich/Nikodem, Claudia/Schulze, Erika/Yildiz, Erol (Hg.) (2001): Auf dem Weg zur Stadtgesellschaft. Die multikulturelle Stadt zwischen globaler Neuorientierung und Restauration. Wiesbaden.

Bukow, Wolf-Dietrich/Yildiz, Erol (2001): Der Wandel von Quartieren in der metropolitanen Gesellschaft am Beispiel Keupstraße in Köln. In: Karpe, Helmut/Ottersbach, Markus/ Yildiz, Erol (Hg.): Urbane Quartiere zwischen Zerfall und Erneuerung. Köln, S. 145-182.

Bukow, Wolf-Dietrich (2009): Verständigung über ein religiös-pluralistisches Zusammenleben am Beispiel des Moscheebaus an Rhein und Ruhr. In: Mathias Tanner (Hg.): Streit um das Minarett. Zusammenleben in der religiös pluralistischen Gesellschaft. Zürich, S. 189-224.

Bukow, Wolf-Dietrich (2010a): Urbanes Zusammenleben. Zum Umgang mit Migration und Mobilität in europäischen Stadtgesellschaften. Wiesbaden.

Bukow, Wolf-Dietrich (2010b): Was heißt hier ethnische Gemeinschaftsbildung. Marginalisierung gemeinschaftsorientierter Bindungen. In: Mieg, Harald A. (Hg.): Georg Simmel und die aktuelle Stadtforschung. Interdisziplinäre Betrachtungen zu Dichte, Diversität und Dynamik der Großstadt. Wiesbaden, S. 213-244.

Bukow, Wolf-Dietrich/Preissing, Sonja (2010): „Wir sind kölsche Jungs". Die „Kalker Revolte" – Der Kampf um Partizipation in der urbanen Gesellschaft. In: Pilch Ortega, Angela/Felbinger, Andrea/Mikula, Regina/Egger, Rudolf (Hg.): Macht – Eigensinn – Engagement. Lernprozesse gesellschaftlicher Teilhabe. Wiesbaden, 151-172.

Bukow, Wolf-Dietrich (2011a): Urbanes Zusammenleben im Zeichen zunehmender Globalisierung am Beispiele der Stadt Köln. In: Hentges, Gudrun/Lösch, Bettina (Hg.): Die Vermessung der sozialen Welt. Neoliberalismus – extreme Rechte – Migration im Fokus der Debatte. Wiesbaden, S. 273-252.

Bukow, Wolf-Dietrich (2011b): Kommunen als Orte der Diversität. In: Gruber, Bettina (Hg.): Migration. Perspektivenwechsel und Bewusstseinswandel als Herausforderung für Stadt und Gesellschaft. Klagenfurt, S. 105-123.

Bukow, Wolf-Dietrich (2011c): Multikulturalität in der Stadtgesellschaft. In: Eckardt, Frank (Hg.): Handbuch Stadtsoziologie. Wiesbaden, S. 527-550.

Bukow, Wolf-Dietrich (2013): Gute Forschung verlangt eine gute Theorie. In: Baros, Wassilios/Kempf, Wilhelm (Hg.): Erkenntnisinteressen, Methodologie und Methoden interkultureller Bildungsforschung. Berlin.

Burdewick (2003): Jugend – Politik – Anerkennung. Eine qualitative Studie zur politischen Partizipation 11- bis 18-Jähriger. Opladen.

Calmbach, Marc/Kohl, Wiebke (2011): Politikwahrnehmung und Politikverständnis von „bildungsfernen" Jugendlichen. In: Polis, Heft 3/2011, S. 10-12.

Calmbach, Marc/Borgstedt, Silke (2012): „Unsichtbares" Politikprogramm? Themenwelten und politisches Interesse von „bildungsfernen" Jugendlichen. In: Kohl, Wiebke/Seibring, Anne (Hg.): „Unsichtbares" Politikprogramm? Themenwelten und politisches Interesse von „bildungsfernen" Jugendlichen. Bonn, S. 41-80.

Crouch, Colin (2008): Postdemokratie. Frankfurt am Main.Detjen, Joachim (2007): Politische Bildung für bildungsferne Milieus. In: Aus Politik und Zeitgeschichte (APuZ), Heft 32-33/2007, S. 3-7.

ddp (o.V.) (2008): 17-jähriger in Kalk erstochen. In: http://www.ksta.de/html/artikel/1200697261739.shtml [17.02.2010].

Eckardt, Frank (2008): E-City: From Researching the Virtual towards Understanding the Real Urban Life. In: Bucher, Ulrike/Finka, Maroš (Hg.): The electronic city. Berlin, S. 9-24.

Eckardt, Frank (Hg.) (2009): Urban governance in Europe. Berlin.

Eckardt, Frank (Hg.) (2011): Handbuch Stadtsoziologie. Wiesbaden.

Eckardt, Frank/Eade, John (Hg.) (2011): The ethnically diverse city. Berlin.

Eichstädt-Bohlig, Franziska (Hg.) (2006): Das neue Gesicht der Stadt. Strategien für die urbane Zukunft im 21. Jahrhundert; Empfehlungen der Fachkommission Stadtentwicklung der Heinrich-Böll-Stiftung. Berlin.

Embacher, Serge (2011): „Einstellungen zur Demokratie". In: „Demokratie in Deutschland 2011" – Ein Report der Friedrich-Ebert-Stiftung. In: http://www.demokratie-deutschland-2011.de/common/pdf/Einstellungen_zur_Demokratie.pdf [19.10.2012].

Enquete-Kommission „Zukunft des Bürgerschaftlichen Engagements" Deutscher Bundestag (2003) (Hg.): Bürgerschaftliches Engagement in den Kommunen. Schriftenreihe 8. Opladen.

Feldtkeller, Andreas (2001): Städtebau: Vielfalt und Integration. Neue Konzepte für den Umgang mit Stadtbrachen. Stuttgart.

Ferro, Enrico/Scholl, H. Jochen/Wimmer, Maria A. (2008): Electronic Government. 7th International Conference EGOV 2008 Proceedings of ongoing research, project contributions and workshops. Turin, Italy 1-4 September, 2008. Linz.

Friedrich-Ebert-Stiftung (2008): Persönliche Lebensumstände, Einstellungen zu Reformen, Potentiale der Demokratieentfremdung und Wahlverhalten. In: http://www.fes.de/aktuell/documents2008/Zusammenfassung_Studie_GPI.pdf [19.10.2012].

Fritzsche, Lara (2008a): Die Aufständischen. In: http://www.zeit.de/2008/07/Die_Aufstaendischen?page=all [17.02.2010].

Fritzsche, Lara (2008b): Ein Stadtteil steht Kopf. In: http://www.welt.de/wams_print/article1658070/Ein_Stadtteil_steht_kopf.html [27.01.2011].

Galuske, Michael (2002): Flexible Sozialpädagogik. Elemente einer Theorie Sozialer Arbeit in der modernen Arbeitsgesellschaft. Weinheim/München.

Galuske, Michael (2004): Der aktivierende Sozialstaat. Konsequenzen für die Soziale Arbeit. Studientexte aus der Evang. Hochschule für Soziale Arbeit Dresden.

Geisen, Thomas/Riegel, Christine (Hg.) (2009): Jugend, Partizipation und Migration. Orientierungen im Kontext von Integration und Ausgrenzung. Wiesbaden.

Geisen, Thomas (2011): Fremdheit und Lernen im Migrationskontext. Herausforderungen migrationssensiblen Handelns für die Schulsozialarbeit. In: Florian Baier/Ulrich Deinet (Hg.): Praxisbuch Schulsozialarbeit. Methoden, Haltungen und Handlungsorientierungen für eine professionelle Praxis. Opladen/Farmington Hills, S. 259-274.

Gerdes, Jürgen/Bittlingmayer, Uwe H. (2012): Demokratische Partizipation und politische Bildung. In: Kohl, Wiebke/Seibring, Anne (Hg.): „Unsichtbares" Politikprogramm? Themenwelten und politisches Interesse von „bildungsfernen" Jugendlichen. Bonn, S. 26-40.

Glaser, Gustav/Klein, Evelyn (2007): Das Wiener Nordbahnviertel – Einblicke, Erkundungen, Analysen. Innsbruck/Wien/Bozen. Gomolla, Mechthild/Radtke, Frank-Olaf (2007): Institutionelle Diskriminierung. Die Herstellung ethnischer Differenz in der Schule. Wiesbaden.

Gruber, Bettina (Hg.) (2011): Migration. Perspektivenwechsel und Bewusstseinswandel als Herausforderung für Stadt und Gesellschaft. Klagenfurt.

Habermas, Jürgen (1998): Faktizität und Geltung. Beiträge zur Diskurstheorie des Rechts und des demokratischen Rechtsstaates. Frankfurt am Main.

Häußermann, Hartmut/Wurtzbacher, Jens (2005): Die Gemeinde als Ort politischer Integration. In: Heitmeyer, Wilhelm/Imbusch, Peter (Hg.): Integrationspotenziale einer modernen Gesellschaft. Wiesbaden, 429-449.

Häußermann, Hartmut (2006): Die Stadt als politisches Subjekt. In: Eichstädt-Bohlig, Franziska (Hg.): Das neue Gesicht der Stadt. Strategien für die urbane Zukunft im 21. Jahrhundert. Berlin, 121-136.

Hafeneger, Benno (2012): Jugendproteste im Jahr 2011. Ein Rückblick. In: Journal für politische Bildung, Heft 2/2012, S. 68-76.

Hedtke, Reinhold (2012): Partizipation ist das Problem, nicht die Lösung. In: Polis. Report der Deutschen Vereinigung für Politische Bildung, Heft 3/2012, S. 16-21.

Heide, Angela/Krasny, Elke (Hg.) (2010): Aufbruch in die Nähe: Wien, Lerchenfelder Straße. Mikrogeschichten zwischen Lokalidentitäten und Globalisierung. Mit 12 Essays zu sozialen Kunstpraxen, kritischer Stadtplanung und Straßenprojekten in Amsterdam, Bremen, Hamburg, Köln, Wien und Zagreb – Other places, Vienna, Lerchenfelder Street. Wien.

Heite, Catrin (2008): Soziale Arbeit im Kampf um Anerkennung. Professionstheoretische Perspektiven. Weinheim/München.

Hentges, Gudrun/Lösch, Bettina (Hg.) (2011): Die Vermessung der sozialen Welt. Neoliberalismus – extreme Rechte – Migration im Fokus der Debatte. Wiesbaden.

Hess, Sabine (Hg.) (2009): No integration?! Kulturwissenschaftliche Beiträge zur Integrationsdebatte in Europa. Bielefeld.

Hess, Sabine (Hg.) (2011): Intersektionalität revisited. Empirische, theoretische und methodische Erkundungen. Bielefeld.

Hess, Sabine/Moser, Johannes (2009): Jenseits der Intergration. Kulturwissenschaftliche Betrachtungen einer Debatte. In: Sabine Hess (Hg.): No integration?! Kulturwissenschaftliche Beiträge zur Integrationsdebatte in Europa. Bielefeld, S. 11-26.

Ipsen, Detlev/Debik, Johanna/Glasauer, Herbert/Mussel, Christine/Weichler, Holger (2005): Toronto – Migration als Ressource der Stadtentwicklung. Kassel.

Karpe, Helmut (Hg.) (2001): Urbane Quartiere zwischen Zerfall und Erneuerung. Köln.

Kassis, W., S. Artz, Moldenhauer, S. (2013 (paper accepted)). "Laying Down the Family Burden: Resilience in the Midst of Family Violence." Child & Youth Services 34(1).

Kilb, Rainer (2011): Stadt als Sozialisationsraum. In: Eckardt, Frank (Hg.): Handbuch Stadtsoziologie. Wiesbaden, S. 613-632.

Klatt, Johanna/Walter, Franz (2011): Entbehrliche der Bürgergesellschaft? Sozial Benachteiligte und Engagement. Bielefeld.

Krummacher, Michael/ Waltz, Viktoria (2002): Interkulturelle Stadtpolitik – Bestpractice-Modelle: Interkulturelles Gesamtkonzept Stadt Solingen – „Vision Zusammenleben 2010". Bochum.

Krummacher, Michael (2003): Soziale Stadt – Sozialraumentwicklung – Quartiersmanagement. Herausforderungen für Politik, Raumplanung und soziale Arbeit. Opladen.

Kuokkanen, Kanerva (2009): Urban Governance and Citizen Partizipation. In: Eckardt, Frank (Hg.): Urban governance in Europe. Berlin, S. 49-70.

Kurtenbach, Sabine (2012): Jugendproteste: blockierte Statuspassagen als einigendes Band. In: Aus Politik und Zeitgeschichte (APuZ), Heft 25-26/2012, S. 48-54.

Kurzke-Maasmeier, Stefan (2006): Aktivierende Soziale Arbeit im reformierten Sozialstaat. Professionelle Herausforderungen und sozialethische Kritik. In: Kurzke-Maasmeier, Stefan/Mandry, Christof/Oberer, Christine (Hg.): Baustelle Sozialstaat! Sozialethische Sondierungen in unübersichtlichem Gelände. Münster, S. 111-128.

Lang, Susanne (2009): Politische Programme gegen soziale Ausgrenzung Jugendlicher in Deutschland. In: Ottersbach, Markus/Zitzmann, Thomas (Hg.): Jugendliche im Abseits. Zur Situation in französischen und deutschen marginalisierten Stadtquartieren. Wiesbaden, S. 269-282.

Lanz, Stephan (2009): In unternehmerische Subjekte investieren. In: Hess, Sabine/Binder, Jana/Moser, Johannes (Hg.): No integration?! Kulturwissenschaftliche Beiträge zur Integrationsdebatte in Europa. Bielefeld, S. 105-121.

Lanz, Stephan (2007): Berlin aufgemischt. Abendländisch, multikulturell, kosmopolitisch? Die politische Konstruktion einer Einwanderungsstadt. Bielefeld.

Le Galés, Patrick (2006): Can European cities survive within a globalizing world? The coming age of megacities or the growth of globalizing European cities? In: Rehberg, Karl-Siegbert/Giesecke, Dana (Hg.): Soziale Ungleichheit, kulturelle Unterschiede. Verhandlungen des 32. Kongresses der Deutschen Gesellschaft für Soziologie in München 20. Frankfurt am Main, S. 949-970.

Lessenich, Stephan/Nullmeier, Frank (Hg.) (2006): Deutschland. Eine gespaltene Gesellschaft. Bonn.

Loerwald, Dirk (2007): Ökonomische Bildung für bildungsferne Milieus. In: Aus Politik und Zeitgeschichte (APuZ), Heft 32-33/2007, S. 27-33.

Lösch, Bettina (2005): Deliberative Politik. Moderne Konzeptionen von Öffentlichkeit, Demokratie und politischer Partizipation. Münster.

Lösch, Bettina (2011): Globale Krisen und Transformationsprozesse der Demokratie. Mögliche Konsequenzen für die politische Bildung. In: Hentges, Gudrun/Lösch, Bettina (Hg.): Die Vermessung der sozialen Welt. Wiesbaden, S. 55-68.

Ludwig, Claus (2008): Junge Migranten in Köln-Kalk fordern Respekt und Gerechtigkeit. In: http://www.sozialismus.info/?sid=2496 [17.02.2010].

Mayring, Philipp (2003): Qualitative Inhaltsanalyse. Grundlagen und Techniken. Weinheim/Basel.

Merkel, Janet (2011): Ethnic Diversity and the "Creative City". The Case of Berlin's Creative Industries. In: Eckardt, Frank/Eade, John (Hg.): The ethnically diverse city. Berlin, S. 560-578.

Mieg, Harald A. (Hg.) (2010): Georg Simmel und die aktuelle Stadtforschung. Interdisziplinäre Betrachtungen zu Dichte, Diversität und Dynamik der Großstadt. Wiesbaden.

Müller, Michael (2010): Straße und Integration. Heide, Angela/Krasny, Elke (Hg.) (2010): Aufbruch in die Nähe: Wien, Lerchenfelder Straße. Mikrogeschichten zwischen Lokalidentitäten und Globalisierung. Mit 12 Essays zu sozialen Kunstpraxen, kritischer Stadtplanung und Straßenprojekten in Amsterdam, Bremen, Hamburg, Köln, Wien und Zagreb – Other places, Vienna, Lerchenfelder Street. Wien, S. 29-54.

Munsch, Chantal (2003): Sozial Benachteiligte engagieren sich doch. Über lokales Engagement und soziale Ausgrenzung und die Schwierigkeiten der Gemeinwesenarbeit. Weinheim/München.

Ottersbach, Markus (2003): Außerparlamentarische Demokratie. Neue Bürgerbewegungen als Herausforderung an die Zivilgesellschaft. Frankfurt/New York.

Ottersbach, Markus (2004a): Jugendliche in marginalisierten Quartieren. Ein deutschfranzösischer Vergleich. Wiesbaden.

Ottersbach, Markus (2004b): Politische Teilhabe von Zugewanderten in der Kommune. Die Praxis in Bonn, Duisburg und Solingen. Herausgegeben vom Ministerium für Gesundheit, Soziales, Frauen und Familie/NRW, Düsseldorf.

Ottersbach, Markus (2007): Sozialräumlichkeit und neue Formen der politischen Partizipation für Jugendliche. In: Reutlinger, Christian/Mack, Wolfgang/Wächter, Franziska/Lang, Susanne (Hg.): Jugend und Jugendpolitik in benachteiligten Stadtteilen in Europa. Wiesbaden, S.175-19.

Ottersbach, Markus (2008): Empowerment and Learning through the arts. Bericht der wissenschaftlichen Begleitung. Köln.

Ottersbach, Markus (2010): „Bildungsferne" oder marginalisierte Jugendliche: ein Tabu für die politische Bildung? In: Lösch, Bettina/Thimmel, Andreas (Hg.): Kritische politische Bildung. Ein Handbuch. Schwalbach/Ts., S. 339-350.

Ottersbach, Markus (2012): Herausforderungen durch Migration. In: Blandow, Rolf/Knabe, Judith/Ottersbach, Markus (Hg.): Die Zukunft der Gemeinwesenarbeit. Von der Revolte zur Steuerung und zurück? Wiesbaden, S. 59-72.

Ottersbach, Markus/Yildiz, Erol (Hg.) (2004): Migration in der metropolitanen Gesellschaft. Zwischen Ethnisierung und globaler Neuorientierung. Münster.

Ottersbach, Markus/Zitzmann, Thomas (Hg.) (2009): Jugendliche im Abseits. Zur Situation in französischen und deutschen marginalisierten Stadtquartieren. Wiesbaden.

Putnam, Robert D. (Hg.) (2001): Gesellschaft und Gemeinsinn. Sozialkapital im internationalen Vergleich. Gütersloh.

Rademaker, Hermann (2011): Schulsozialarbeit in Deutschland. In: Baier, Florian/Deinet, Ulrich (Hg.): Praxisbuch Schulsozialarbeit. Methoden, Haltungen und Handlungsorientierungen für eine professionelle Praxis. Opladen/Farmington Hills, S. 17-44 .

Radtke, Frank-Olav (2009): Nationale Multikulturalismen, Bezugprobleme und Effekte. In: Hess, Sabine (Hg.): No integration?! Kulturwissenschaftliche Beiträge zur Integrationsdebatte in Europa. Bielefeld, S. 37-50.

Raschke, Joachim (1988): Soziale Bewegungen. Frankfurt/New York.

Reinders, Heinz (2005): Qualitative Interviews mit Jugendlichen führen. München/ Wien.

Reuter, Julia (2002): Ordnungen des Anderen. Zum Problem des Eigenen in der Soziologie des Fremden. Bielefeld.

Reutlinger, Christian/Sommer, Antje (2011): Schulsozialarbeit in Kooperation und Vernetzung. Von der fallbezogenen Triage zum quartiersbezogenen/sozialraumbezogenen Vernetzungsgefüge. In: Baier, Florian/Deinet, Ulrich (Hg.): Praxisbuch Schulsozialarbeit. Methoden, Haltungen und Handlungsorientierungen für eine professionelle Praxis. Opladen/Farmington Hills, S. 369-386

Römhild, Regina/Bergmann, Sven (Hg.) (2003): Global Heimat. Ethnographische Recherchen im transnationalen Frankfurt. Frankfurt.

Roth, Roland/Rucht, Dieter (Hg.) (2000): Jugendkulturen, Politik und Protest. Vom Widerstand zum Kommerz? Opladen.

Rucht, Dieter/Yang, Mundo (2004): Wer protestiert gegen Hartz IV? In: Forschungsjournal Neue Soziale Bewegungen, Heft 17/2004, S. 21-27.

Sassen, Saskia (2008): Das Paradox des Nationalen. Territorium, Autorität und Rechte im globalen Zeitalter. Frankfurt am Main.

Sauer, Birgit (2001): Die Asche des Souveräns. Staat und Demokratie in der Geschlechterdebatte. Frankfurt am Main.

Scambor, Elli/Zimmer, Fränk (Hg.) (2010): Die intersektionelle Stadt. Geschlechterforschung und Medienkunst an den Achsen der Ungleichheit. Bielefeld.

Schäfer, Armin (2010): Die Folgen sozialer Ungleichheit für die Demokratie in Westeuropa. In: Zeitschrift für Vergleichende Politikwissenschaft, Heft 4/2010, S. 131-156.

Scheibelhofer, Paul (2011): Intersektionalität, Männlichkeit und Migration. Wege zur Analyse eines komplizierten Verhältnisses. In: Hess, Sabine (Hg.): Intersektionalität revisited. Empirische, theoretische und methodische Erkundungen. Bielefeld, S. 149-172.

Scherr, Albert (2010): Subjektivität als Schlüsselbegriff kritischer politischer Bildung. In Lösch, Bettina/Thimmel, Andreas (Hg.): Kritische politische Bildung. Ein Handbuch, Schwalbach/Ts., S. 303-314.

Scherr, Albert (2011): Pädagogische Grundsätze für die politische Bildung unter erschwerten Bedingungen. In: Polis. Report der Deutschen Vereinigung für Politische Bildung, Heft 3/2011, S. 7-9.

Schiffer-Nasserie, Arian (2011): Teilhabe durch Gleichbehandlung? Zur Kritik eines Ideals. In: Journal für Politische Bildung, Heft 4/2011, S. 54-62.

Schmid, Barbara/Ulrich, Andreas (2008): Stich ins Herz. In: http://www.spiegel.de/spiegel/print/d-55593280.html [27.01.2011].

Schneekloth, Ulrich (2006): Politik und Gesellschaft: Einstellungen, Engagement, Bewältigungsprobleme. In: Shell Deutschland Holding (Hg.): Jugend 2006. Eine pragmatische Generation unter Druck. Frankfurt am Main, S. 103-144.

Schneekloth, Ulrich (2011): Jugend und Politik: Aktuelle Entwicklungstrends und Perspektiven. In: Shell Deutschland Holding (Hg.): Jugend 2010. Eine pragmatische Generation behauptet sich. Frankfurt am Main, S. 129-164.

Schreiber, Werner (2004): Gebildete Bildungsverweigerer – Devianz als Bildungsfigur. In: Zeitschrift für Sozialpädagogik, Heft 2/2004, S. 14-31.

Schulze, Katharina (2008): Integration durch Partizipation am Beispiel des Stadtteilmütterprojekts in Berlin-Neukölln. Berlin.

Spiegel Online/Spiegel TV (o.V.) (2008): Tödliche Auseinandersetzung – Aufstand in Köln-Kalk. In: http://www.spiegel.de/sptv/magazin/0,1518,529915,00.html [08.03.2010].

Spivak, Gayatari C. (1996): Subaltern studies. Deconstructing historiography. In: Landry, Donna/MacLean, Gerald (eds.): The Spivak reader. London, S. 203ff.

Stadtrevue (o.V.) (2011): Kalk sind wir: Seit ein paar Jahren gilt der rechtsrheinische Stadtteil als the next big thing. Was ist dran am Hype um Kalk? In: Stadtrevue/Kölnmagazin: Kalk sind wir. Okt/2011, S. 28-36.

Steffen, Gabriele/Baumann, Dorothee/Betz, Fabian (2004): Integration und Nutzungsvielfalt im Stadtquartier. EVALO, Eröffnung von Anpassungsfähigkeit für lebendige Orte. Verbundprojekt im Forschungsprogramm „Bauen und Wohnen im 21. Jahrhundert" des Bundesministeriums für Bildung und Forschung (BMBF). Norderstedt.

Stienen, Angela (2006): Integrationsmaschine Stadt? Interkulturelle Beziehungsdynamiken am Beispiel von Bern. Bern.

Stinauer, Tim (2008a): Allabendliches Aufschaukeln in Kalk. In: http://www.ksta.de/html/artikel/1201184397075.shtml [17.02.2010].

Stinauer, Tim (2008b): Familie zweifelt Notwehr-Version an. In: http://www.ksta.de/html/artikel/1200142225754.shtml [17.02.2010].

Stinauer, Tim (2008c): Vergleich mit Paris ist falsch. In: http://www.ksta.de/html/artikel/1201184407942.shtml [17.02.2010].

Sturzenhecker, Benedikt (2007): „Politikferne" Jugendliche in der Kinder- und Jugendarbeit. In: Aus Politik und Zeitgeschichte (APuZ), Heft 32-33/2007, S. 9-14.

Tanner, Mathias (Hg.) (2009): Streit um das Minarett. Zusammenleben in der religiös pluralistischen Gesellschaft. Zürich.

Ulrich, Matthias (2007): eDemocracy. Public Online Engagement by the European Commission. Saarbrücken.

Vester, Michael (2008): Die Krise der politischen Repräsentation aus Sicht eines Wissenschaftlers. In: Horster, Detlef (Hg.): Die Krise der politischen Repräsentation. Weilerswist.

Viehöfer, Willy (2010): „Menschen lesbar machen". Narration, Diskurs, Referenz. In: Arnold, Markus/Dressel, Gert/Viehöver, Willy (Hg.): Erzählungen im Öffentlichen. Über die Wirkung narrativer Diskurse. Wiesbaden, S. 65-134.

Virno, Paolo (2005): Grammatik der Multitude. Untersuchungen zu gegenwärtigen Lebensformen. Berlin.

Walgenbach, Katharina (2010): Intersektionalität als Analyseperspektive heterogener Stadträume. In: Scambor, Elli/Zimmer, Fränk (Hg.): Die intersektionelle Stadt. Geschlechterforschung und Medienkunst an den Achsen der Ungleichheit. Bielefeld, S. 81-92.

Watzlawick, Paul/Bavelas, Janet H./Jackson, Don D. (2011): Menschliche Kommunikation. Formen, Störungen, Paradoxien. Bern.

Witzel, Andreas (2000): Das problemzentrierte Interview. Forum Qualitative Sozialforschung/ Forum: Qualitative Social Research. In: http:/qualitative research.net/fqs [01.03.07].

Yildiz, Erol/Mattausch, Birgit (2009): Urban Recycling. Migration als Großstadt-Ressource. Gütersloh.

# Autorinnen und Autoren

**Wolf.-Dietrich Bukow** studierte Ev. Theologie, Soziologie, Psychologie und Ethnologie in Bochum und Heidelberg. Gründer der Forschungsstelle für Interkulturelle Studien (FiSt) sowie des center for diversity studies (cedis). Forschungspreis der Reuter-Stiftung. Seit 2010 Emeritus am Institut für vergleichende Bildungsforschung und Sozialwissenschaften an der Universität zu Köln und seitdem Inhaber einer Forschungsprofessur am Forschungskolleg der Universität Siegen (FoKoS) mit den Schwerpunkten Mobilität und Diversität. Jüngste Publikationen: Urbanes Zusammenleben, Wiesbaden 2010; Orte der Diversität. Wiesbaden 2010; Neue Vielfalt in der urbanen Stadtgesellschaft, Wiesbaden 2011.
Kontakt: Wolf-Dietrich.Bukow@uni-siegen.de

**Bettina Lösch** ist Privatdozentin und akademische Rätin am Lehrbereich Politikwissenschaft des Instituts für Vergleichende Bildungsforschung und Sozialwissenschaften der Humanwissenschaftlichen Fakultät der Universität Köln. Sie ist Mitglied der Forschungsstelle für interkulturelle Studien (Fist e.V.). Ihre Forschungs- und Arbeitsschwerpunkte sind: Demokratietheorie und -bildung, Kritische politische Bildung, rassismuskritische und geschlechterreflexive Bildung. Sie ist außerdem Mitglied der Assoziation für kritische Gesellschaftsforschung (AKG). Jüngste Publikationen: Kritische politische Bildung. Ein Handbuch, Schwalbach/Ts 2010, hrsg. mit Andreas Thimmel.
Kontakt: bettina.loesch@uni-koeln.de

**Markus Ottersbach** ist Professor für Soziologie an der Fakultät für Angewandte Sozialwissenschaften der Fachhochschule Köln. Er ist dort Mitglied des Instituts für interkulturelle Bildung und Entwicklung (INTERKULT) und zudem Mitglied der Forschungsstelle für interkulturelle Studien (Fist e.V.) der Universität zu Köln. Seine Lehr- und Forschungsschwerpunkte sind: Migrationsforschung, Politische Partizipation, Stadt- und Jugendsoziologie. Jüngste Buchveröffentlichungen: Verschieden – Gleich – Anders? Geschlechterarrangements im interkulturellen und intergenerativen Vergleich. Wiesbaden 2010; Flüchtlingsschutz als globale und lokale Herausforderung. Wiesbaden 2011; Die Zukunft der Gemeinwesenarbeit. Von der Revolte zur Steuerung und zurück? Wiesbaden 2012.
Kontakt: Markus.Ottersbach@fh-koeln.de

**Sonja Preissing** ist Diplom Pädagogin und promoviert mit einem Stipendium an der Humanwissenschaftlichen Fakultät der Universität Köln. Sie arbeitete als wissenschaftliche Mitarbeiterin in dem Forschungsprojekt „Partizipation in der Einwanderungsgesellschaft" an der Universität zu Köln und der Fachhochschule Köln. Ihre Forschungsschwerpunkte sind: Jugend-, Migrations- und Stadtforschung, ethnografische Methoden in den Sozialwissenschaften. Außerdem ist sie Mitglied der Forschungsstelle für interkulturelle Studien (FiSt e.V.) und Lehrbeauftragte im Lehrbereich Soziologie am Institut für Vergleichende Bildungsforschung und Sozialwissenschaften der Universität Köln.
Kontakt: sonja.preissing@uni-koeln.de

The manufacturer's authorised representative in the EU is Springer
Nature Customer Service Centre GmbH, Europaplatz 3, 69115 Heidelberg,
Germany. If you have any concerns regarding our products, please
contact ProductSafety@springernature.com

Printed and bound by CPI Group (UK) Ltd, Croydon, CR0 4YY

23/04/2026

02095642-0001